国家自然科学基金青年项目："家族大股东防御效应事前甄别机理与价值创造：客户—审计师双边社会资本视角"（72102017）；

国家自然科学基金面上项目："会计师事务所与集团子公司社会资本匹配度及影响机理：审计行为和公司治理效应"（71672009）

KUAIJISHI SHIWUSUO YU
JIAZU QIYE SHEHUI ZIBEN PIPEIDU DE
ZHILI XIAOYING YANJIU

会计师事务所与家族企业 社会资本匹配度的治理效应研究

曹圆圆 著

经济管理出版社
ECONOMY & MANAGEMENT PUBLISHING HOUSE

图书在版编目（CIP）数据

会计师事务所与家族企业社会资本匹配度的治理效应研究/曹圆圆著 . —北京：经济管理
出版社，2022.6
ISBN 978-7-5096-8554-9

Ⅰ.①会… Ⅱ.①曹… Ⅲ.①会计师事务所—关系—家族—私营企业—社会资本—研
究—中国 Ⅳ.①F233.2 ②F279.245

中国版本图书馆 CIP 数据核字（2022）第 119816 号

组稿编辑：任爱清
责任编辑：任爱清
责任印制：黄章平
责任校对：蔡晓臻

出版发行：经济管理出版社
（北京市海淀区北蜂窝 8 号中雅大厦 A 座 11 层　100038）
网　　址：www. E-mp. com. cn
电　　话：（010）51915602
印　　刷：唐山玺诚印务有限公司
经　　销：新华书店
开　　本：720mm×1000mm/16
印　　张：14.25
字　　数：264 千字
版　　次：2022 年 8 月第 1 版　　2022 年 8 月第 1 次印刷
书　　号：ISBN 978-7-5096-8554-9
定　　价：88.00 元

前　　言

　　家族上市公司占据我国资本市场的 1/3 以上，为我国经济增长以及缓解就业压力做出了巨大贡献。然而，家族大股东"一股独大"，有动机利用自身信息优势，对外通过关联交易、对内支付超额薪酬，进而操纵财务报表信息，侵占小股东利益，掏空企业。虽然已有研究提出，可通过健全内部控制等治理机制解决家族企业"一股独大"问题，但家族企业融入血缘和亲缘关系，内部可能形成多种利益团体以及复杂的感情联络，内部治理结构更加复杂，这使其内部监管机制失效。例如，2020 年 4 月深圳市兆新能源公司爆发财务事件，其内控收到否定审计意见，这严重损害了资本市场中小股东利益，也违背了 2018 年中央经济会议要求打造规范、透明、开放、有活力、有韧性的资本市场的精神。因此，仅完善内部治理机制并不能有效地解决其治理缺陷。

　　为此，已有研究期望通过完善外部治理机制，弥补家族企业内部治理机制的不足。2005 年 T. J. Wong 研究发现，在我国这样的新兴经济体中，外部审计可以在家族企业治理中，发挥公司内部治理替代作用。此后一系列审计失败案例，在表明正式制度不完善的情况下，审计等外部治理机制并不能有效地解决人员结构关系较为复杂的家族企业治理问题。家族企业对正式制度需求也较低，相较于非家族企业，家族企业的发展更有赖于与社会资本的融合。为此，有必要探讨非正式制度的治理效应。有研究从事务所或家族企业单边的社会资本视角探讨其治理效应。"深圳市兆新能源公司"财务事件说明，仅从单边探讨社会资本并不足以解决家族企业治理缺陷。2012 年诺贝尔经济学奖获得者 Alvin Roth 与 Lloyd Shapley 提出的匹配理论认为，匹配的关键在于保证配对的稳定性，稳定的匹配是市场机制成功运行的关键。例如，我国历史上秦统一六国之后，宗法盛行，出现"门当户对"之说。门当和户对是房屋建筑的一部分，上面雕刻象征主人权力和财富的图案。随后，"门当户对"理念植入到婚恋观，认为社会身份和地位匹配的人适合长久的生活。那么，事务所与家族企业社会资本的匹配可能有助于事务所发挥外部治理作用，可以从社会资本双边匹配的视角来探究完善家族企业治理机制问题。

家族大股东掏空行为表现为对外主要通过关联交易，对内发放超额薪酬，并通过财务报表来实现。2020 年 4 月 22 日，深圳市家族企业兆新能源公司因无商业实质的关联交易（关联交易问题），薪酬业绩不同步，高管大幅涨薪但绩效持续下跌（薪酬治理问题），以致中勤万信会计师事务所对其财报发布持续经营相关的重大不确定事项段的保留审计报告和否定意见的内控审计报告（财务报告质量问题）。为此，本书基于这三个视角，以匹配理论和社会网络理论为基石，尝试从事务所与家族企业社会资本双边匹配视角，探究家族企业的治理问题。进一步将社会资本划分为融资直接相关的社会资本（以下简称融资类社会资本）以及不直接影响融资的社会资本（以下简称其他社会身份），前者指管理层或审计师的金融机构任职经历，后者指管理层或审计师的社会身份。研究内容主要包括四部分：分别基于双边匹配理论推演事务所与家族企业社会资本的匹配稳态，并剖析双边社会资本匹配度的治理机理；实证分析双边社会资本匹配度对家族企业关联交易影响；实证分析双边社会资本匹配度对家族企业薪酬治理影响；分析双边社会资本匹配度对家族企业财务报表质量的影响。主要结论有以下四点：

（1）基于双边匹配模型，从适用范围、规则及 GS 延迟算法出发，发现事务所与家族企业社会资本处于稳定的匹配状态；社会资本匹配通过影响双方对外部的资源依赖—对对方的资源依赖—审计师谈判力—对财务报表错报应调而未调金额，最终影响公司治理。

（2）双边社会资本匹配抑制家族企业关联交易：双边社会资本匹配度与关联交易金额/次数负相关。使用关联交易的其他代理变量，使用 Heckman 二阶段回归模型，控制二级制造业行业固定效应后，结果依然显著。进一步发现融资类社会资本匹配度与家族关联交易的可能性/金额呈负相关。然而，其他社会身份匹配度并没有抑制家族关联交易；双边社会资本匹配度与异常关联交易呈负相关；两类社会资本匹配度对家族企业的关联交易治理存在替代效应。

（3）双边社会资本匹配提升家族企业薪酬激励效果：双边社会资本匹配度与家族企业薪酬绩效敏感度正相关。使用市场绩效替换财务绩效、Heckman 二阶段回归模型、控制二级制造业行业固定效应，以及使用一阶差分模型后，结果依然稳健。进一步研究发现社会资本匹配度与管理层股票期权薪酬操纵呈负相关。使用 PSM 解决可能的内生性后，结果依然稳健。推理路径得到了数据验证。

（4）双边社会资本匹配提升财务报表质量：双边社会资本匹配度与财务报表重述负相关。使用应计盈余质量，审计调整作为财务报表质量的代理变量后结果依然稳健。进一步研究发现，两类社会资本匹配度对财务报表质量的影响具有替代作用。家族企业与事务所之间地理距离反向调节了双边融资类社会资本匹配度与财务报表重述的负相关关系。事务所声誉正向调节了其他社会身份匹配度与财务报表重述的负相关关系。排除了双方社会资本存量影响，使用 Heckman 二阶段回归模型，控制二级制造业行业固定效应后，结果依然稳健。

本书的贡献在于以下四点：一是引入双边匹配理论，剖析事务所与家族企业社会资本匹配稳态，丰富了双边匹配理论的应用研究；二是从非正式制度——社会资本切入，探究事务所与家族企业双边匹配的治理效应，丰富了社会资本理论研究，补充了家族企业外部治理文献；三是尝试从新的角度构筑事务所与家族企业社会资本截面量化方法以及双方社会资本匹配度量化方法，为后续研究提供借鉴；四是研究有助于监管机构、资本市场参与者及时识别并应对家族大股东操纵行为，保护中小投资者，对审计师与家族大股东双方行为的理论进行解释与实证探讨。

曹圆圆

2022 年 3 月

目　　录

第一章 绪论

兆新股份（002256）为家族企业，实际控制人陈永弟出任董事长兼总经理，其妻沈少玲为大股东。2018年6月，陈永弟退居幕后，非家族成员张文接任董事长与总经理。

2020年4月22日，中勤万信会计师事务所对兆新股份2019年的财务报表发布无法发表审计意见，对内控报表发表否定审计意见，原因是多名高级管理人员（不包括陈永弟、沈少玲以及张文）无法保证年度报告的真实性。证监会责令上市公司配合事务所重新审计。

2020年4月29日，审计师再次出具保留意见与持续经营相关的重大不确定事项段的审计意见。形成保留意见的基础是，兆新股份的子公司深圳市彩虹新材料科技有限公司以及嘉兴市彩联新材料科技有限公司与兆新股份的关联交易缺乏商业实质。

2020年初，兆新股份被媒体爆出管理层薪酬过高问题。2019年，兆新股份持续亏损，而其管理层薪酬却远高于当地其他上市公司的管理层薪酬。董事长兼总经理张文在内的管理层薪酬居高不下，与业绩完全不匹配，其薪酬比前任董事长增长80%。高薪事件被爆出后张文离职。

为什么会出现这种情况？是否因为家族企业无法跳出治理水平弱、绩效差，进而出现"富不过三代"的恶性循环？家族企业治理水平弱，大股东掏空行为层出不穷，审计师作为重要的外部治理机制，什么样的审计师有助于提升家族企业治理，是本书关注的问题。

第一节　研究背景与问题提出

一、研究背景

家族企业是一种古老而普遍的企业组织形式，在全球经济中占据重要的地位（Bardhan 等，2015），在创造就业机会和社会影响方面举足轻重[①]，在全球国内生产总值（GDP）总量中做出 70%～90% 的贡献（Prencipe 等，2014）。自 1978 年改革开放以来，我国内地成立了一大批民营家族企业，它们贡献了 50% 以上的税收，60% 以上的国内生产总值，70% 以上的技术创新成果，80% 以上的城镇劳动就业，90% 以上的企业数量[②]。A 股上市家族企业占据上市民营企业的比例从 2016 年的 48.9% 增加到 2017 年的 55.7%[③]，在中国特色社会主义市场经济中扮演着重要的角色。

（一）家族企业内部治理问题

然而，家族企业内部治理水平较低。家族大股东"一股独大"导致家族企业可能存在严重的治理问题。65% 的家族成员认为企业目标与家族目标不一致[④]。家族大股东可能会掏空家族企业（Claessens 等，2002），即利用自身的信息优势，以牺牲小股东利益为代价，谋取自身利益（Fama 和 Jensen，1983）。关联交易是我国资本市场上重要的大股东掏空方式（李增泉等，2004；陈晓和王琨，2005），家族企业尤其会通过关联交易掏空（魏明海等，2013；傅瑜和申明浩，2013；Liu 和 Tian，2012）。为方便关联交易，家族大股东故意保留企业内控缺陷（Chen 等，2020），利用金字塔结构，通过关联交易掏空旗下上市公司（傅瑜和申明浩，2013；陈晓红等，2007），将资本市场上的融资转移给控股股东或其控制的非上市公司（许艳芳等，2009）。为降低关联交易等掏空行为对家族声誉的影响，家族大股东可能不再担任上市公司职务，退居幕后，通过支付超额薪酬以

---

①③　2018 全球家族企业调研——中国报告［EB/OL］. http://www.199it.com/archives/795293.html.

②　习近平.在民营企业座谈会上的讲话［EB/OL］.http：//www.xinhuanet.com/2018-11/01/c_1123649488.html.

④　德勤咨询.2019 全球家族企业调查报告［EB/OL］.http：//www.199it.com/archives/943270.html.

操控职业经理人，降低管理层的绩效薪酬敏感度（姜付秀等，2017）。超额薪酬也可能是为家族管理层谋取私利，家族成员在管理层中占比越大，越可能存在超额薪酬，薪酬绩效敏感度越差（王琨和徐艳萍，2015；Cheng 等，2015）。家族企业也授予管理层股权激励以缓解大股东与管理层之间的代理问题，但其效果依赖于大股东（巩娜，2013），在两权分离度高的家族企业中，家族成员更可能收到超额股权激励薪酬（Amoako-Adu 等，2011）。股权激励价值与股票价格相关，财务报表披露的盈余会影响股票价格，为此，股权激励会引发管理层的盈余管理行为。综上所述，家族企业的薪酬治理效力差，表现为薪酬绩效敏感度低以及股票期权薪酬操纵等。无论是关联交易还是薪酬引发的操纵均影响企业绩效，导致家族企业财务质量低（Teh 等，2015；Ding 等，2011；Dechow 等，2010）。从"兆新股份"的案例中可以看出，家族企业的治理问题在关联交易、薪酬激励方面尤其严重，最终损害家族企业的财务报表质量。

提升家族企业治理对家族企业的长远发展至关重要[①]，有助于打破家族企业"三代消亡"的魔咒（侯冰冰，2016；钱丽娜，2013），从而基业长青（郭萍和陈凌，2010），也响应中共中央、国务院发布《关于新时代加快完善社会主义市场经济体制的意见》要求的加快建立规范、透明、开放、有活力、有韧性的资本市场，提高上市公司质量，强化投资者保护的精神。然而，现有内部治理研究并没有解决现实的问题。

（二）家族企业内部治理机制失效

我国家族企业股权集中度高（Cheng，2014），管理决策权集中于家族大股东，这使大股东可以在公司经营决策过程中强加自身的意愿。管理层的约束机制——董事会大多由家族成员控制，家族企业董事会形同虚设。为方便关联交易，家族企业故意设置内控缺陷（Chen 等，2020），聘请非行业专长的内部审计师（Al-Qadasi 等，2019），审计委员会形同虚设（Al-Okaily 和 Naueihed，2020）。独立董事参与公司治理也未能防止掏空现象（陈晓红等，2007）。例如，"兆新股份"陈永弟与其妻子的所有权高达 40.1%，实际控制权高达 40.5%，夫妇两人完全可以控制企业的经营决策，其内部控制失效，收到了否定的内控审计意见。实际控制人陈永弟夫妇跳过治理层与董事会做决策，使多位管理人员不愿为 2019 年度报告保真。

家族成员担任 CEO 时代理问题越严重，治理水平越差，投资效率和企业业

---

① 德勤咨询. 2019 全球家族企业调查报告［EB/OL］. http：//www.199it.com/archives/943270.html.

绩越低（赵宜一和吕长江，2017），家族控制权也抑制了银行信用借款（陈德球等，2013）。综上所述，家族企业中依赖内部治理机制无法有效地解决家族企业的第二类代理问题，并提升公司治理。

（三）家族企业外部治理机制

传统的公司内部治理机制无法有效解决家族大股东与小股东间的代理问题（Fan 和 Wong，2005；魏志华等，2009），为此，研究人员把目光转向外部治理。外部治理机制分为宏观层面外部治理机制，例如，法制环境、劳动力市场和产品市场（Gillan，2006）以及微观层面外部治理机制，包括分析师（Irani 和 Oesch，2016；仓勇涛等，2011）、媒体（孔东民等，2013；李培功和沈艺峰，2010）、机构投资者（刘涛等，2014）、银行（简泽，2013）和审计师（Fan 和 Wong，2005；Gillan，2006）。由于宏观层面的外部治理对所有的企业产生无差别的影响，且在短期内变化不大，因此主要分析微观层面外部治理。分析师旨在加工公开披露的信息，无法识别财务信息的真伪；媒体主要是揭露企业信息（Dyck 等，2008），引导舆论（Fang 和 Peress，2009），从而影响企业声誉（Nguyen，2009），其不具有纠偏作用（于忠泊等，2011），无法改善大股东的利益输送行为（贺建刚等，2008）。机构投资者通过股份持有参与企业的经营管理（于忠泊等，2011），其投票权和决策权在家族企业中微不足道，难以有效制衡家族大股东权力；银行贷款需要的材料由企业提供，银行无法深入复核信息真实性。例如，吴东家族企业注册空壳公司，伪造贷款所需材料，向柳州银行骗贷 420 亿元，成为金融史上最大额骗贷案[①]。审计师有权利接触所有其认为必要的人员以及相关资料[②]，对财务报告的可靠程度提供中立和权威的判断（漆江娜，2002）。审计师是企业财务报表信息真实性的"第一道防线"。因此，相比其他外部治理机制，外部审计对家族企业第二类代理问题的抑制作用更有效（车宣呈，2007；罗国民等，2018；Fan 和 Wong，2005；Newman 等，2005；聂霞，2016；李维安和李晓琳，2017；Gillan，2006）。

家族企业中第二类代理问题突出，因此，外部审计师是提高家族企业公司治理水平的重要环节（李维安和李晓琳，2017）。

（四）正式制度下家族企业审计治理

审计治理作用的关键在于其胜任能力和独立性（Deangelo，1981）。胜任能

---

① 资料来源：http：//news.ifeng.com/a/20181107/60148526_0.html.

② 在审计过程中，管理层和治理层的责任。

力包括知识、技能和伦理等方面，可以通过培训和学习提升（刘玥等，2014），与审计任期也有关（曹强和葛晓舰，2009；张娟等，2011）。独立性受到行业专长（袁春生等，2012）、客户经济重要性（李明辉和刘笑霞，2013），以及审计任期（宋衍蘅和付皓，2012）的影响。然而，在现有正式的审计监管制度下，我国审计市场集中度较低（Francis 等，2013），竞争激烈（任珈萱和耿慧敏，2017），事务所生存压力较大（Newton 等，2016），审计师独立性难以保障（Lin 和 Fraser，2008；谢芳，2005；徐宏峰，2009；董志强与汤灿晴，2010），审计治理作用有限（张利红和刘国常，2014；张鸣等，2012；雷光勇等，2009）。相比非家族企业，审计师不能有效揭示家族企业的财务报表风险（魏志华等，2009）。

约束事务所的正式制度未能有效解决事务所独立性。在现有正式制度下，财务舞弊案件频发，审计治理作用难以保障，例如万福生科的审计失败案件。万福生科是典型的家族企业，其公司大股东为龚永福夫妇，共持股80.4%，中磊会计师事务所未能勤勉尽责，未能检查到万福生科的财务造假以及与龚永福妻弟企业的关联交易，对其IPO审计阶段的审计报告存在虚假记载①。

（五）非正式制度——单边社会资本治理效应

非正式制度对我国企业发展产生重要的影响（游家兴和邹雨菲，2014），学者们将目光转向非正式制度对审计治理作用的影响。我国是关系社会（刘军，2009），"关系"在企业发展过程中发挥了重要的作用（皮建才，2009；陈波，2005；费孝通，2013）。广泛的社会关系可有效提升企业的经营能力和经济效益（游家兴和邹雨菲，2014；田利辉和张伟，2013；边燕杰和丘海雄，2000），对家族企业的发展具有重要意义（李路路，1997）。相比非家族企业，家族企业对外界的资源依赖更强②。家族企业的资金主要依托于家族，资金链条一旦断裂，企业将面临破产危机。家族企业需要通过社会关系获取稀缺资源，即投资社会资本（边燕杰和丘海雄，2000），企业社会资本是企业通过社会网络关系可以直接或间接获得社会资源的能力。家族企业重视社会资本的积累与投资（李思飞和裴泱，2018；边燕杰和丘海雄，2000），以期在未来可以利用更多的资源，解决自身面临的资源约束（陈德球等，2013；Ciamarra，2012）。通过金融社会网络关系改善企业现金持有环境（邓建平和陈爱华，2017），降低企业融资难度（邓建平和曾勇，2011；Ciamarra，2012）。通过积累其他社会身份（Granovetter，1985），

---

① 资料来源：http://www.csrc.gov.cn/pub/zjhpublic/G00306212/201311/t20131129_239000.html.
② 2018 全球家族企业调研——中国报告［EB/OL］.http：//www.199it.com/archives/795293.html.

以获取政府手中所掌握的关键资源和弥补产权制度缺失（Faccio，2006；Faccio 等，2006；余明桂和潘红波，2008），有利于企业获得资源和突破壁垒（陈德球 等，2013；胡旭阳，2006）。

为此，现研究事务所社会资本（刘凤君和郭丽虹，2020；杜兴强等，2011；李敏才和刘峰，2012）以及客户是否主动与审计师建立关系（杜兴强，2018）对审计治理作用影响。

（六）非正式制度——双边社会资本治理效应

但是单一的从事务所或客户方的社会资本探究其对审计治理作用的影响，未能深刻揭示社会资本对审计治理作用影响的内在机理。根本原因在于，探究事务所与客户单边的社会资本的审计治理作用是不全面的，审计价值的发挥依赖于事务所与客户社会资本的匹配（李文颖和陈宋生，2018；吴益兵等，2018）。因为事务所在审计过程当中，与客户进行交往或出具审计报告时，除了考虑自身社会资本之外，还会考虑客户的社会资本。审计师与客户不匹配会影响审计质量（吴益兵等，2018；Joe 等，2009）。

回顾万福生科审计失败案例，万福生科的社会资本强而中磊事务所的社会资本弱①，双方社会资本匹配度低，审计未能有效发挥治理作用，未能抑制关联交易和财务造假。相反，当双方社会资本匹配度高时，例如，当双方社会资本均高时，审计治理作用能更好地发挥。安永华明事务所在审计瑞幸咖啡 2019 年年报时，发现瑞幸公司部分管理人员在 2019 年通过虚假交易虚增了收入。安永事务所迟迟不同意签发审计报告，要求公司进行自查。2020 年 5 月 12 日，瑞幸咖啡更换执行总监（CEO）和运营总监（COO）。这是双方社会资本匹配度高②提升审计治理作用的体现。

---

① 万福生科的大股东龚永生为常德市人大代表，湖南省粮食行业协会第三届、湖南省粮食经济科技学会第五届理事会副会长，曾经在原广州军区 42 军坦克团服役，其间参加对越自卫反击战，英勇负伤，被评为八级伤残军人，2009（第六届）全国建设社会主义新农村十大杰出复转军人，龚永福先生 2006 年被评为"常德市劳动模范"，2006~2008 年连续三年被评为"常德市十佳优秀企业家"，2008 年 1 月被湖南省农业产业化协会授予"推进新农村建设领头人"荣誉称号，2009 年 10 月被农业部乡镇企业发展中心、农业部乡镇企业局等单位授予"全国发展县域经济突出贡献人物"荣誉称号。而截至 2017 年中磊会计师事务所审计师并没有其他社会身份，2012~2017 年也没有担任发审委委员的审计师。综上所述，双方社会资本处于客户强，而事务所弱的情况。

② 瑞幸咖啡和安永华明双方的社会资本均较高：瑞幸咖啡实际控制人陈正耀也是新三板上市的神州优车的实际控制人，陈正耀夫妇为香港上市的神州租车的实际控制人。瑞幸咖啡社会资本较高也表现为瑞幸咖啡在创立品牌 18 个月就成功在纳斯达克上市；安永事务所综合实力排名在国内和国际上都靠前。在我国，安永华明事务所 2013~2017 年有审计师担任省人大代表，2009~2017 年均有审计师担任发审委委员，其社会资本较强。

可见，考虑单方面的社会资本并不足以反映全貌，双边匹配理论认为，交易双方会依据自身的偏好形成稳定的匹配，而稳定的匹配是市场成功运行的关键（Gale 和 Shapley，1962）。

事务所与客户社会资本匹配在家族企业中才能更好地发挥治理作用。这是因为不同于国有企业，事务所与家族企业均为民营组织，社会资本的起点均较低。双方对外的资源依赖强，更重视社会资本的积累。构建事务所与家族企业社会资本的匹配度更合理。

为此，有必要同时考虑事务所与家族企业双方社会资本，从双边社会资本匹配度出发，才能更好地观察审计的外部治理作用（见图 1-1）。

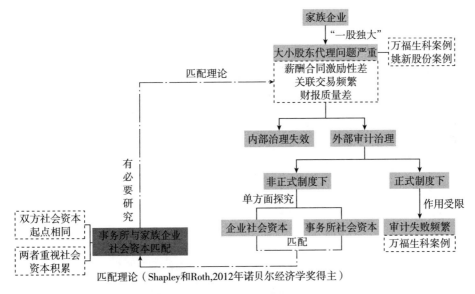

图 1-1　研究背景框架

二、问题提出

基于以上分析，有必要研究以下三个问题：

（1）事务所与家族企业社会资本匹配度的审计治理机理。具体而言：①资本市场中事务所与家族企业社会资本是否处于稳定的匹配状态；②事务所与家族企业社会资本匹配度对家族企业治理效应机理。

（2）事务所与家族企业社会资本的衡量方法以及双边社会资本匹配度的构筑。具体而言：①事务所社会资本如何衡量？包括总所层面与分所层面的社会资本如何衡量？是选择所有维度和层次的社会资本进行累加，还是选择某几个重要的维度？②家族企业社会资本如何衡量？是选择所有维度和层次的社会资本进行累加，还是选择某几个重要的维度？是直接计数，还是使用社会网络模型计算中心性？③双边社会资本匹配度如何构筑？

（3）事务所与家族企业社会资本匹配度的治理效应。家族企业对外界资源（邓建平和曾勇，2011；Ciamarra，2012；Faccio，2006；余明桂和潘红波，2008）的依赖强。家族企业更重视融资类（邓建平和陈爱华，2017）和其他社会身份的投资（Faccio，2006；Faccio 等，2006；余明桂和潘红波，2008）。为此，参照李文颖等（2020）将社会资本按照来源划分为融资类的社会资本与其他社会身份，从融资类社会资本维度与其他社会身份维度构筑双边社会资本匹配度模型。

家族企业治理差，家族大股东更可能掏空家族企业。家族大股东对外通过关联交易（Chen 等，2020；魏明海等，2013），对内支付管理层超额薪酬（王琨和徐艳萍，2015；Cheng 等，2015），进行掏空行为，最终影响财务报表信息（Teh 等，2017；Ding 等，2011）。"兆新股份"的案例也表明，关联交易频繁、薪酬激励效力弱以及财务报表质量差是家族企业治理中突出的问题。鉴于此，研究问题细化为：①事务所与家族企业融资类/其他社会身份匹配度对家族企业关联交易的影响；②事务所与家族企业融资类/其他社会身份匹配度对薪酬合同有效性的影响；③事务所与家族企业融资类/其他社会身份匹配度对财务报表质量的影响。

为此，图 1-2 展示了研究问题框架。

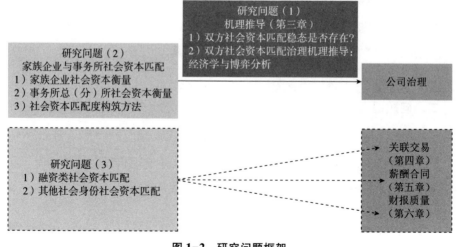

图 1-2　研究问题框架

第二节　概念界定

一、家族企业

参照 Chen 等（2010）、Ghoah 和 Tang（2015）以及潘越等（2019）将家族企业定义为：①创始人可以追溯为自然人或家族；②企业的创始人或其家族成员为企业第一大股东或实际控制人；③创始人家族中至少两名成员担任公司高管、董事，或拥有 5% 以上的公司股份。在这一标准的基础上，进行以下三步筛选：①剔除银行、保险等金融上市公司；②剔除 ST 和 PT 的上市家族企业；③剔除样本中的缺失值。根据 CSMAR 家族企业库，获取 2009~2017 年的数据，按照上面的步骤筛选得到家族企业 1206 家。

二、社会资本

社会资本（Social Capital）是通过社会关系获取稀缺资源并由此获益的能力（边燕杰和丘海雄，2000），是实际的或潜在的资源集合体，这些资源同共同熟悉或认可的制度化关系的持久网络联系在一起（Bourdieu，1986），是一种相互关心、相互信赖关系的无形资产或公共物品（Colman，1988）。它是生产性的，实现了某种单靠经济资本无法达到的目的，提高了社会效率，类似于道德的经济资源，诞生并体现于民众交往的关系网络中（Putnam，1993）。社会资本可分为内部与外部社会资本（Yli-Renko 等，2001），结构、关系及认知三大维度（Nahapiet 和 Ghoshal，1998），以及微观的个体、中观的组织与宏观的社区层面（姜卫涛，2012）。

三、家族企业社会资本

由于家族企业对外界资源依赖性强（邓建平和曾勇，2011；Ciamarra，2012；Faccio，2006；余明桂和潘红波，2008），依据其社会资本的来源，将家族企业的社会资本划分为融资类与其他社会身份类的社会资本（李文颖等，2020）。

（一）融资类社会资本

家族企业融资类社会资本是指家族企业通过管理层的金融背景以债权或者股

权的形式获取融资的能力。邓建平和曾勇（2011）、祝继高等（2015）将金融背景限制为银行工作经历。邓建平和陈爱华（2017）认为，金融背景是具有金融监管部门、政策性银行、商业银行等金融机构的工作经历。杜勇等（2019）在此基础上，将金融背景界定为 CEO 在政策性银行、商业银行、投资银行、基金管理公司、保险公司、证券公司、证券结算公司、期货公司、信托公司、投资管理公司和其他金融机构的任职经历。

为全面定义家族企业的融资类社会资本，整合以上三种定义：家族企业的董监高（独立董事除外）的金融机构任职经历为家族企业的融资类社会资本。本书中界定的金融机构包括政策性银行、商业银行、投资银行、金融监管部门、基金管理公司、保险公司、证券公司、证券结算公司、期货公司、信托公司、投资管理公司和其他金融机构。

现在研究多使用家族企业实际控制人的社会资本（陈倩倩和尹义华，2014），但是企业的社会资本不限于企业实际控制人，企业的其他经营者也可能在社会资本的形成、发展和运用的过程中发挥作用（边燕杰和丘海雄，2000）。为此，本书将所有董监高（独立董事除外）的社会资本纳入家族企业的社会资本。

使用两种方式衡量家族企业融资类社会资本：一是直接使用家族企业董监高任职过的金融机构的数量，如果两位以上的董监高均在同一家金融机构任职过，则不重复计算；二是参照 Crespí-Cladera 等（2015）以家族企业和金融机构建立2-模金融社会网络，计算家族企业金融网络中心性（Centrality）。

（二）其他社会身份

家族企业其他社会身份分为两个层次：企业层次和个人层次（杜兴强等2009）。企业层次包括国有持股比例（Chen 等，2011；Adhikari 等，2006），由于本书研究对象为家族企业，创始人家族拥有家族企业大部分股份，国有持股可能性与比例较低，为此，不探究企业层面其他社会身份。个人层次包括两类：一是董监高担任政府机关（中央政府或者地方政府）（Fan 等，2007）、国有企业管理者（Li 等，2008）；二是董监高担任各类社会职务的数量（Chen 等，2011；雷光勇等，2009；杜兴强等，2009）。

参照 Chen 等（2011）、雷光勇等（2009）、杜兴强等（2009，2010）、胡旭阳和吴一平（2016，2017）、胡旭阳（2006）、余明桂和潘红波（2008）以及潘克勤（2009），本书选择家族企业董监高的重要的社会身份，即担任各类社会职务的数量作为家族企业的其他社会身份。

四、事务所社会资本

我国审计市场是买方市场，事务所竞争激烈，生存压力大。事务所最需要关注自身获取客户的能力。事务所融资类社会资本与其他社会身份对事务所获取客户能力影响较大。为此，与家族企业社会资本相对应，将事务所的社会资本也划分为融资类社会资本与其他社会身份（李文颖等，2020）。

（一）事务所融资类社会资本

事务所融资类社会资本是指事务所构建的融资类的社会关系网络，凭借这些融资类社会关系网络，可以为事务所带来潜在的或者现实的经济利益。与家族企业融资类社会资本定义口径一致，即审计师的金融机构任职经历。由于事务所和审计师公开披露的信息有限，可以获得的金融机构任职经历有发审委委员，包括主板发审委委员和创业板发审委委员。为此，将事务所发审委社会关联界定为事务所的融资类社会资本。

事务所的融资类社会资本分为总所与分所层面。总所层面的社会资本定义为：如果审计师在该事务所任职，那么该事务所拥有对应数量的融资类社会资本。分所层面社会资本定义为：如果审计师在分所任职，那么该分所拥有对应数量的融资类社会资本；如果审计师在总所任职，那么所有分所和总所均拥有对应数量的融资类社会资本。如果同一（分所）事务所中多位审计师拥有金融背景，则叠加。

（二）事务所其他社会身份

事务所其他社会身份是指事务所中审计师的其他社会身份，界定与家族企业界定一致。事务所的其他社会身份分为总所与分所层面。总所层面的社会资本定义为：如果审计师在该事务所任职，那么该事务所拥有对应数量的其他社会身份。分所层面社会资本定义为：如果审计师在分所任职，那么分所拥有对应数量的其他社会身份；如果审计师在总所任职，那么所有分所和总所均拥有对应数量的其他社会身份。如果同一（分所）事务所中多位审计师拥有其他社会身份，那么叠加。

五、事务所与家族企业社会资本双边匹配

（一）双边匹配的概念

匹配理论作为新兴的经济学分支，最早在 1962 年被美国两位数学家 Gale 和 Shapley 提出，并应用于婚姻匹配与大学录取问题。双边匹配由 Roth（1985）提

出，该理论使匹配由"个人理性匹配"（无约束条件下，依据个人偏好选择匹配），走向了"稳定匹配"（依据群体成员偏好，形成两个群体的稳定匹配状态），不一定是个人最优的匹配。双边匹配理论认为稳定匹配是市场机制运行成功的关键。为此，Roth 和 Shapley 获得 2012 年诺贝尔经济学奖。

Roth（1985）提出，"双边"是指某一市场中的参与人从一开始就属于两个不同的集合，例如，公司集合与员工集合。与商品市场形成了鲜明对比，在商品市场中价格决定了市场参与人是买者还是卖者。因此，商品市场并不是双边意义上的市场。

"匹配"是指市场中交换的双边性质。例如，员工为公司工作，这家公司就雇用了这个员工。这和商品市场形成鲜明的对比，在商品市场中，有人可能开着满载小麦的卡车进入市场，然后开一辆新拖拉机回家。小麦的购买者不卖拖拉机，拖拉机的出售者也没有购买小麦。

（二）事务所与家族企业社会资本匹配符合双边匹配理论应用范畴

一方面，事务所与客户并不能相互转化，即事务所不会转化为需要审计服务的客户，客户也不会转化为提供审计服务的事务所，符合"双边"的内在含义；另一方面，事务所为客户提供服务，客户就雇用了这个事务所，符合"匹配"的内在含义。因此，事务所与家族企业的匹配符合双边匹配理论所可以解释的范畴。

家族企业与事务所均是民营组织，双方社会资本起点较低，对外界的资源依赖性强，融资类与其他社会身份类的社会资本对家族企业和事务所的生存和发展尤其重要，为此它们更重视这类社会资本的积累。从融资类与其他社会身份着手，构建社会资本双边匹配度。

1. 融资类社会资本匹配度

双边融资类社会资本匹配度构造方法为：

（1）将家族企业融资类社会资本的数量进行标准化；将事务所融资类社会资本数量标准化；取两者差额的绝对值；取绝对值相反数。家族企业融资类社会资本标准化后，体现为家族企业融资类社会资本在所有家族企业中的相对位置，事务所融资类社会资本进行标准化后，体现了事务所融资类社会资本在所有事务所中的相对位置，排除家族企业与事务所融资类社会资本绝对值的影响。然而，使用家族企业融资类社会资本的数量孤立地看待家族企业金融背景，并不能全面刻画家族企业在金融网络中的地位。

（2）参照 Crespí-Cladera 等（2015），构建家族企业金融社会网络地位，计算出其中心性，将其标准化；将事务所融资类社会资本数量标准化；取双方差额绝对值；取绝对值相反数。事务所融资类社会资本只包含 0、1、2 三种情况，为了与事务所的融资类社会资本匹配，将家族企业融资类社会资本按照三分位数划分为低、中、高三组。

（3）将家族企业融资类社会资本的数量按照三分位数划分为三份，从小到大依次赋值为 0、1、2；事务所融资类社会资本按照其原来的值 0、1、2；取双方差额的绝对值；取绝对值相反数。

（4）参照 Crespí-Cladera 等（2015），构建家族企业金融社会网络地位，计算其中心度，按照三分位数划分为三份，从小到大依次赋值为 0、1、2；事务所社会资本按照原来的值 0、1、2；取双方差额的绝对值；取绝对值相反数。

2. 其他社会身份匹配度

其他社会身份匹配度构造方法为：

（1）将家族企业其他社会身份的数量进行标准化；将事务所其他社会身份数量进行标准化；取双方差额的绝对值；取绝对值相反数。家族企业其他社会身份标准化后，体现为家族企业其他社会身份在所有家族企业中的相对位置，事务所其他社会身份进行标准化后，体现了事务所其他社会身份在所有事务所中的相对位置，这可以排除家族企业与事务所其他社会身份绝对值的影响。

（2）将家族企业其他社会身份按照三分位数划分为三组，从小到大依次赋值为 0、1、2；将事务所其他社会身份按照三分位数划分为三组，从小到大依次赋值为 0、1、2；取双方差额的绝对值；取绝对值相反数。

第三节　研究目的与意义

一、研究目的

（1）探究事务所与家族企业社会资本是否存在稳定的匹配状态。双边匹配理论认为市场机制成功运行的关键是保证匹配的稳定性，那么会计师事务所与家族企业双方社会资本是否存在稳定的匹配？以双边匹配模型为逻辑推理起点，推演事务所与家族企业社会资本的匹配状态，探究双方社会资本是否存在稳定的匹配。

（2）引入社会网络分析等方法，构筑事务所与家族企业社会资本衡量体系，量化家族企业与事务所双边社会资本匹配度。现有研究关于组织社会资本没有统一的衡量范式，更少有研究构筑事务所与家族企业社会资本匹配度。本书旨在尝试从融资类与其他社会身份两个角度衡量与构筑事务所与家族企业社会资本匹配度，从社会网络的角度量化家族企业的融资类社会资本，以补充现有文献空白。

（3）探究家族企业与事务所社会资本匹配度对家族企业治理的影响，提升家族企业治理。现有研究发现，仅完善家族企业内部治理机制难以有效地提升家族企业治理水平。审计治理作为外部治理机制的重要一环，在现有正式制度下，治理作用有限。有必要探究非正式制度对家族企业的治理作用。双边匹配理论认为市场交易主体间可能存在稳定匹配，且稳定匹配是市场成功运行的关键。为此，有必要探究事务所与家族企业双方社会资本匹配度的治理效应。研究旨在从事务所与家族企业社会资本匹配度的角度探究其对家族企业的治理效应，以弥补家族企业外部治理文献，提升家族企业治理水平。

（4）为监管机构监管家族企业与事务所提供量化的预警指标，有利于保护资本市场中小股东利益。2014 年发布的《放开部分服务价格意见》，放开了审计服务价格，并要求市场监管机构加强对家族企业与事务所的监管。2020 年发布的《中共中央、国务院关于新时代加快完善社会主义市场经济体制的意见》要求加快建立规范、透明、开放、有活力、有韧性的资本市场，这要求加强对上市公司的监管。本书量化事务所与家族企业社会资本匹配度，为市场监管机构提供量化的预警指标，为监管机构监管家族企业与事务所提供抓手，保护资本市场中小股东利益。

二、研究意义

（一）理论意义

拓展双边匹配理论和社会资本理论的应用研究，揭示审计双方社会资本匹配机理。现有研究多数割裂地观察社会资本理论（Bourdieu，1980；杜勇，2019；李江涛等，2015）与双边匹配理论（Roth，1985；Gale 和 Shapley，1962；张兵等，2014）的应用，鲜有研究将两者结合起来；鲜有研究将双边匹配理论拓展到事务所与家族企业的匹配，事务所与家族企业都是民营组织，双方的社会资本起点均较低，且均重视社会资本积累，这保证了双方社会资本的可比性，为匹配度的构筑提供了前提条件。本书从双边社会资本匹配理论的适用范围、规则以及在 GS 延迟算法下，探究事务所与家族企业社会资本匹配的稳态是否存在，揭示审计双方社会资本匹配机理。

1. 丰富审计研究计量方法

社会资本匹配度计算研究参考社会网络计量和匹配经济学模型在社会学、经济学中的应用，分别设计融资类社会资本与其他社会身份匹配度模型，量化社会资本匹配度，有利于丰富审计研究中社会资本匹配度计量方法。融资类社会资本多关注企业管理层是否在金融机构任职过（Huang 等，2014；邓建平和曾勇，2011；Ciamarra，2012）。我们使用家族企业与金融机构的任职经历构建 2-模网络，通过计算中心性全面衡量家族企业融资类社会资本。

2. 探究双边社会资本匹配度的审计治理效应，扩展家族企业审计治理研究

现有研究仅单边地探究家族企业社会资本的治理效应（黄琼宇等，2014；曲进和高升好，2015；邓建平和陈爱华，2017），或事务所社会资本的治理效应（王瑜等，2019；Yang，2013；杜兴强等，2013；李敏才和刘峰，2012；陈运森等，2014），鲜有研究将事务所与客户社会资本的双边匹配拓展到公司治理领域。本书从大股东效用函数出发，通过经济学分析与数理分析，探究事务所与家族企业双边社会资本匹配度审计治理机理。具体而言，从关联交易、薪酬合同有效性（薪酬绩效敏感度，操纵股权薪酬）以及财务报表质量三个角度探究治理效应。本书为家族企业的外部治理，尤其是审计治理研究提供了新视角。

（二）现实意义

1. 有助于理解事务所与家族企业双边社会资本的匹配状态

事务所与家族企业的社会资本存在稳定的匹配状态。事务所与家族企业最重视融资类与其他社会身份的社会资本。双方融资类社会资本存在稳定的匹配状态，双方其他社会身份也存在稳定的匹配状态。这有助于提升资本市场参与者对事务所与家族企业社会资本互动的认知与理解。

2. 双角度的社会资本衡量体系与匹配度算法可为监管机构监管事务所与家族企业提供量化指标

从事务所与家族企业重视的融资类社会资本与其他社会身份着手，构建了融资类社会资本匹配度与其他社会身份匹配度算法，为家族企业与事务所的监管提供定量化的抓手。

3. 有助于监管部门对家族企业与事务所的监管

2014 年 12 月 17 日，国家发展和改革委员会下发《关于放开部分服务价格意见的通知》，要求放开审计服务价格，同时加强对事务所与客户的监管。本书研究结果为监管机构监管事务所与客户提供建议。建议监管部门除了解家族企业与事务所基本面信息之外，还需关注双方社会资本的积累情况；建议监管方加强对

双方社会资本匹配度低的事务所与家族企业的监管。

4. 帮助中小股东识别优质家族企业，为其投资家族企业提供建议

建议中小股东在做投资决策时，不仅关注基本面信息，也关注家族企业与事务所双边的社会资本积累。建议中小股东谨慎投资双边融资类与其他社会身份匹配度低的家族企业，这可能是治理水平弱的信号。在对融资类社会资本与其他社会身份匹配度低的家族企业进一步地考察后，再决定是否投资。

第四节　研究内容与框架

本书按照"事务所与家族企业双边社会资本匹配度治理机理剖析—双边社会资本匹配度对家族企业治理实证分析，包括关联交易、薪酬合同有效性以及财务报表质量"这一研究主线，分为四部分展开研究（见图1-3）。

首先为文献回顾与理论基础（第二章）。梳理家族企业治理文献以及审计治理文献；阐述社会资本内涵，事务所与客户单边社会资本对企业的治理作用，以及事务所与客户双边社会资本匹配的审计效应；归纳与本书相关的理论基础：社会资本理论与双边匹配理论。

其次为事务所与家族企业社会资本双边匹配的审计治理效应机理（第三章）。基于双边匹配理论，从匹配适用范围、匹配规则以及 GS 延迟算法着手，推导事务所与家族企业社会资本匹配稳态以及匹配治理机理。

再次为事务所与家族企业社会资本双边匹配度的治理机理实证检验（第四章至第六章）。家族企业治理水平低，表现为家族大股东的掏空行为，对外主要通过关联交易，对内发放超额的薪酬，最终会影响财务报表质量。第四章到第六章从这三个角度剖析事务所与家族企业社会资本匹配度的治理效应。第四章检验了事务所与家族企业双边社会资本匹配度对关联交易的影响；第五章为双边社会资本匹配度对家族企业薪酬治理有效性的影响；第六章讨论了双边社会资本匹配度对家族企业财务报表质量的影响。

最后为结论与启示（第七章）。对文章的研究过程及结论进行了总结，阐述了研究成果的启示意义，并对未来研究方向进行了展望。

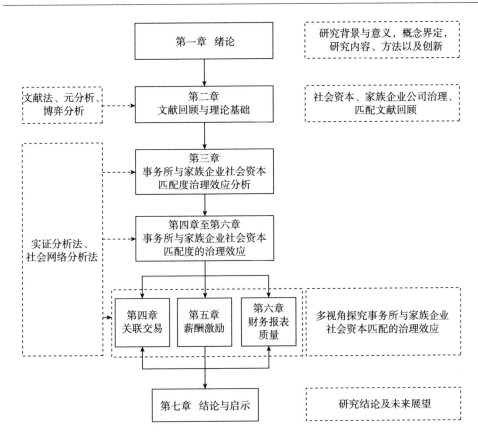

图 1-3 研究框架与方法

第五节 研究方法与技术路线图

一、研究方法

(一) 文献分析法

事务所与家族企业社会资本量化方法以及双方社会资本匹配度构建方法均建立在现有文献的基础上。对事务所与家族企业社会资本匹配度的治理效应从机理到实证模型均建立在文献分析的基础上；本书的研究创新和研究意义也部分基于对现有文献综述和梳理。

（二）元分析法

在探究家族企业社会资本的治理作用时，分别从企业内部的社会以及企业外部的社会网络关系着手，使用元分析（Meta analysis），对顶级期刊上的社会资本公司治理主题文献重新整理分析。

（三）社会网络分析法

在构建家族企业融资类社会资本时，使用家族企业董监高（独立董事除外）的金融背景，以企业和金融机构为主体，构建家族企业与金融机构的2-模网络，计算家族企业在金融社会网络中的中心性，作为衡量家族企业融资类社会资本的一个指标。

（四）回归分析法

在家族企业与事务所社会资本匹配度与公司治理实证研究中，使用多元线性回归模型、逻辑回归模型、断尾回归模型等实证方法。

二、技术路线图

图1-4为本书的技术路线图。其中，左侧为本书的研究思路和具体内容，右侧为每部分内容采用的主要研究方法。研究内容的第一部分——文献回顾与理论基础（对应本书第二章），主要采用定性的研究方法，对家族企业公司治理、社会资本文献进行综述，并且使用元分析探究企业社会资本的治理作用。第二部分——事务所与家族企业社会资本匹配度的治理效应机理（对应本书第三章）。使用博弈分析与数理分析推演出双边社会资本匹配状态与匹配的治理效应。第三部分——构筑家族企业与事务所社会资本匹配度量化模型（穿插在第四章至第六章中），通过文献梳理出双方社会资本的衡量方式以及双边匹配度的构筑方式，其中，使用社会网络分析法构建家族企业的融资类社会资本。第四部分——实证检验双边社会资本匹配度的治理效应（对应本书第四章至第六章），运用普通最小二乘法（OLS）、逻辑回归、限制因变量模型等方法，从关联交易、薪酬激励以及财务报表质量的角度检验社会资本匹配度的治理效应。

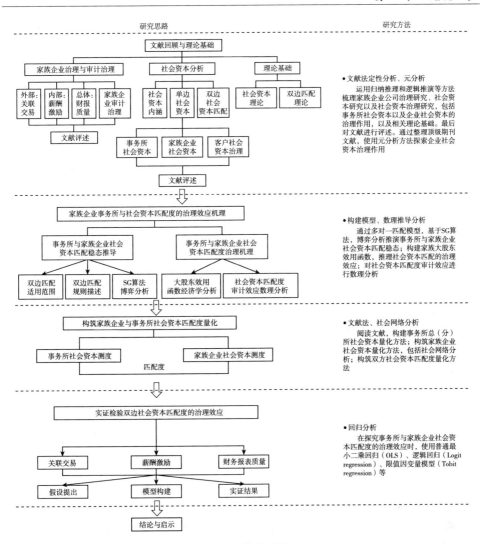

图 1-4　技术路线

第六节　预期研究创新

本书主要有以下四点创新：

第一，尝试构筑事务所与家族企业社会资本匹配度模型，丰富社会资本匹配度算法，为后续研究提供借鉴。现有研究多单边地构建家族企业或者事务所的社会资本指标，少有研究构筑事务所与家族企业双边社会资本匹配度指标。而依据匹配理论，事务所与家族企业社会资本匹配会产生审计效应，为此，有必要构建事务所与家族企业的双边社会资本匹配度。事务所与家族企业本身为民营组织，更加注重融资类与其他社会身份的积累（李文颖等，2020）。为此，从融资类与其他社会身份两方面构建事务所与家族企业双边社会资本匹配度，为后续研究提供借鉴。

第二，拓展双边匹配理论到事务所与家族企业社会资本匹配应用。双边匹配理论包含一对一、多对一以及多对多匹配模型（Gale 和 Sharpley，1962）。从双边匹配理论的适用范围、适用规则以及 GS-延迟算法，将多对一的双边匹配模型拓展到事务所与家族企业双边社会资本的匹配状态剖析。

第三，丰富了非正式制度——社会资本对家族企业审计治理文献。现有研究单方面探究企业社会资本的治理效应（Bhandari 等，2018；Zhou 和 Delios，2012；Srinivasan 等，2018）。也有研究单方面地探究事务所社会资本对企业的治理效应（李敏才和刘峰，2012、2013；杜兴强，2013；陈运森等，2014），忽视了审计治理受到双方匹配的影响（董沛武等，2018，李文颖等，2018、2020）。本书剖析了事务所与家族企业社会资本匹配度的治理机理并实证检验，拓展了事务所与家族企业社会资本匹配度的治理效应，包括对家族企业关联交易、薪酬治理以及财务报表质量的影响，补充了非正式制度对家族企业治理效应研究。

第四，发现事务所发审委社会资本对家族企业有积极的治理作用，丰富了事务所发审委社会关联研究。现有研究主要关注审计师发审委社会关联对于企业 IPO 的影响，多是负面的影响（李敏才和刘峰，2012；李敏才，2013；杜兴强，2013；陈运森等，2014），较少关注事务所发审委社会关联的正面作用，本书发现，事务所发审委社会关联对已上市的家族企业具有积极的治理作用，丰富了事务所发审委社会关联研究。

第二章 文献回顾与理论基础

本书主题为事务所与家族企业社会资本匹配度的治理效应。研究落脚于家族企业治理，影响因素为事务所与家族企业社会资本匹配度。因此，本章节紧扣研究主题，从家族企业治理、社会资本以及理论基础三个角度进行综述（见图 2-1）。在家族企业治理方面，从"兆新股份"折射出的家族企业治理问题出发，即从向外的关联交易、企业内部的薪酬治理以及财报质量三个角度出发进行综述，最后分析家族企业的审计治理效应、社会资本分析从社会资本内涵、单边的社会资本以及双边社会资本匹配的角度进行分析；单边社会资本分析包括事务所社会资本、家族企业社会资本以及客户社会资本治理作用元分析。只对客户社会资本的治理作用进行元分析，而不对事务所社会资本治理作用进行元分析的

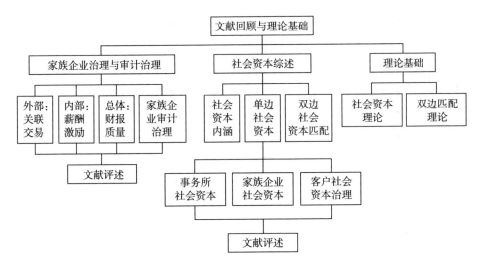

图 2-1 文献综述框架

原因在于，事务所社会资本治理作用的研究并不存在争议，而客户社会资本的治理作用则存在争议。事务所与家族企业社会资本划分为融资类社会资本与其他社会身份分析；理论基础包括社会资本理论与双边匹配理论。在每一部分文献结束之后，均有文献评述。

第一节　家族企业内部治理与审计治理

我国家族企业具有独特的代理问题，治理水平低。股东与管理层之间的代理问题得到缓解，而大小股东之间的代理问题严重。所有权和控制权分离后，股东与管理层之间的信息不对称导致管理层可能以牺牲股东的利益而谋取私利，即第一类代理问题（Jensen 和 Meckling，1976）。家族成员参与公司经营管理（Paiva 等，2016），对管理层形成有效的监督，缓解了家族企业中第一类代理问题（Salvato 和 Moores，2010）。然而，家族大股东的"一股独大"，大小股东之间信息不对称问题严重，第二类代理问题严重（Fama 和 Jensen，1983），家族成员有动机牺牲小股东利益而最大化家族利益（Ali 等，2007；Anderson 和 Reeb，2003a、2003b），Claessens 等（2002）将这种行为定义为"掏空"。

家族大股东为掏空企业，可能故意设置内控缺陷（Chen 等，2020），相比非家族企业，家族企业更不可能聘请行业专长的内部审计师（Al-Qadasi 等，2019），审计委员会形同虚设（Al-Okaily 和 Naueihed，2020）。

关联交易是家族大股东掏空企业的主要途径（吕长江和肖成民，2006；Johnson 等，2000；魏明海等，2013）。关联交易是与企业外部的能量交换。就企业内部而言，为给家族成员谋取更多私利，同时收买核心管理层，以使非家族核心管理层默许家族大股东的掏空行为，家族大股东可能支付管理层超额薪酬，包括现金薪酬与股权薪酬（王琨和徐艳萍，2015；Cheng 等，2015），家族企业中薪酬激励失效。无论关联交易还是薪酬激励引发的操纵行为，最终会体现在财务报表质量中。为此，下文从关联交易、薪酬治理以及财务报表质量三个角度进行分析。

一、家族企业关联交易

（一）关联交易现象频繁，是大股东掏空的重要手段

关联交易是中国资本市场上控股股东侵占小股东利益的重要途径（李增泉

等，2004；陈晓和王琨，2005；Cheung 等，2009a；Cheung 等，2009b），在家族企业中尤其得严重（吕长江和肖成民，2006；Johnson 等，2000）。在法律法规和证券市场监管不够完善的情况下，家族股东通过各种关联交易方式进行"隧道挖掘"，掏空上市公司以谋取私利的倾向明显（申明浩，2009；吴先聪等，2016；魏明海等，2013）。为方便利益攫取，家族大股东会制造内控缺陷（Chen 等，2020）。关联交易也是盈余管理的重要手段（赵国宇，2011）。家族企业可通过大规模的关联交易满足其避免退市或发行新股等各种动机（Jian 和 Wong，2010）。

（二）关联交易损害了家族企业价值

家族企业关联交易越严重，企业价值折损越厉害（魏明海等，2013）。关联交易降低企业价值的途径有四条：一是关联交易会对组织的国际化产生负面影响（Agnihotri 和 Bhattacharya，2019）；二是影响企业经营以及投资决策，降低企业价值（Carolina 等，2016）；三是家族企业在将股票转移给关联企业时，为降低税收，会操控信息发布时机，在转移的过程中降低股票价格（Jung 和 Park，2009）；四是关联交易被资本市场翻译为负面信号，尤其是非必要的关联交易，是重大财务误报的信号（Kohlbeck 和 Mayhew，2017）。

（三）家族性因素影响企业关联交易

家族成员持股数和两权分离度与关联交易呈正相关（Kuo 和 Wang，2015）。家族关联大股东持股越多，在董事会或董监高中所占席位的比例越大，家族企业的关联交易行为越严重（魏明海等，2013）。为降低关联交易造成的家族声誉损失，家族成员会选择"退隐幕后"，不在上市公司担任职务，家族企业的决策行为更加扭曲，家族成员与非家族成员管理层合谋，掏空上市公司（Baek 等，2004），加剧企业的关联交易（姜付秀等，2017）。当股份转移给继承人时，盈余管理更多（Lee 等，2017），关联交易也更多（Hwang 和 Kim，2016）。相反，"去家族化"会降低家族企业的关联交易从而提升企业的价值（李欢等，2014）。综上所述，家族企业内控失效，家族成员甚至收买管理层协助其进行掏空。为此，内部的治理机制难以有效地解决家族企业关联交易问题。

（四）外部治理是抑制家族企业关联交易的主要途径

"四大"会计师事务所作为外部治理机制，可抑制关联大股东掏空行为（魏明海等，2013），客户的关联交易越多，会计师事务所的品牌、规模越有利于抑制公司盈余管理行为（赵国宇，2011）。虽然机构投资者可以抑制国有企业中的大股东掏空行为，但不能抑制以血缘和亲缘等纽带关系维系的家族企业的大股东掏空（吴先聪等，2016）。

二、家族企业薪酬治理

经典代理理论认为，管理层薪酬与业绩挂钩的机制可以协调经理层与股东间的利益冲突，从而降低代理成本（Jensen 和 Meckling，1976）。

（一）家族企业管理层与股东间代理问题较低

家族大股东有动机，且有能力去监督管理层，因此，对高管薪酬激励的需求较低。表现为较低的薪酬业绩敏感度（Gomez-Mejia 等，2003；He，2008；Croci 等，2012；陈家田，2014；Michiels 等，2013）和家族 CEO 更少的正式薪酬（Michiels，2017）和期权薪酬（Mazur 和 Wu，2016）。管理层权力理论则认为，薪酬可能被反操控，不但不能解决代理问题，还成为代理问题滋生的新土壤。

（二）家族大股东有动机侵占公司利益、支付管理层超额薪酬成为"掏空"家族成员

家族高管薪酬水平较高（王琨和徐艳萍，2015）且薪酬业绩敏感性较低，表现为利益侵占（Amoako-Adu 等，2011；Chen 等，2014）。超额薪酬现象在董事会家族成员比例较高的企业中更明显（王琨和徐艳萍，2015）。家族 CEO 的薪酬业绩敏感度低于非家族 CEO 的薪酬业绩敏感度（赵宜一和吕长江，2015）。

家族控股股东为了避免管理层可能出现的道德风险实施股权激励（巩娜，2013）。然而，家族企业股权薪酬激励性越强，企业的财务操纵风险越高（Jia，2017）。股权激励为管理层提供了操纵薪酬的完美契机，现有正式制度下，审计师难以有效的治理股权激励引发的财务报表操纵行为（陈宋生和曹圆圆，2018）。

三、家族企业财务报表质量

在成熟的资本市场中，例如，英美等发达国家，家族企业财务报表质量比非家族企业高（Borralho 等，2020；Ghosh 和 Tang，2015；Ali 等，2007；Cascino 等，2010；Prencipe 等，2008），高度发达的资本市场股权集中度低（Cheng，2014），家族大股东的持股难以"一手遮天"，全权决定企业经营决策。然而，家族成员参与经营，可以有效监督管理层行为，降低股东与管理层之间的信息不对称。

（一）在法制环境不成熟的资本市场中，家族企业的财务报表质量存在争议

例如，在我国投资者保护环境较差（Allen 等，2005；Huang 等，2016；Chi 等，2015；Razzaque 等，2016），而家族企业"一股独大"（Chi 等，2015；Cheng，2014），家族大股东参与企业经营决策，内部治理机制难以制衡大股东权力，为此，家族大股东可能牺牲小股东利益成全家族利益（Ding 等，2007；Ding

等，2011；Wang 和 Yung，2011）。发展中国家家族企业中第二类代理问题严重（Tee，2018）。同样地，家族成员参与企业经营（Paiva 等，2016），他们有动机和能力监督管理者（Rodriguez-Ariza 等，2016；Cheng，2014），为此，大股东与管理层之间的代理问题减少。然而，家族企业整体的代理问题并不明确。

（二）关于家族企业与非家族企业财务报表质量高低未达成一致意见

有研究表明：家族企业的盈余质量更高（Ding 等，2011；Ching 等，2015），Hashmi 等（2018）发现，家族企业财务报告质量比非家族企业更高；然而，Sue（2013）没有发现家族企业和非家族企业财务报表质量存在差异；也有研究发现，企业有更多的应计盈余管理（Teh 等，2017），审计师评估家族企业有更高的舞弊风险（Krishnan 和 Peytcheva，2019）。以上文献基于两类代理问题框架和经济人假设，此外，非经济因素也会影响家族成员操纵动机。

（三）社会情感财富提升家族企业盈余管理水平

家族企业盈余管理是家族企业保护社会财富动机驱动的（Mejia 等，2014）。社会情感财富提升家族企业的盈余质量（Pazzaglia 等，2013）。公司绩效较差时，社会情感财富促使家族企业进行向上的盈余管理（Stockman 等，2010）。

四、家族企业审计治理

现有约束审计师行为的正式制度下，审计师对家族企业的治理作用有限（Gonzalez 和 Garcia-Meca，2014）。家族企业大小股东间的代理问题依赖于审计治理（Al-Qadasi 等，2018），家族成员之间的代理问题也是家族企业选择高质量审计师的原因之一（Corten 等，2017）。然而，家族大股东可以决定审计师的选聘与任用，其对审计师的需求在发送可承诺信号和攫取私利之间进行权衡（陈德球等，2011）。家族企业对外部审计的需求并不强烈（郭跃进和徐冰，2004；Corten 等，2015；Ho 和 Kang，2013；Niskanen 等，2010）。相比非家族企业，家族企业更不愿意聘任高质量的审计师（Ho 和 Kang，2013）。即使聘用高质量的审计师，也不能揭示家族企业的风险（魏志华等，2009），更不能有效抑制家族企业的避税行为（Yoo 和 Koh，2014）。家族企业购买更多非审计服务（Fei，2017；Dobler，2014），这侵蚀了审计师独立性（Dobler，2014），审计质量更差（Khan 等，2015）。综上所述，在现有正式制度下，审计师对家族企业的治理作用有限。

五、文献评述

家族企业治理问题严峻，大小股东之间代理问题严重。家族大股东对外通过关联交易进行掏空，对内发放超额薪酬，关联交易和薪酬激励均会诱发财务报表操纵行为，这严重地损害了资本市场中小股东利益。我国家族企业治理问题急需得到解决。然而，家族企业为方便掏空行为，故意设置内控缺陷，聘请非行业专长的内部审计师，审计委员会形同虚设。传统的内部治理机制难以有效地解决家族企业的治理问题。需要求助外部治理机制。审计治理对于内部治理有一定的替代作用。然而，现有正式制度下，审计治理在家族企业中的作用受到限制，一方面，家族企业对外部审计的需求较低；另一方面，事务所为家族企业提供了更多的非审计服务，其审计独立性降低。

现有研究仅从正式制度背景下，探究审计师对家族企业的治理作用，忽视了非正式制度对家族企业审计治理作用的影响，例如，社会资本。正式制度下，家族企业的资源约束较强，家族企业必须积极构建社会关系网络，从社会关系网络获取稀缺资源。事务所作为家族企业社会网络关系，即社会资本的一部分。家族企业会考虑事务所与审计师的社会资本。为此，有必要从非正式制度的角度探索审计对家族企业的治理作用。

第二节　社会资本综述

一、社会资本内涵及动态发展

社会资本是通过社会关系获取稀缺资源并由此获益的能力（边燕杰与丘海雄，2000），通过实际或潜在资源的积累，嵌入到持久、约定俗成且相互熟悉或认识的关系中（Bourdieu，1986），其存在形式为有助于个体与组织间行动和价值创造的关系网络（Adler 和 Kwon，2002），本质是这种关系网络所蕴含的、在社会行动者之间可转移的资源（边燕杰，2004）。个人通过社会网络可以直接或间接获得社会资源，如权力、财富、声望等（Lin，1998），个人拥有的社会网络规模越大，其社会能力越强，可利用的资源越丰富（张文宏，2011）。社会资本包括三个维度：结构维度、关系维度、认知维度（Nahapiet 和 Ghoshal，1998；Yli-Renko 等，2001）。结构维度是指行动者之间的网络关系，关系维度是指网络关系的质量，认知维度是指行动者之间共有的知识、价值观和制度，这三个维度保持不断发展变化。

社会资本的发展受网络成员间的网络稳定性、相互作用、相互依赖以及信任闭环四个因素影响（Nahapiet 和 Ghoshal，1998）。网络稳定性是社会资本形成的基础。社会资本体现为随时间积累形成的良好声誉（Bourdieu，1986），网络稳定允许特定社会结构具有可持续性，这增加了行动者相互作用的可能（Misztal，1996），同时促进成员间信任及合作的规范（Granovetter，1985；Hitt 等，2002；Putnam，1993）。网络成员相互作用是社会资本形成的必要条件。如果网络中成员保持相对独立，即使网络稳定也无法形成社会资本（Coleman，1990）；网络成员的相互依赖加速社会资本形成。高水平的社会资本通常产生于高度相互依赖的社会环境（Nahapiet 和 Ghoshal，1998），有助于增加社会网络中相互义务的形成与维护（Bourdieu，1986）；高强度的成员间信任闭环更可能形成稳健的社会资本。在信任闭环下，成员间充分关联，各成员极大限度自主选择遵守规范，无须法律合同或者控制程序的干预（Coleman，1988）。闭环信任度越高，意味着成员间的相互作用越强（Adler 和 Kwon，2002），即行为规范遵守效果越好（Portes，1998）。综上所述，以上四个因素影响社会资本的形成及其存量水平。

二、单边社会资本：事务所与家族企业社会资本分析

家族成员是家族企业资金的主要来源，随着家族企业规模的扩大，其面临的突出问题是融资问题。为此，家族企业会刻意获取融资类的社会资本。下文分别从事务所与家族企业的社会资本角度分析融资类社会资本对组织产生的影响。

（一）事务所社会资本分析

1. 事务所融资类社会资本

事务所融资类社会资本是指事务所构建的金融网络关系，凭借这些社会关系，可以为事务所带来经济利益。事务所融资类社会资本界定与家族企业一致，即金融（监管）机构背景。由于事务所信息披露有限，在证监会网站上会披露审计师担任发行审核委员会名单（以下简称发审委），发审委是金融监管机构。为此，可界定事务所发审委社会关联作为事务所的融资类社会资本。担任发审委委员的审计师所在事务所通常拥有更多的客户（魏明海等，2013）。

2. 发审委制度背景

1992 年，国务院证券监督管理机构设置了发行审核委员会。发审委审核是企业进行 IPO 必须经过的环节，发审委社会关联成为企业竞相争取的对象。第一届发审委成立于 1993 年 6 月，但一直到 1999 年，委员的身份都是保密的。保密的委员名单立刻成为最具有价值的资源，成为拟 IPO 的公司以及利益相关方向极力获取的。围绕发审委进行的寻租此起彼伏，甚至连发审委委员名单都成为寻租的对象（杜兴强等，2013）。证监会于 2003 年 12 月 5 日公布《中国证监会监督管理委员会对股票发行审核委员会暂行办法》，公开了发审委委员名单。拥有发审委社会资本的审计师多来自发达地区，且在前百家事务所的分布较为分散（李敏才，2013）。

事务所其他社会身份：审计师除了担任发审委委员之外，还会承担其他重要的社会职务，拥有其他社会身份（李江涛等，2015）。

现关于事务所其他社会身份研究主要从声誉机制着手：审计师的社会身份昭示着其审计师的职业声誉，社会身份职位越高，客户会计信息质量越好，盈余反映系数越大，被审计客户违规概率越低（王瑜等，2019）。审计师在参加重要的社会活动时，更可能涵盖事务所宣传的成分，同时公众也会赋予这些事务所公平公正的形象，从而推动事务所提升业绩（李江涛等，2015）。拥有其他社会身份的小规模事务所为维护其声誉，倾向于选择低风险客户，发表标准无保留的审计意见（孔亚平等，2020）。

我国自资本市场建立以来，作为上市公司财务报表质量的"第一道防线"，审计师社会地位以及社会资本逐渐增强。一方面，担任发审委委员的审计师人次增加。在上市核准制下，发审委依法审核股票发行申请。审核过程需要专业判断，审计师作为资本市场中的专家，担任发审委委员。从 2009~2017 年，审计师累计 57 人次担任主板发审委委员，累计 91 人次担任创业板发审委委员。这提升了事务所在资本市场中的发言权和市场地位。另一方面，审计师承担的重要社会身份的人数也逐年增加。自 2006 年以来，审计师担任重要社会职务的数量大幅增长①。

（二）家族企业社会资本分析

在我国经济转轨时期，民营企业发展面临着外部环境不确定性和所有制歧视带来的不利影响：包括民营企业融资难，行业准入等所有制歧视（Allen 等，2005）。民营企业通过建立良好的社会关系可以缓解上述不利因素的影响（罗党论和刘晓龙，2009）。其中，家族企业作为特殊的民营企业群体，其对社会资本的需求不言而喻。家族企业比国有企业更看中社会关系构建，投入更多资金建立社会资本（王志明和顾海英，2004），目的在于获取法律和正式制度中得不到的保护（Xin 和 Pearce，1996）。将家族企业的社会资本划分为融资类社会资本和其他社会身份（李文颖等，2020）。下文将分别从这两类社会资本的角度进行分析。

---

① 《中共中央关于巩固和壮大新世纪新阶段统一战线的意见》（中发〔2006〕15 号）。2011 年 12 月 6 日，中央统战部和财政部联合发布《关于加强注册会计师行业统战工作的意见》，明确提出注册会计师是促进经济发展的一支重要力量，应将其纳入统战工作范围。

1. 家族企业融资类社会资本从认知和资源获取两个视角对家族企业价值产生影响

（1）认知视角。管理层的金融行业从业经验能够提升其认知能力。拥有融资类社会资本的企业高管更了解金融行业制度及信息需求，降低信息不对称，有助于银企关系的建立，降低融资难度，获得更高的信贷额度（邓建平和曾勇，2011）。此外，高管人员在投行等金融机构的工作经历会提高企业并购成功的可能性，增加企业绩效（Huang 等，2014），提高投资效率（曲进和高升好，2015）。

（2）资源获取视角。金融背景的管理层所构建的金融网络为企业提供了获取资源的渠道。具有金融背景的 CEO 在融资方面比不具有金融背景的 CEO 更有优势，他们可以利用自己的"关系"，为企业搭起资源获取的渠道，改善企业现金持有环境（邓建平和陈爱华，2017），通过聘用有银行工作经历的高管建立银企关联，可以降低企业的融资难度，放宽贷款期限和抵押条件（邓建平和曾勇，2011），帮助企业获得更多贷款，更高信贷额度（Ciamarra，2012）。最终提升企业的价值（Jiang，2008；Knight，2006；罗党论和甄丽明，2008）。

2. 家族企业其他社会身份从资源获取、资源"诅咒"以及信号传递三个视角对家族企业价值产生影响

（1）资源获取视角。其他社会身份为企业带来更多资源。企业热衷于建立社会关联（Granovetter，1985）。大部分民营企业都会积极寻求其他社会联系，以获取关键资源和弥补产权制度的缺失（Faccio，2006；余明桂和潘红波，2008），以及进入管制行业（罗党论和刘晓龙，2009）。

（2）资源"诅咒"视角。资源"诅咒"是指其他社会身份为企业带来更多的资源（Coleman 和 Robb，2012；Sherif 等，2006），充足的资源降低企业的经营风险，生存压力低，导致缺乏自主创新的动力，从而不利于企业的长远发展和经济高质量增长，不利于创新研发的投入（严若森等，2019）。其他社会身份带来的资源通过降低市场竞争、助长过度投资等对企业创新产生挤出效应（袁建国等，2015），导致企业技术创新乏力、资源分散（严若森等，2019）。

（3）信号传递视角。企业其他社会身份向外界传达积极信号。向外部债权人发送可承诺的担保信号，降低银行对企业借款合约的严格性（陈德球等，2013）；传递企业质量积极信号，利于企业获得资源或者突破行业进入壁垒（胡旭阳，2006）；拥有其他社会身份的企业更加自律，对高审计质量需求增加（潘克勤，2010），也会降低上市公司被出具"非标"审计意见的概率（梅琳，2012）。

（三）社会资本对家族企业治理作用分析

社会资本会影响家族企业的治理。社会资本是通过社会关系获取稀缺资源并由此获益的能力（边燕杰与丘海雄，2000），影响企业的管理层控制系统（Chenhall 等，2010），进而影响公司治理水平。企业在社会网络中越处于中心位置，其治理水平越高（Zhou 和 Delios.，2012），以企业边界，将社会资本分为企业内部社会资本与企业外部社会资本。

1. 内部社会资本对企业治理影响未达成一致结论

企业内部董事网络降低企业的治理环境和总体的监管质量。拥有共同教育背景，任职经历和家族环境的董事会的企业市场价值更低，资本支出更高，董事薪酬水平更高，财务误报概率更大（Souther，2018）。当审计委员会与 CEO 有关联时，购买的审计服务更少，更可能从事盈余管理，外部审计师更不可能发布非"清洁"审计意见以及内控缺陷（Bruynseels 和 Cardinaels，2014）。CEO 或者 CFO 与董事关联导致企业从事更多盈余管理行为（Krishnan 等，2011）。与 CEO 有关联的独立董事比没有关联的独立董事获取更多的私有信息，从而在股票交易中获利更多（Cao 等，2015），降低企业价值。然而，也有研究表明，董事会异质性越强，其社会资本就越强，就会带来更多的新资源，包括建议、咨询及交流渠道，提升公司治理（Booth 和 Darlene，2018）。

2. 外部社会资本对公司治理影响未达成一致结论

（1）外部社会网络关系促进公司治理。企业外部社会网络形成的信息网络渠道有助于提升企业商业关系（Houston 等，2018）。高社会资本的 CEO 能利用自身建立的外部关系网络缓解高风险企业的不确定性，提升企业的绩效和市场价值（Abernethy 等，2019）。CEO 和其他企业董事及高管的外部社会网络提升了财务报表质量治理，拥有高外部社会网络的 CEO 所在企业，应计盈余更低，更不可能有财务重述和重大内控缺陷（Bhandari 等，2018），治理能力较强。董事会的社会资本会增加上市公司获得融资的可能性（Batjargal 和 Liu，2004）。外部直接或者间接的社会关联会增加企业的早期风险融资（Shane 和 Cable，2002）。关联董事网络越强，为企业带来的资源越多，企业产品质量（Srinivasan 等，2018）和绩效（Fracassi，2017；Horton 等，2012）越好，企业支付董事更高薪酬（Horton 等，2012）。与其他企业的交叉持股网络降低了私有企业的现金约束（Peng 等，2019）。

公司治理决策会通过关联董事网络传染。拥有关联董事的企业薪酬政策，包括薪酬追回政策存在传染效应，提升了公司的治理（Addy 等，2014），公司的金融政策，例如投资水平以及投资水平的变化趋同（Fracassi，2017），公司社会责任战略也会通过关联董事网络扩散（Zou 等，2019）。

（2）外部社会信任提升公司治理。企业总部处于高社会资本地区的企业，财务违规更少（Qiu 等，2021），盈余质量更高（刘笑霞和李明辉，2019），债务来源更多（徐业坤和李维安，2016），企业绩效更好（Churchill 和 Valenzuela，2019），避税行为更少（Hasan 等，2017），审计收费更低（刘颖斐和丁茜菡，2017；Jha 和 Chen，2015；宫元，2016）。

（3）外部社会资本降低了公司治理水平。审计委员会与外部审计师的社会关联损害了企业的审计质量，降低了事务所作为外部治理机制对企业的治理作用（He 等，2017）。不利的信息披露政策会沿着关联董事网络传染（Cai 等，2014），使季报的盈余预期不再披露。董事的网络越强，会进行自利行为，增加自身薪酬（Crespí-Cladera 等，2015），未来的绩效也更差（Nam 和 An，2018；Crespí-Cladera 等，2015）。

3. 社会资本对家族企业治理元分析

由于社会资本对家族企业的治理未达成一致的结论。为了进一步厘清社会资本对公司的治理效应，对以上文献进行元分析（Meta analysis）。首先，选取适配的文献；其次，选择恰当的指标；最后，进行元分析并得出结论。

（1）文献选取。选择了 16 篇文章并编码（见附录一）。为保证数据的代表性和完整性，对于元分析文献的选取，按照以下四个步骤完成数据的筛选：①在电子数据库 web of science 中输入 social network、social capital 和 corporate governance。②期刊来源筛选为会计学 6 大国际期刊 *The Accounting Review*，*Contemporary Accounting Research*，*Journal of Accounting* 和 *Economics*，*Journal of Accounting Research*，*Review of Accounting Studies*，*Accounting*，*Organiation* 和 *Society*。为扩大样本量，进一步地将期刊来源扩展为 *Auditing*：*A Journal of Practice* 和 *Theory*，*Accounting* 和 *Finance*，*Journal of Accounting* 和 *Public Policy*，*Journal of Business Finance* 和 *Accounting*，*Management Science* 以及 *Accounting Horizon*。③手工筛查主题是社会关联（资本）与公司治理相关；④报告了样本量、相关系数、t 值、卡方值、Z 值或其他可转化数据指标［具体转化公式见 Habib（2012）以及 Hunter 和 Schmidt（1990）］。

（2）效应指标选择。由于纳入分析的文献其研究性质、研究指标各不相同，元分析需要将收集到的统计量合并成单一的效应值（*Effect Size*）统计量，即经过标准化的形式合并的统计量反映多个独立研究的综合效应。本书以 $t(Z)$ 值作为效应值统计量。并根据每项研究的样本量计算了每个效应值的权重，以便让效应值更加准确。

（3）元分析结果展示。表 2-1 展示了元分析的结果。在全样本中 *Effect Size* 均值为 0.061，在 1%的水平下显著为正（见表 2-1），表明经过元分析，企业的社会资本提升了企业的治理（见表 2-1）。进一步将样本区分为外部社会资本与内部社会资本，在外部社会资本中 *Effect Size* 均值为 0.072，在 1%的水平下显著（见表 2-1）。说明外部社会资本提升了企业的公司治理。在内部社会资本样本中，*Effect Size* 均值为 -0.092，表明企业内部社会关联降低了企业的公司治理（见表 2-1）。控制随机效应后，结果依然稳健。

表 2-1 社会资本公司治理效应元分析结果

	全样本	外部社会资本	内部社会资本
Effect Size 均值	0.061***	0.072***	-0.092***
标准差（*SE*）	0.002	0.005	0.008
Z-值	25.323	15.648	-11.985
Lower bound	0.056	0.063	-0.107
Upper bound	0.066	0.081	-0.077
Fail-safe number（Nfs）	21871	20795	7170
Critical value for Nfs	365	220	155
同质性检验（Q）	4217.14***	1513.02***	480.72***
I^2	98.34%	97.29%	94.18%
QV	126.35***	90.21***	36.21***
I^2V	44.60%	54.55%	22.67%
esv（random effects）	0.056	0.066	0.085
SEesv	0.003	0.005	0.008
Lower bound	0.05	0.057	0.069
Upper bound	0.062	0.075	0.100
N	71	42	29

注：***分别在 1%的水平下显著。

图 2-2 展示了企业社会资本对公司治理元分析森林，图中可以看出分析结果落在了无效线的右侧，表明企业的社会资本提升了公司治理。

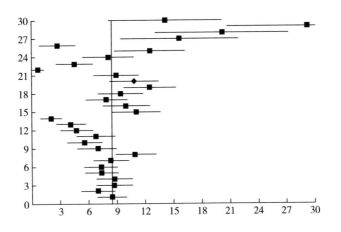

图2-2 企业社会资本对公司治理的森林图

图2-3 展示了企业内部社会资本对公司治理的森林图，结果与无效线不相交，这表明有企业内部社会资本对公司治理有显著的影响，依据表2-1中的数据，为显著的负向影响。

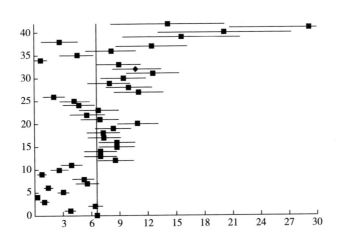

图2-3 企业内部社会资本对公司治理的森林图

图2-4 展示了企业外部社会资本对公司治理的森林。结果与无效线并不相交，表明企业外部社会资会显著的影响公司的治理，依据表2-1中的数据，为显著的正向影响。综上所述，森林图进一步验证了猜想。荟萃分析结果可知，企业外部社会网络会强化公司的治理。

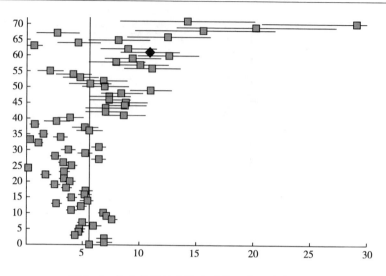

图 2-4　企业外部社会资本对公司治理的森林图

三、双边社会资本匹配：事务所与客户双边匹配的审计效应

事务所与客户双边的社会资本通过认同与协调功能和相对资源权力功能影响审计师行为（李文颖和陈宋生，2018）。当事务所的社会资本比客户社会资本强时，包括商业类社会资本与其他社会身份，审计质量可能会提升（李文颖等，2020），审计收费提高（吴益兵等，2018）。在客户社会网络强而审计师社会网络弱的匹配组合中，审计收费更低（吴益兵等，2018）。当客户向下匹配事务所、即四大的潜在客户选择非四大时，审计收费和审计质量均会降低。而当客户向上匹配事务所、即非四大的潜在客户选择了四大事务所时，审计收费和审计质量会提升（董沛武等，2018）。

四、文献评述

现研究以下五个问题：

（1）割裂事务所社会资本探究审计对家族企业的治理作用，不能有效刻画审计师对家族企业的治理效应。大量研究探究审计师治理作用（He 等，2017；赵国宇，2011；吴先聪等，2016），忽视事务所社会资本会影响事务所与家族企业的谈判力。也有研究探究家族企业外部社会关系网络的治理作用（He 等，2017）。忽视事务所社会资本探究其治理作用，或者将事务所变成企业社会关系网络的一部分来探究审计治理作用，不能有效刻画事务所对家族企业的治理效应。有必要将事务所社会资本从家族企业的外部社会资本中分离出来后，探究事务所社会资本与家族企业的社会资本双方的互动对审计治理效应的影响（见图2-5）。

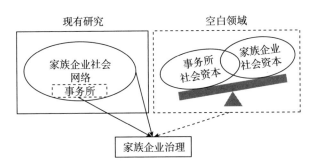

图2-5　家族企业治理研究现状与空白领域

（2）现研究仅限于事务所与客户社会资本匹配度的审计效应，未探究其对家族企业的治理作用。外部审计师与客户的社会资本匹配影响审计质量（李文颖和陈宋生，2018；吴益兵等，2018），但现研究并未进一步探究其治理作用。家族企业治理较差，第二类代理问题严重，亟须有效的外部治理机制。现研究并未探究事务所与家族企业社会资本匹配度对家族企业治理的影响。

（3）现关于事务所与客户双边匹配治理效应研究的前提假设为不存在审计意见购买行为，这在我国资本市场上难以成立。现有关于事务所与客户社会资本匹配度研究均有一个假设前提，即客户不存在审计意见购买行为，只能被动地与审计师进行协商调整要求。事实上，在我国审计市场为买方市场，竞争激烈，审计师意见购买行为频繁。这个假设在我国资本市场上很难成立。

（4）现关于事务所与客户社会资本匹配度研究以所有A股上市公司为样本，将国有企业划分为研究对象并不合适。然而，国有企业的社会资本和事务所的社会资本，无论是融资类还是其他社会身份类，双方社会资本起点有天壤之别，而且双方对社会资本的需求不同。为此，将国有企业划分为研究对象并不合适。

（5）事务所与客户双边社会资本匹配模型粗糙，噪音较大。现有文献中家族企业与事务所社会资本匹配是使用规范分析或者将家族企业与事务所社会资本按照强弱两两组合，噪音较大（吴益兵等，2018）。本书进一步细化和量化事务所与家族企业社会资本以及双边的匹配度算法构建，并且从融资类与其他社会身份类的社会资本着手构筑。

第三节　理论基础——社会资本理论与双边匹配理论

本书关注事务所与家族企业社会资本双边匹配度，因此，研究的理论基础为社会资本理论与双边匹配理论，下文阐述将这两个理论。

一、社会资本理论

（一）社会资本的资源观——资源依赖理论

林南（2005）首次提出，社会资本的资源属性，资源对个体或组织竞争优势的影响可溯及战略理论中的"资源依赖理论"。资源依赖理论是指一个组织最重要的存活目标是降低对外部关键资源供应组织的依赖程度，并寻求能够稳定掌握关键资源的方法（Reitz，1979）。

家族企业与事务所均为民营企业，对外界的资源依赖性较强。为缓解自身的资源约束，家族企业与事务所重视自身的社会资本的积累。社会资本为通过社会关系获取稀缺资源并获益的能力。获取资源的能力越强，对特定主体的资源依赖越弱，则谈判能力就越强。资源依赖理论可以有效地解释事务所与家族企业社会资本不匹配对双方谈判力的影响，进而影响审计治理作用。

拥有社会资本（资源）的组织既要充分利用现有社会资本获得更多的资源，又要防止现有的社会资本以及嵌入其中的资源受到损害。前者使用信号理论来解释，后者使用声誉理论解释。

1. 社会资本（资源）利用机制——信号理论

信号理论来源于信息经济学，它解释的是信息不对称或不完备条件下行为人最大化自身效用的现象（刘天旭和张星久，2010）。当公开信息会获益时，代理人会去传递其特征信号（斯达德勒，2004），信号传递能够减少信息不对称（Spence，2002）。传递信号需要付出成本，如果信号传递收益不能抵消成本，代理人不会传递信息（斯达德勒，2004）。该理论广泛应用于团队和个人层面（Connelly，2011）。当组织自身拥有更多社会资本时，可以通过信号机制，为外界传递可依赖的信号，获取更多组织的信任，最终获得更多资源。

2. 社会资本（资源）维护机制——声誉理论

组织声誉是使公众认知的心理转变过程，是企业行为取得社会认可，从而取得资源、机会和支持，进而完成价值创造能力的总和。良好的声誉会为组织带来经济利益。因此，家族企业为了提升自身声誉而降低自利行为（Rodriguez-Ariza等，2016；Cheng，2014；Kashmiri 和 Mahajan，2010；Greco 等，2015；Ali 等，2007）。在公众面前维持好的声誉，尤其是财务报表声誉会增加上市公司的价值（Zimmerman，2013；Cao 等，2012）。聘请高声誉的审计师会降低企业崩盘风险（吴克平和黎来芳，2016）。事务所也会为了自身声誉而提升审计质量（Choi 等，2008；Craswell 等，1995）。组织拥有社会资本后，由于存在声誉机制，一旦声誉受损，企业获取社会资源的能力会降低，为此，组织并不会轻易违规做出损害自身声誉的事件。

（二）社会资本的网络观——结构洞理论

Burt（1992）在《结构洞：竞争的社会结构》一书中提出了"结构洞"理论（Structural Holes），研究人际网络的结构形态，分析怎样的网络结构能够带给网络行动主体更多的利益或回报。所以"结构洞"就是指社会网络中的空隙，社会网络中某个或某些个体和有些个体发生直接联系，但与其他个体不发生直接联系，即无直接关系或关系间断，从网络整体来看，好像网络结构中出现了洞穴。

如果两者之间缺少直接联系，而必须通过第三者才能形成联系，那么行动的第三者就在关系网络中占据了一个结构洞，显然，结构洞是针对第三者而言的。Burt认为，个人在网络的位置决定了个人的信息、资源与权力。因此，如果存在结构洞，那么将没有直接联系的两个行动者联系起来的第三者拥有信息优势和控制优势，这样自己能得到更多的回报。因此，个人或组织要想在竞争中保持优势，就必须建立广泛的联系，同时占据更多的结构洞，掌握更多的信息。图 2-6 举例展示了结构洞。在图 2-6（a）中，k、j、i、m 任何两点之间的联系必须通过 h 才能实现，k、j、i、m 任何两点之间都形成结构洞，而 h 占据了这个结构洞的位置，其社会资本是最高的。图 2-6（b）中，h 并不占据 i 和 m 以及 j 和 k 之间的结构洞，因此 h在图 2-6（b）中的社会资本低于在图 2-6（a）中的社会资本。

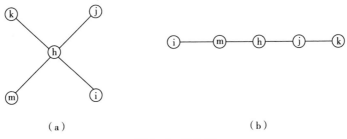

（a）　　　　　　　　　　　　　　（b）

图 2-6　结构洞

二、双边匹配理论

双边稳定匹配理论（Two-sided Stable Matching Theory）：2012 年诺贝尔经济学奖得主罗斯（Roth）和沙普利（Shapely）提出的稳定配置和市场设计实践理论，探索各群体、集团、组织、机构乃至社会人际关系如何形成；寻求有不同偏好的经济主体间的相互匹配，考虑匹配双方主体需求的满意度，使主体间达成最稳定的配对，即不再有动机寻求其他匹配机会，此时市场中实现了帕累托最优，市场资源配置效率最高（Gale 和 Shapley，1962；Roth，1985）。资源权力强弱差距越大，关系之间的不稳定状态越强（Casciaro 和 Piskorski，2005），市场的效率降低。

双边匹配模型分为三类：一对一的匹配、多对一的匹配以及多对多的匹配模型（Gale 和 Shapley，1962）。由于一家事务所可以审计多家家族企业，而一家企业只聘请一家事务所。为此，事务所与家族企业的双边匹配属于多对一的匹配。

第三章　事务所与家族企业社会资本匹配度治理效应分析

首先，本章基于双边匹配理论，从适用范围、适用规则以及 SG 延迟算法三方面分析事务所与家族企业在资本市场中依据双方的社会资本选择偏好，最终呈现出稳定匹配状态的过程；其次，分析事务所与家族企业社会资本匹配度的治理效应机理：①从大股东效用函数出发，推导事务所与家族企业社会资本匹配度对于家族企业治理，包括关联交易、薪酬治理以及财务报表质量的影响机理；②通过数理分析，佐证事务所与家族企业事务所社会资本匹配度的治理作用。本章研究内容框架如图 3-1 所示。

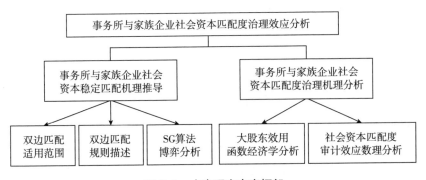

图 3-1　本章研究内容框架

第一节　事务所与家族企业社会资本稳定匹配机理推导

2012 年，诺贝尔经济学奖授予美国哈佛大学埃尔文·罗斯（Alvin Roth）和美国加州大学洛杉矶分校罗伊德·沙普利（Lloyd Shapley），以奖励他们在双边匹配理论方面做出的贡献，例如，GS 算法（Gale-Shapley，GS）。参照多对一双边匹配理论模型，探究事务所与家族企业双边社会资本的匹配状态。

一、双边匹配理论适用范围

双边匹配有两个条件：一是"双边"。"双边"是指某一市场中的参与人从一开始就属于两个不同的集合，例如，公司集合与员工集合，两个集合之间的参与者不能相互转换。这与商品市场形成了鲜明对比，在商品市场中，价格市场决定参与人是买方还是卖方。因此，商品市场并不是要讨论的双边市场（Roth 和 Sotomayor，2019）。二是"匹配"。"匹配"是指市场中交换的双边性质。例如，员工为公司工作，这家公司就雇用了这个员工。这与商品市场形成鲜明的对比，在商品市场中，有人可能满载卡车小麦进入市场，然后开一辆新拖拉机回家。但小麦的购买者不卖拖拉机，拖拉机的出售者也没有购买小麦（Roth 和 Sotomayor，2019）。

事务所与家族企业的匹配满足以上两个条件，适用于双边匹配理论。一方面，事务所与家族企业并不能相互转化，即事务所不会转化为需要审计服务的家族企业，家族企业也不会转化为提供审计服务的事务所，符合"双边"的含义；另一方面，事务所为家族企业服务，家族企业就雇用了这个事务所，符合"匹配"的内在含义。综上所述，事务所与家族企业的匹配符合双边匹配理论可以解释的范畴。

双边匹配包括以下内容：一对一匹配，例如，婚姻模型，在现有一夫一妻制度下，男女双方都是一对一的匹配；多对一的匹配，例如，公司雇员模型，一个公司可以雇用多名员工，一名员工只可以就职于一家企业（Gale 和 Shapley，1962）。一家事务所可以审计多个家族企业，家族企业在特定的年份只能聘请一家事务所。因此，事务所与家族企业的匹配属于多对一的匹配模型。

二、事务所与家族企业社会资本匹配规则

在任何的博弈分析中，都需要明确规则。假设事务所选择家族企业规则如下：任何相互选择的事务所和家族企业都可以配对，并且任何事务所和家族企业都可以自由的取消匹配，重新选择。

双边匹配模型需要两个有限且无交集的集合。$A = \{A_1, \cdots, A_n\}$ 和 $C = \{c_1, \cdots, c_m\}$，分别表示事务所和家族企业。每个事务所对家族企业社会资本有

偏好，同样家族企业对事务所的社会资本也有偏好。在经济学理论中，偏好具有传递性、非饱和性和完备性：①双方的选择偏好是具有传递性的。如果家族企业偏好 a 事务所胜于 b 事务所，偏好 b 事务所胜于 c 事务所，那么根据偏好的传递性，该企业偏好 a 事务所胜于 c 事务所；②双方选择偏好是非饱和性的，即多多益善，如果事务所偏好某一类别的客户，那么这类客户越多越好；③双方选择偏好是完备的：所有的偏好选择都是可以比较的，某一家族企业对于任意两个事务所的偏好都能比较大小，更偏好 a 事务所、更偏好 b 事务所或两者之间无差异。

为此，每个家族企业的偏好集用序列 $P(C)=A_1，A_2，c，A_3，\cdots$ 表示，意味着家族企业 c 偏好事务所 A_1 胜于 A_2，相比不聘请事务所，更偏好聘请他们之中任意一个；宁愿不聘请事务所也不聘请事务所 A_3（此处仅为方便理论推导，实际情况下不存在不选择事务所的情况）。类似地，事务所的偏好集用序列 $P(A)=c_1、c_3、c_2、A，\cdots$ 表示，表明事务所 A 会承接的家族企业有 $c_1，c_3，c_2$。$A_i >_c A_{jc}$ 表示与 A_j 相比，家族企业 c 更倾向于选 A_i，$A_i \geq_c A_{jc}$ 表示家族企业 c 对 A_i 的偏好程度不低于 A_j，即家族企业 c 更倾向于选 A_i，或者两者没有明显的偏好。类似地，$c_i >_A c_{jA}$ 表示与 c_j 相比，事务所 A 更倾向于选 c_i，$c_i \geq_A c_{jA}$ 表示事务所 A 对 c_i 的偏好程度不低于 c_j，即事务所 A 更倾向于选 c_i，或者两者没有明显的偏好。如果 $c \geq_A A$，那么家族企业 c 在事务所 A 的可接受范围之内，如果 $A >_c c$，说明事务所 A 在客户 c 的可接受范围之内。将偏好序列缩减到只包括可接受的选项。对于每个事务所 A，会有一个正整数 q_A 表示事务所的配额，因为事务所的人力资源有限，因此事务所与家族企业的偏好并不满足非饱和性。A 表示特定事务所时，其配额表示为 q_i。

审计市场事务所与家族企业匹配的结果是一家家族企业聘请一家事务所，一家事务所至多审计与其最大审计能力相一致的客户。当事务所和家族企业形成最优匹配时，没有企业或事务所愿意打破这种状态，则说明这是群体稳定的匹配。

三、GS 算法下事务所与家族企业社会资本匹配稳态分析

GS 算法可以实现事务所与家族企业之间稳定的匹配，该算法也称为延迟接受算法。使用最简单的三阶匹配展示延迟接受算法如何实现事务所与客户的匹配。假设审计市场中只有 3 家事务所（O、P、Q）与 3 个家族企业（A、B、C）。每家事务所由于资源有限，只能为一家家族企业提供服务。且他们双方都想完成匹配。事务所对客户的社会资本有不同的偏好，客户对事务所的社会资本也有不同的偏好。不妨构建以下收益矩阵（见表 3-1）。

表3-1　事务所与家族企业社会资本匹配收益矩阵

名称	家族企业 A	家族企业 B	家族企业 C
事务所 O	(1, 3)	(2, 2)	(3, **1**)
事务所 P	(3, **1**)	(1, 3)	(2, 2)
事务所 Q	(2, 2)	(3, **1**)	(1, 3)

括号内左边的数字表示事务所对家族企业偏好排序，右边的数字表示家族企业对事务所的偏好排序。1 表示最高，3 表示最低。该博弈只存在两种稳定的结果：一是优先满足事务所偏好；二是优先满足家族企业偏好。在我国审计师市场中，审计师处于弱势地位，因此，双方博弈会优先满足家族企业的偏好。此时形成的匹配状态为稳定的匹配，即 A 家族企业选择 P 事务所，B 家族企业选择 Q 事务所，C 家族企业选择 O 事务所。此时，这样的稳态不会被打破，例如，即使 P 事务所想选 B 客户，但 B 客户不会选它。为此，家族企业与事务所社会资本匹配的稳态存在，并且不会被打破。

第二节　事务所与家族企业社会资本匹配度治理机理分析

一、家族大股东效用函数构建

我国审计市场是买方市场（夏冬林和林震昃，2003）。家族企业在选择审计师时具有主动权。而家族大股东决定事务所的选聘与辞退。为此，将事务所社会资本与家族企业社会资本纳入家族大股东效用函数中，从大股东的利益最大化角度探究双方资本匹配度对家族企业治理作用。家族大股东的收益包含两部分：超额控制权收益和所有权收益，构建大股东的效用函数为：

$$\Pi = E(Tunnal) + Share \times \left[E(SC_{Family}) + E(SC_{Accounting})(1-P_{MAO}) - E(MAO) \times P_{MAO} \right]$$

$$(3-1)$$

其中，$E(Tunnal)$ 为家族大股东的超额控制权收益，即利用控制权掏空家族企业的收益，所有权收益为家族持股带来的利益，如分红。$Share$ 为家族成员的所有权比例。$E(SC_{Family})$ 表示家族企业社会资本为企业带来的收益。$E(SC_{Accounting})$ 表示事务所社会资本为家族企业带来的收益。P_{MAO} 表示收到非"清洁"审计意见的概率。$E(MAO)$ 表示收到非"清洁"审计意见带来的损失。

（一）家族大股东的收益分为超额控制权收益和所有权收益

超额控制权收益是家族大股东掏空的收益为 $E(Tunnal)$，从"兆新股份"的案例可以看出，以企业为界限，大股东掏空行为（$Tunnal$）对外体现为关联交易（RPT），对内为发放给管理层超额薪酬（$Comp$），为此，家族大股东掏空收益与关联交易和管理层超额薪酬有关，即：

$$E(Tunnal) = E(RPT, Comp) \tag{3-2}$$

（二）家族企业所有权为家族成员带来的收益

家族企业的利润并不全属于家族大股东，其只拥有所有权 $Share$ 的部分，为此，使用 $Share$ 作为权重。家族企业利用社会资本获得的收益等于，家族企业本身社会资本向外界发送积极信号获得的收益 $E(SC_{Family})$ 加上当家族企业收到"清洁"审计意见时事务所社会资本为外界发送的积极信号获得的收益 $E(SC_{Accounting}) \times (1-P_{MAO})$，再减去家族企业收到"非清洁"审计意见时家族企业的损失 $E(MAO) \times P_{MAO}$。获得"非清洁"审计意见的概率 P_{MAO} 取决于审计后财务报表质量 FQ，FQ 是由大股东掏空 $Tunnal$，包括对外的关联交易（RPT）、对内的薪酬操纵（$Comp$）引发的财务错报和漏报以及审计师对这些错报和漏报的调整（AD）决定的。则：

$$P_{MAO} = P_{MAO}(FQ) \tag{3-3}$$

$$FQ = FQ(RPT, Comp, AD) \tag{3-4}$$

结合式（3-1）～式（3-4），整理得大股东的效用函数为：

$$\Pi = E(RPT, Comp) + Share \times \{ E(SC_{Family}) + E(SC_{Accounting})[1 - P_{MAO}(FQ(RPT, Comp, AD))] - E(MAO) \times P_{MAO}(FQ(RPT, Comp, AD)) \} \tag{3-5}$$

家族企业错报和漏报可能是关联交易和管理层薪酬合同引发的操纵，主要影响利润，家族大股东和审计师谈判的根本在于财务报表的利润，资本市场也主要关注企业的利润。为此，审计调整（AD）聚焦审计师对利润的调整。

二、审计治理与审计调整关系模型推导

审计治理作用主要通过审计师对财务错报的调整（AD）实现（Bushman 和 Smith，2001）。审计师对利润的调整等于审计后财务报表的盈余（E_{AUD}）减去审计前财务报表的盈余（E_{PRE}）。审计前盈余 E_{PRE} 的影响因素包括非会计因素、管理层的意愿以及其他随机的影响。审计后盈余 E_{AUD} 的影响因素包括非会计的因素、管理层与审计师共同对盈余的影响以及其他随机的影响（Lennox 等，2016），即：

$$E_{PRE} = NA + A_{PRE} + \varepsilon_{PRE} \qquad (3-6)$$

$$E_{AUD} = NA + A_{AUD} + \varepsilon_{AUD} \qquad (3-7)$$

其中，NA 是影响盈余的非会计因素。A_{PRE} 是管理层对审计前盈余施加的影响，例如，家族大股东操纵财务报表。A_{AUD} 是审计师和管理层共同对盈余施加的影响，包括管理层对财务报表的操纵，审计师对错报的修正以及审计师在博弈过程中的妥协。ε_{PRE} 是审计前盈余的随机影响因素。ε_{AUD} 是审计后盈余的随机影响因素。那么审计调整为：

$$AD = E_{AUD} - E_{PRE} = (A_{AUD} - A_{PRE}) + (\varepsilon_{AUD} - \varepsilon_{PRE}) \qquad (3-8)$$

忽略随机因素的影响，审计调整取决于审计师与家族大股东的意愿。审计师与家族大股东共同对审计后的影响 A_{AUD}，可以细分为审计前家族大股东对盈余施加的影响（$A_{MANAGER}$）、与家族大股东协商前审计师对盈余的影响（$A_{AUDITOR}$）以及家族大股东与审计师之间博弈对盈余调整的影响（A_{MUTUAL}）。那么，最终审计师对财务报表的调整为：

$$A_{AUD} = A_{AUDITOR} + A_{MUTUAL} + A_{MANAGER} \qquad (3-9)$$

由于家族大股东对审计前财务报表的影响 A_{PRE}，与家族大股东单独对审计后财务报表的影响 $A_{MANAGER}$ 相等，因此，最终的审计调整金额等于审计师应调的部分加上与大股东博弈后审计应调而未调的部分。

$$AD = A_{AUDITOR} + A_{MUTUAL} \qquad (3-10)$$

审计调整 AD 最终取决于审计师对财务报表的应调金额 $A_{AUDITOR}$ 以及家族大股东与审计师之间的博弈，导致的应调而未调的金额 A_{MUTUAL}。而事务所对家族企业的治理作用主要体现在 A_{MUTUAL}。

进一步将 A_{MUTUAL} 划分为家族大股东对审计师的谈判力（$F_{MANA-AUDITOR}$）以及审计师对家族大股东的谈判力（$F_{AUDITOR-MANA}$）。由于审计师是审计调整的主动方，审计师对家族大股东的谈判力与家族大股东对审计师的谈判力对审计调整的影响是反向的，那么 A_{MUTUAL} 受到双方谈判力之差的影响：

$$A_{MUTUAL} = F_{AUDITOR-MANA} - F_{MANA-AUDITOR} \qquad (3-11)$$

结合式（3-5）~式（3-8）整理得：

$$AD = A_{MUTUAL} + A_{AUDITOR} = (F_{AUDITOR-MANA} - F_{MANA-AUDITOR}) + A_{AUDITOR} \qquad (3-12)$$

那么，A_{MUTUAL} 越大，审计师对家族大股东的谈判力就越强，即 $F_{AUDITOR-MANA}$ -

$F_{MANA-AUDITOR}$ 越接近 0，AD 越接近 $A_{AUDITOR}$，审计师的独立性越强，最终发布的财务报表越接近真实状况，则审计师的治理作用越强。

三、双边社会资本匹配度治理效应机理

事务所与客户的谈判力受到双方社会资本相对地位 $SC_{Accounting}/SC_{Family}$（李文颖和陈宋生，2018）以及审计收费（$Fee$）的影响（方军雄和洪剑峭，2008）。因此，$A_{MUTUAL}$ 是事务所与家族企业双方社会资本匹配程度以及审计收费的函数。即：

$$A_{MUTUAL} = A_{MUTUAL}(SC_{Accounting}/SC_{Family}，Fee) \tag{3-13}$$

结合式（3-5）、式（3-12）以及式（3-13），分析事务所与家族企业社会资本的匹配度对审计治理作用的影响。

（一）事务所与家族企业社会资本匹配度治理效应机理经济学分析

相比掏空收益，家族大股东不希望获得非"清洁"审计意见。如果出现了非清洁的审计意见，家族企业价值受到的损害、招致的所有权收益的损失，远大于家族大股东的掏空收益 $E(RPT, Comp)$。获得非"清洁"审计意见概率 P_{MAO} 与审计后的财务报表质量 $FQ(RPT, Comp, AD)$ 有关，而财务报表质量 FQ 受到家族大股东掏空导致的错报和漏报以及纠正错报和漏报的审计调整的影响。为降低非"清洁"审计意见 P_{MAO} 的概率，家族大股东有两种选择：一是减少掏空行为，降低关联交易 RPT 和薪酬激励 $Comp$ 引发的财务操纵程度，从而降低审计前的财务错报，因为大股东的掏空小股东必须确保家族企业声誉不会受损。二是在保证掏空收益的前提下，降低事务所对家族企业的谈判力，从而将风险让渡给审计师，即增加审计应该调整而未调整的金额 A_{MUTUAL}，体现为降低审计调整幅度（AD）。

在"经济人"假设前提下，家族大股东掏空收益 $E(RPT, Comp)$ 一直存在。掏空收益越高，财务错报和漏报越大，审计师越可能发布非"清洁"的审计意见。当家族企业收到非"清洁"审计意见的概率控制在可接受的水平 p 时，即：

$$p = P_{MAO}[FQ(RPT, Comp, AD)]$$

其中，RPT、$Comp$ 与 AD 的关系是反向变动的，如果 RPT 和 $Comp$ 要处于较高的水平，那么 AD 需要较低，由式（3-12）可得，A_{MUTUAL} 较低。相反，如果 A_{MUTUAL} 较高，则 RPT、$Comp$ 被迫降低，这时审计治理作用提升。

$$A_{MUTUAL} = A_{MUTUAL}(SC_{Accounting}/SC_{Family}，Fee) \tag{3-14}$$

为简化分析，选取事务所与家族企业社会资本两种不匹配的极端情况进行分

析：事务所社会资本 $SC_{Accounting}$ 极弱，当家族企业社会资本 SC_{Family} 极强时：事务所的社会资本较弱，可替代性强，被家族企业辞退的风险大。高社会资本的家族企业经营风险与审计风险较低，审计师失败的可能性也较低。在生存压力下，审计师更可能妥协独立性。因此，审计师的谈判能力弱，A_{MUTUAL} 较高，AD 较低，审计的治理作用较弱。

事务所社会资本 $SC_{Accounting}$ 极强而家族企业社会资本 SC_{Family} 极弱时：社会资本弱的家族企业经营风险较大，财务错报可能性强，迫切需要社会资本强的事务所为其财务报表做声誉"背书"。而强社会资本的事务所会收到家族企业高风险的信号，强社会资本的事务所对特定客户的经济依赖性弱，没有必要承接高风险业务。其之所以会承接必然需要得到超额的审计收费（Fee）。超额审计费用会损害审计师独立性（方军雄和洪剑峭，2008）。从而，审计师对家族企业的谈判能力降低，此时，A_{MUTUAL} 较高，AD 较低，审计师的治理作用较低。

综上所述，事务所与家族企业双方社会资本的不匹配会损害审计治理作用，双方社会资本越匹配，治理作用越强。因此，"门当户对"的匹配才是理性的（Blau，1964），任何错配行为都会产生"寻租"行为。

（二）事务所与家族企业社会资本匹配度的审计治理效应机理数理分析

设在某一区域市场 M 中，审计方 x_i 和家族企业 y_i 因单位社会资本产生的独立审计决策权密度函数为 $f(x_i \mid M)$ 和 $g(y_i \mid M)$，区域市场中有 J 家同行业客户，I 家事务所分所，其因社会资本产生的社会影响力为 $\int_0^I \int_0^{x_i} f(x_i \mid M) \, dx_i dI$ 和 $\int_0^J \int_0^{y_j} g(y_j \mid M) \, dy_j dJ$，审计方 x_i 和客户 y_i 的决策权函数：

$$\max \left\{ \int_0^{x_i} f(x_i \mid M) \, dx_i - \frac{\int_0^{y_j} g(y_i \mid M) \, dy_j \int_0^I \int_0^{x_i} f(x_i \mid M) \, dx_i dI}{\int_0^J \int_0^{y_i} g(y_j \mid M) \, dy_i dJ} \right\}$$

其中，$f(x \mid M) \geqslant 0$，$g(y \mid M) \geqslant 0$。

由于在同一市场中，企业个数、会计师事务所个数及其社会资本总量在短期内整体恒定，那么令 $\dfrac{\int_0^I \int_0^{x_i} f(x_i \mid M) \, dx_i dI}{\int_0^J \int_0^{y_j} f(y_j \mid M) \, dy_i dJ} = \kappa$，其中 κ 短期内为常数。求导后简化为 $f(x \mid M) - g(y \mid M)$（单位社会资本增量决策权），选取审计独立性 AI（Audit Independence）表征审计行为，根据审计市场类型两者关系如图 3-2 所示。

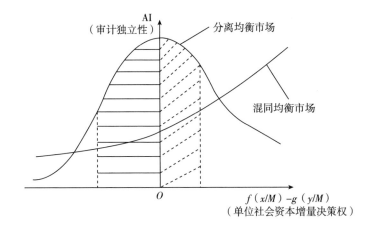

图 3-2 基于社会资本决策权的审计市场均衡分析

（1）如果审计市场参与人采用相同的均衡策略，实现混同均衡；高质量审计的市场价值并没有得到普遍的认可，客户的单位社会资本增量决策权的效率会大于审计方，即 $f'(x \mid M) \leqslant 0$，$g'(y \mid M) \geqslant 0$，混同均衡市场中审计方的社会资本越高越有利于审计独立性的提升［见图3-3（a）］。

（2）如果此审计市场参与人采用不同的均衡策略，即实现分离均衡；高审计质量得到市场的普遍认可，审计方的单位社会资本增量决策权的增长效率会大于被审计方，社会资本匹配度高有利于审计独立性的提升［见图3-3（b）］，此时 $f'(x \mid M) \geqslant 0$，$g'(y \mid M) \leqslant 0$。

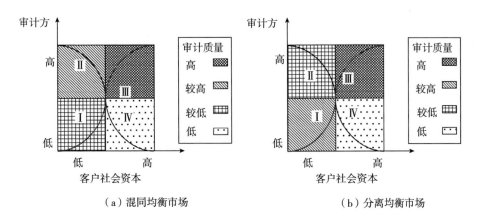

图 3-3 审计双方社会资本与审计质量的关系

我国审计市场不是完全竞争市场（陈艳萍，2011），地区垄断情况严重（田利军和张玉兰，2009），事务所的均衡策略并不相同，大型事务所采用声誉策略（李眺，2008），小规模事务所采用价格策略。因此，审计市场处于分离均衡。为此，我国审计市场更符合图3-3（b）的情况，即双方社会资本匹配度越强，审计独立性越强。

双方社会资本匹配度通过影响审计独立性，从而影响审计治理作用。具体而言，双方社会资本匹配度与审计师独立性正相关。家族企业中由第二类代理问题导致的掏空行为，以家族企业为界限，对外主要表现为关联交易，对内表现为获取超额薪酬。独立的审计师首先通过审计调整抑制家族企业的关联交易和超额薪酬获取引发的盈余操纵，最终提升财务报表质量（见图3-4）。

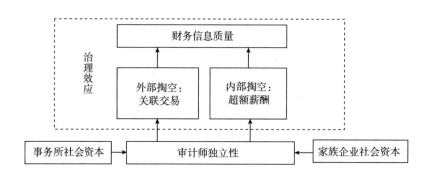

图3-4　事务所与家族企业社会资本匹配度治理效应

综上所述，双方社会资本匹配度与审计治理作用呈正相关，与关联交易呈负相关，与薪酬操纵呈负相关，与财务报表质量呈正相关。

第四章　事务所与家族企业社会资本匹配度治理效应

——关联交易视角

本章探究了事务所与家族企业双边社会资本匹配度对家族企业关联交易的影响。研究发现双边融资类/其他社会身份匹配度与关联交易金额/次数呈负相关。使用关联交易的其他替代变量，Heckman 二阶段回归模型，将制造业细分为二级行业进行控制后，结果依然显著。

进一步研究发现，融资类社会资本匹配度与家族关联交易的可能性/金额呈负相关。

异常关联交易才会损害企业的价值。研究发现融资类社会资本匹配度与异常关联交易呈负相关，其他社会身份匹配度与异常关联交易呈负相关。

融资类与其他社会身份都属于家族企业社会资本的一部分。发现融资类社会资本匹配度与其他社会身份匹配度对家族企业关联交易的治理存在替代效应。

第一节　引　言

家族企业中关联交易现象频繁，是大股东掏空的重要手段，对企业价值产生负面的影响。为降低成本获取超额收益，控股股东通过定向发行、资产转移、转让定价等多种方式"掏空"上市公司（Johnson 等，2000；Bertrand 等，2002），其中，关联交易是中国资本市场上控股股东侵占小股东利益的重要途径（李增泉等，2004；陈晓和王琨，2005；Cheung 等，2009a）。通过关联交易掏空在家族企业中尤其严重（吕长江和肖成民，2006）。在法律法规和证券市场监管不够完善的情况下，家族大股东通过各种关联交易方式进行"隧道挖掘"，掏空上市公司以谋取私利的倾向明显（申明浩，2009）。关联交易对组织的国际化产生负面的影响（Agnihotri 和 Bhattacharya，2019），弱化企业经营以及投资决策，与企业的价值显著负相关（Carolina 等，2016）。

家族大股东"一股独大"，为了方便进行关联交易等掏空行为会制造内控缺陷（Chen 等，2020），且聘请非行业专长的内部审计师（Al-Qadasi 等，2019），审计委员会形同虚设（Al-Okaily 和 Naueihed，2020）。传统内部治理机制难以有效解决家族企业的治理问题（Fan 和 Wong，2005；魏志华等，2009）需引入外部的治理机制。审计师对企业的财务状况进行全方位的鉴证。事务所作为外部治理机制之一，可以识别关联交易（赵国宇，2011），"四大"事务所对关联交易起到监督和制约作用（魏明海等，2013）。然而，由于我国审计市场处于"买方"市场，在生存压力下，事务所会出售审计意见（陈宋生和曹圆圆，2018）。在现有正式制度下，审计师对家族企业的治理作用有限。例如，"兆新股份""万福生科"的财务造假均涉及关联交易。审计难以对其进行有效识别。除正式制度外，我国商业环境依赖于非正式制度的约束，社会网络关系等非正式联系在公司决策及治理方面具有重要的作用（Allen 等，2005）。当正式制度不完善的情况下，非正式制度可以代替其发挥作用（Allen 等，2005；叶康涛等，2010）。为此，有研究探究非正式制度对审计治理的影响，包括客户其他社会关联（雷光勇等，2009；潘克勤，2010）、事务所社会资本（刘凤君和郭丽虹，2020；杜兴强等，2011；李敏才和刘峰，2012）以及客户是否主动与审计师建立关系（杜兴强，2018）对审计治理的影响。然而，依据匹配理论，稳定的匹配是市场机制成功运行的关键（Gale 和 Sharpley，1962），事务所与客户社会资本匹配会对审计效应产生影响（李文颖等，2020）。那么，事务所与家族企业社会资本的匹配能否有效抑制家族企业的关联交易？研究由此出发。

第二节　理论分析与假设提出

一、事务所与家族企业社会资本匹配与关联交易关系分析

由第三章事务所与家族企业社会资本匹配度治理效应分析中得出家族大股东

的效应函数为：

$$\Pi = E(RPT, Comp) + Share \times \{E(SC_{Family}) + E(SC_{Accounting})[1 - P_{MAO}(FQ(RPT, Comp, AD))] - E(MAO) \times P_{MAO}(FQ(RPT, Comp, AD))\} \tag{4-1}$$

审计调整 AD 与家族企业治理有直接的关系，即审计调整 AD 最终取决于审计师对财务报表的应调金额 $A_{AUDITOR}$ 以及家族大股东与审计师之间的相对谈判力导致的应调而未调的部分 A_{MUTUAL}。

$$AD = A_{AUDITOR} + A_{MUTUAL} \tag{4-2}$$

事务所对家族企业的治理作用主要体现审计师与家族大股东相互博弈后导致的应调而未调的金额 A_{MUTUAL}，进一步将 A_{MUTUAL} 划分为家族大股东对审计师的谈判力（$F_{MANA-AUDITOR}$）以及审计师对家族大股东的谈判力（$F_{AUDITOR-MANA}$）。由于审计师是审计调整的主动方，审计师对家族大股东的谈判力与家族大股东对审计师的谈判力对审计调整的影响是反向的，那么 A_{MUTUAL} 即为双方谈判力之差：

$$A_{MUTUAL} = F_{AUDITOR-MANA} - F_{MANA-AUDITOR} \tag{4-3}$$

其中，A_{MUTUAL} 为负值，因为事务所谈判力最强也只能使审计调整 AD 接近其应调的部分 $A_{AUDITOR}$，而不会超过 $A_{AUDITOR}$，所以 $A_{MUTUAL} = AD - A_{AUDITOR} \leq 0$。审计师谈判力越强，$F_{AUDITOR-MANA}$ 越大，即 $F_{AUDITOR-MANA} - F_{MANA-AUDITOR}$ 越接近 0，审计师对家族大股东的谈判力越强，审计师的独立性越强，AD 越接近 $A_{AUDITOR}$，最终发布的财务报表越接近真实状况，则审计师的治理作用越强。

审计师应调而未调金额 A_{MUTUAL} 受到双方社会资本相对地位 $SC_{Accounting}/SC_{Family}$（李文颖和陈宋生，2018）以及审计收费（$Fee$）的影响（方军雄和洪剑峭，2008）。$A_{MUTUAL}$ 是事务所与家族企业双方社会资本匹配程度以及审计收费的函数。即：

$$A_{MUTUAL} = A_{MUTUAL}(SC_{Accounting}/SC_{Family}, Fee) \tag{4-4}$$

结合式（4-1）、式（4-3）以及式（4-4），分析事务所与客户社会资本的匹配度对家族企业关联交易的影响。

相比关联交易获取私利，家族大股东不希望获得非"清洁"审计意见。如果出现了非"清洁"的审计意见，使家族企业价值受到损害，从而导致家族成员所有权收益的损失，远大于家族大股东通过超额控制权获得的掏空收益 $E(RPT, Comp)$。获得非"清洁"审计意见的概率 P_{MAO} 与审计后的财务报表质量 $FQ(RPT, Comp, AD)$ 有关，而财务报表质量 FQ 受到家族企业掏空引发的错报和漏报以及为纠正这些错报和漏报的审计调整 AD 的影响。本章仅讨论对关联交易的影响，因此假定 $Comp$ 不变。为降低非"清洁"审计意见 P_{MAO} 的概率，家族企业有两种选择：一是降低关联交易 RPT，从而降低审计前的财务错报；二是降低事务所对家族企业的相对谈判力，从而将风险让渡给审计师，增加审计应该调整而未调整的金额，体现为降低审计调整幅度（AD）。

在"经济人"的前提下，家族掏空收益 $E(RPT, Comp)$ 一直存在。通过关联交易获得掏空收益越大，财务错报和漏报越多，审计师越可能发布非"清洁"的审计意见。当家族企业将收到非"清洁"审计意见的概率控制在可接受的水平 p 时：

$$p = P_{MAO}\left[FQ(RPT, Comp, AD) \right]$$

其中，Comp 在一定的情况下，关联交易 RPT，与审计调整幅度 AD 是反向变动的，如果 RPT 要处于较高的水平，那么 AD 需要较低，A_{MUTUAL} 较低。相反，如果 A_{MUTUAL} 较高，那么 RPT 被迫降低，这时审计治理作用提升。

$$A_{MUTUAL} = A_{MUTUAL}(SC_{Accounting}/SC_{Family}, Fee) \qquad (4-5)$$

事务所与家族企业社会资本匹配度是如何通过影响审计师应调而未调的部分 A_{MUTUAL}，从而影响家族企业关联交易的？

二、融资类社会资本匹配度对关联交易的影响

事务所与家族企业融资类社会资本匹配度高包括两种情况：一是事务所与家族企业融资类社会资本均高；二是事务所与家族企业融资类社会资本均低。融资类社会资本高的审计师审计融资类社会资本高的家族企业时，家族企业对外界资源依赖程度弱，企业运营能力和绩效较好。即使频繁关联交易也不会影响家族企业正常运营。大股东通过财务报表操纵进行自利行为的可能性增强，财报错报和漏报可能性增加。融资类社会资本高的审计师，对特定客户的经济依赖性弱，也更爱护来自金融监管机构认可的声誉，其独立性提升。此时审计师的谈判力增强，审计师能更好按照应调值 $A_{AUDITOR}$ 进行调整，进而抑制了家族企业关联交易；融资类社会资本低的事务所审计融资类社会资本低的客户时，家族企业对外界的资源依赖性强，企业运营能力差，绩效较差。家族企业通过关联交易粉饰财务报表的可能性增加，需要调整的金额 $A_{AUDITOR}$ 会增加。融资类社会资本低的事务所，生存压力大，对外部的资源依赖强，而声誉是其能否获得更多外部资源的重要依据，声誉的边际效用非常大。融资类社会资本低的家族企业破产风险和审计风险较大，审计失败的可能性会增加。为降低可能的声誉损失，在面临管理层的压力时，审计师妥协的可能性较低，会坚持审计调整决定，家族企业的关联交易得到抑制。

事务所与家族企业融资类社会资本匹配度低包括两种情况：一是家族企业融资类社会资本高，事务所融资类社会资本低；二是家族企业融资类社会资本低，

事务所融资类社会资本高。当融资类社会资本低的事务所审计融资类社会资本高的家族企业时，融资类社会资本高的家族企业，融资约束低，对外界特定组织的资源依赖较低。家族企业在经营良好的情况下，即使大股东进行关联交易频繁，也不会影响企业正常的运转。此时，$A_{AUDITOR}$ 会增加。当事务所融资类社会资本低时，其社会资本为家族企业带来的收益较少，事务所的可替代性强，辞退风险增加，审计师谈判力弱。且运营良好的家族企业破产风险和审计风险较低，即使降低独立性，审计师妥协行为被媒体和市场关注的可能性不大。审计师更可能妥协独立性，并不能有效抑制家族企业的关联交易行为。融资类社会资本高的审计师审计融资类社会资本低的客户时，融资类社会资本低的家族企业向市场传递出负面的信号，即融资约束较强，企业经营风险较大，家族企业更有动机通过关联交易粉饰财务报表。事务所也接收到家族企业高风险信号后，明确这样的家族企业选择融资类社会资本高的事务所旨在利用事务所的声誉为家族企业的财务报表做"背书"，以抵消市场对融资类社会资本低的家族企业的负面预期。融资类社会资本高的事务所客户数量和审计溢价较高，其对于特定客户的经济依赖性较弱，审计独立性较强。融资类社会资本高的事务所没有必要承接高风险客户，承接高风险客户必然要得到超额的补偿，一方面，超额的审计费用提升家族企业的经济重要性；另一方面，会侵蚀审计师的独立性。综上所述，审计师独立性难以保障，其对家族企业的关联交易抑制作用较弱。于是得出以下假设：

H1：事务所与家族企业融资类社会资本匹配度与关联交易呈负相关。

三、其他社会身份匹配度对关联交易的影响

拥有更多其他社会身份的家族企业会为市场传递两个正面信号：一是资源信号机制。家族管理层的社会身份能够向外部债权人发送可承诺的担保信号，降低银行对企业借款合约的严格性（陈德球等，2013），获得更多的银行贷款和更长的贷款期限（余明桂和潘红波，2008），强化了超额贷款的形成（冉茂盛等，2013）。二是价值观信号机制。拥有社会身份的家族管理者，拥有更丰富的社会经验，这些经验会向烙印一样影响企业管理层的思想，最终影响行为。在企业经营方面，拥有社会身份的管理层更了解国家行业政策，企业的经营决策更科学，更有助于提升企业的价值。在财务报表方面，企业的行为更可能践行社会主义核心价值观，更加的公平公正，更不可能财务违规。

事务所拥有更多社会身份的审计师向外界传递出其良好的声誉。审计师的社会身份所赋予的信誉会提升事务所整体的制度信誉（李江涛等，2015）。其社

身份越高，客户会计信息质量就越高。

事务所与家族企业其他社会身份匹配度高包括两种情况：一是事务所与家族企业其他社会身份均高；二是事务所与家族企业其他社会身份均低。当其他社会身份高的审计师在审计其他社会身份高的家族企业时，高其他社会身份的家族企业向外界发送可靠的积极信号，这些可靠的信号可以为家族企业带来许多资源，其运营能力和绩效较好。即使频繁关联交易也不会影响家族企业正常运营。大股东通过财务报表操纵进行自利行为的可能性增强，财务报表错报和漏报可能性增加。其他社会身份高的审计师，爱护其声誉，独立性提升。此时审计师的谈判力增强，审计师能更好地按照应调值 $A_{AUDITOR}$ 进行调整，进而抑制家族企业的关联交易；当其他社会身份低的事务所在审计其他社会身份低的客户时，家族企业并未向外界发送积极的、可靠的信号，其对外界的特定组织的资源依赖性强，企业运营能力差，绩效较差。家族企业通过关联交易粉饰财务报表的可能性增加，需要调整的金额 $A_{AUDITOR}$ 会增加。其他社会身份低的事务所，生存压力大，对外部的资源依赖性强，而声誉是其能否获得更多外部资源的重要依据，声誉的边际效用非常大。其他社会身份低的家族企业破产风险和审计风险较大，审计失败的可能性会增加。为降低可能的声誉损失，在面临管理层的压力时，审计师更不倾向于妥协独立性。为此，审计师的谈判力 $F_{AUDITOR-MANA}$ 会增强，会坚持审计调整决定，家族企业的关联交易得到抑制。

事务所与家族企业其他社会身份匹配度低包括两种情况：一是事务所其他社会身份低，家族企业其他社会身份高；二是事务所其他社会身份高，家族企业其他社会身份低。当其他社会身份低的审计师在审计其他社会身份高的客户时。其他社会身份高的家族企业，其融资约束较低，为资本市场和审计师传递正面的信号。融资类社会资本高的家族企业的经营风险较低，大股东即使掏空，也不会影响企业的运转。此时，审计应调金额 $A_{AUDITOR}$ 会增加。当审计师其他社会身份低时，其社会资本为家族企业带来收益较低，审计师的可替代性强，辞退风险大，因此审计师对管理层的谈判力较弱，审计独立性弱。另外，运营良好的家族企业破产风险和审计风险较低，即使妥协独立性，被媒体和市场关注的可能性不大。此时，审计师更可能妥协独立性。审计师对家族企业的谈判力较低，不能有效地抑制家族企业的关联交易行为。当其他社会身份高的审计师在审计其他社会身份低的客户时，其他社会身份低的家族企业为市场传递出负面的信号，即资源获取能力较弱，运营风险大，通过关联交易粉饰财务报表动机强，审计应调金额 $A_{AUDITOR}$ 会增加。其他社会身份高的事务所在资本市场中享有良好的声誉。这样的家族企业需要其他社会身份高的事务所为其声誉提供"背书"，以抵消市场对其他社会身份低的家族企业的负面预期。其他社会身份高的事务所有更高的声誉，依据"深口袋"理论，其声誉受损会招致更大的经济损失。其他社会身份高的事务所对客户的依赖性强，没有必要承接高风险业务。其他社会身份高的事务承接其他社会身份低的家族企业需要超额的审计费用。超额的审计费用可能损害审计师独立性，审计师对关联交易应调而未调金额较大，对家族企业的关联交易抑制作用较弱。于是得出以下假设：

H2：事务所与家族企业其他社会身份匹配度与关联交易呈负相关。

第三节　研究设计

一、样本选择与数据来源

本书以 2009~2017 年深沪两市 CSMAR 家族企业数据库中上市家族企业为初选样本。数据库中为广义的家族企业，为此，首先筛选出本书中定义的家族企业。由于金融行业遵循特殊的财务报表披露规定，剔除金融行业。特别处理（ST）和要特别转让（PT）的公司财务数据异常，剔除 ST 和 PT 的上市家族企业，删除控制变量的缺失值，得到 6129 个有效的公司/年度样本观测值。事务所分所的数据来自中国注册会计师协会的行业信息披露网站。分所位置部分来自中国注册会计师协会行业信息披露网站，部分来自百度搜索。家族企业社会资本的数据来自 CSMAR 数据库中董监高个人简历。审计师发审委的数据来自历年证监会网站上公布的发审委委员名单。审计师其他社会身份数据来自以下两处：①中注协网站；②知网中数据库。把所有的变量在 1% 和 99% 的分位数进行缩尾。金融社会网络的计算使用 *Pajek* 软件，其余数据分析使用 *stata*16。

二、变量定义

（一）被解释变量

关联交易金额 *Tun_Assets*，等于家族企业向关联方销售商品或者提供劳务的总金额除以资产总额（Jian 和 Wong，2010）。

（二）解释变量

家族企业融资类社会资本匹配度，如果家族企业的董监高（除独立董事外）在金融机构现任或曾经任职，那么家族企业拥有融资类社会资本，金融机构包括银行、证券机构、投资公司、金融公司、基金公司、资产（本）管理公司、担保公司、担保公司、小额贷款公司以及金融监管机构等金融机构。以企业为主体，参照 Crespí-Cladera 等（2015），计算家族企业金融背景网络中的度中心性（*Central_D*），以家族企业在金融网络中的地位衡量家族企业的融资类社会资本。

社会网络理论认为，网络分析中刻画节点中心性（*Centrality*）最直接度量指标为度中心性（*Central_D*）。一个节点的节点度越大就意味着这个节点的度中心性越高，该节点在网络中就越重要。x_{ij} 为节点 i 与其他节点之间的联系。

$$Central\_D = \frac{\sum_{j=1}^{n} x_{ij}}{n-1} \quad j \neq i \qquad (4\text{-}6)$$

事务所的融资类社会资本测度：融资类社会资本为事务所中担任主板发审委委员以及创业板发审委委员的人数，由于发审委委员只有在任时，才能为事务所带来更多的客户。因此，只计算在任的主板以及创业板发审委委员的数量。总所层面的数量为（*Fsw_Z*），分所层面的数量为（*Fsw_F*）。

（三）家族企业融资类社会资本匹配度测度

将事务所的融资类社会资本 *Central_D* 标准化为 *Central_D_sd*，将事务所发审委社会资本 *Fsw_Z* 和 *Fsw_F* 标准化为 *Fsw_Z_sd* 和 *Fsw_F_sd*。那么，分所层面与总所层面家族企业融资类社会资本匹配度：

$$MF\_ldf = -\left| Central\_D\_sd - Fsw\_F\_sd \right| \qquad (4\text{-}7)$$

$$MF\_ldz = -\left| Central\_D\_sd - Fsw\_Z\_sd \right| \qquad (4\text{-}8)$$

（四）事务所与家族企业其他社会身份匹配度

家族企业其他社会身份测度：参照胡旭阳和吴一平（2016，2017），将家族企业其他社会身份定义为家族企业董监高（独立董事除外）担任社会职务的数量（*Zxrd_C*）。

事务所其他社会身份测度：事务所其他社会身份定义为审计师担任社会职务的数量。事务所其他社会身份分为总所层面（*Zxrd_Z*）与分所层面（*Zxrd_F*）的其他社会身份。

（五）事务所与家族企业其他社会身份匹配度

将家族企业其他社会身份标准化，定义为 *Zxrd_C_sd*，将事务所其他社会身份标准化，分所层面定义为 $Zxrd\_F\_sd$，总所层面定义为 $Zxrd\_Z\_sd$。事务所与家族企业其他社会身份匹配度，分所层面与总所层面分别为：

$$MP\_lf = - \left| Zxrd\_C\_sd - Zxrd\_F\_sd \right| \tag{4-9}$$

$$MP\_lz = - \left| Zxrd\_C\_sd - Zxrd\_Z\_sd \right| \tag{4-10}$$

（六）控制变量

参照魏明海等（2013）和 Henk 等（2010）模型中控制财务特征和治理特征（Anderson 和 Reeb，2003a），包括财务杠杆（Lev），等于负债与总资产的比例。公司规模（$Size$），为资产总额的自然对数。企业盈利能力（Roa），等于净利润除以资产总额。企业的风险（$Risk$），等于一年内股票价格的标准差。公司成立时间（Age），家族第一大股东持股比例（Con）以及其平方（Con^2），家族成员占董监高总数的比例（Fam_exe），第二大股东至第五大股东的持股比例（$Share\_ttf$），股权制衡 2（$Balance$），等于第二大股东至第五大股东持股比例除以第一大股东的持股比例。家族董事比例（Fam_dir）为董事会中家族成员的比例；家族权威（Fam_ceo），董事长或者 CEO 是否为家族成员；机构投资者比例（Ins_inv）以及公司董监高年薪总额的自然对数（Com_exe）（见表 4-1）。

表 4-1　变量定义

变量名称	符号	定义
关联交易	Tun_Assets	家族企业向关联方销售商品或者提供劳务的总金额除以资产总额（Jian 和 Wong，2010）
融资类社会资本匹配度	MF_ldf	等于 $-\left\| Central\_D\_sd - Fsw\_F\_sd \right\|$，$Central\_D\_sd$ 为家族企业金融社会网络度中心度（标准化），Fsw_F_sd 为事务所分所融资社会资本（标准化）
	MF_ldz	等于 $-\left\| Central\_D\_sd - Fsw\_Z\_sd \right\|$，$Central\_D\_sd$ 为家族企业金融社会网络度中心度（标准化），Fsw_Z_sd 为事务所总所融资类社会资本（标准化）
其他社会身份匹配度	MP_lf	等于 $-\left\| Zxrd\_C\_sd - Zxrd\_F\_sd \right\|$，$Zxrd\_C\_sd$ 为家族企业其他社会身份（标准化），$Zxrd\_F\_sd$ 为分所社会资本（标准化）
	MP_lz	等于 $-\left\| Zxrd\_C\_sd - Zxrd\_Z\_sd \right\|$，$Zxrd\_C\_sd$ 为家族企业其他社会身份（标准化），$Zxrd\_Z\_sd$ 为总所社会资本（标准化）
财务杠杆	Lev	负债除以资产总额
公司规模	$Size$	公司年末总资产的自然对数

变量名称	符号	定义
资产利润率	Roa	净利润除以资产总额
股票风险	$Risk$	一年内股票价格的标准差
公司设立年限	Age	等于设立年度起到样本年度止所历年限的自然对数
家族第一大股东持股比例	Con	家族第一大股东的持股比例
家族第一大股东持股比例平方	Con^2	家族第一大股东持股比例的平方
家族董监高比例	Fam_exe	董监高家族成员的比例
股权制衡1	$Share\_ttf$	第二大股东至第五大股东的持股比例之和
股权制衡2	$Balance$	第二大股东至第五大股东持股比例总额除以第一大股东持股比例
家族董事比例	Fam_dir	董事会中家族成员的比例
家族权威	Fam_ceo	哑变量，如果家族成员兼任 CEO 或者董事长，则 Fam_ceo 等于 1，否则为 0
机构持股比例	Ins_inv	机构投资者在上市公司的持股比例
董监高薪酬	Com_exe	公司董监高薪酬总额的自然对数

三、模型构建

参照 Henk 等（2010）和魏明海等（2013）构建模型（4-1）检验事务所与家族企业双边社会资本匹配度对关联交易的影响。由于关联交易的金额不可能为负，不符合正态分布，为此主模型使用 *Tobit* 模型。为了消除可能存在的异方差问题，在回归中，用 *robust* 进行调整。

$$Tun\_Assets = \lambda_0 + \lambda_1 Match\_SC + \lambda_2 Lev + \lambda_3 Size + \lambda_4 Roa + \lambda_5 Risk + \lambda_6 Age + \lambda_7 Con +$$
$$\lambda_8 Con^2 + \lambda_9 Fam\_exe + \lambda_{10} Share\_ttf + \lambda_{11} Balance + \lambda_{12} Fam\_dir +$$
$$\lambda_{13} Fam\_ceo + \lambda_{14} Ins\_inv + \lambda_{15} Com\_exe + Year + Id + \varepsilon \qquad 模型（4-1）$$

Match_SC 为事务所与家族企业双边社会资本匹配，包括融资类社会资本匹配与其他社会身份匹配。如果双边社会资本匹配度抑制了家族企业的关联交易，则预期 λ_1 的系数显著为负。

第四节　实证结果

一、描述性统计

表4-2展示了样本的行业分布特征。首先是77.66%的样本分布在制造业（C）。这与实际情况相符合，因为制造业的知识密集程度较低，劳动密集程度高，技术含量低，需要资金投入较少。家族创业资金有限，制造业中更可能出现家族创业企业。其次是信息传输、软件和信息技术服务业（I），服务业的资本密集度也较低，适合家族创业。但是知识密集程度高，家族企业受到限制，因此信息传输、软件和信息技术服务业中家族企业的数量远低于制造业中家族企业数量。再次为建筑业（E）与批发和零售业（F），这些行业均是劳动力密集程度较高，知识密集程度较低，资本密集程度低的行业。又次是电力、热力、燃气及水生产和供应业（D）和采矿业（B）为资本和知识密集型行业，对家族企业入行壁垒较大，为此，家族企业分布很少。最后是教育（P）与卫生和社会工作（Q）为知识密集型企业，家族企业的分布比例也较低。综上所述，家族企业行业特征为（见图4-1）高劳动密集型、低知识密集型和资本密集型。

表4-2　样本行业分布

行业	数量（家）	比例（%）	累计比例（%）
农、林、牧、渔业（A）	65	1.06	1.06
采矿业（B）	28	0.46	1.52
制造业（C）	4760	77.66	79.18
电力、热力、燃气及水生产和供应业（D）	20	0.33	79.51
建筑业（E）	183	2.99	82.49
批发和零售业（F）	122	1.99	84.48
交通运输、仓储和邮政业（G）	78	1.27	85.76
信息传输、软件和信息技术服务业（I）	479	7.82	93.57
房地产业（K）	57	0.93	94.50

续表

行业	数量（家）	比例（%）	累计比例（%）
租赁和商务服务业（L）	84	1.37	95.87
科学研究与技术服务业（M）	52	0.85	96.72
水利、环境和公共设施管理业（N）	75	1.22	97.94
教育（P）	23	0.38	98.32
卫生和社会工作（Q）	16	0.26	98.58
文化、社会和娱乐业（R）	87	1.42	100.00
总计	6129	100.00	

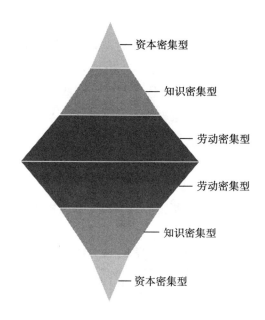

图 4-1　家族企业行业分布特征

表 4-3 展示了样本年度分布特征。2009 年，家族企业数量仅为 211 家；2010 年家族企业数量为 404 家；2011 年家族企业数量为 545 家；至 2017 年家族企业的数量达到 1187 家，达到总上市公司的 1/3。从数量可以看出，自 2009 年开始，家族企业上市呈现逐年增加的趋势。这意味着家族企业逐渐成为资本市场中的一股中坚力量，对资本市场的健康发展起到重要的作用。

表4-3　样本年度分布

年份	数量（家）	比例（%）	累计比例（%）
2009	211	3.44	3.44
2010	404	6.59	10.03
2011	545	8.89	18.93
2012	619	10.10	29.03
2013	641	10.46	39.48
2014	712	11.62	51.10
2015	828	13.51	64.61
2016	982	16.02	80.63
2017	1187	19.37	100.00
总计	6129	100.00	

图4-2分年度展示了家族企业金融网络度中心性。由图4-2可以看出，2009年时，边缘化家族企业相对较多，但到2017年家族企业均向中心靠拢，边缘化的家族企业较少，这意味着家族企业的金融社会资本逐年增强。

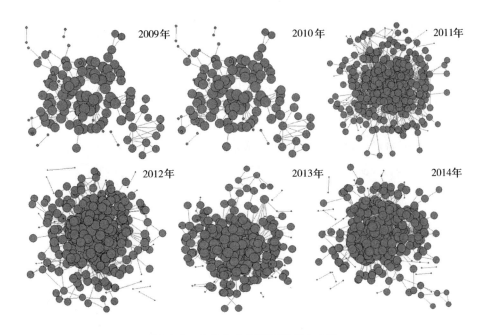

图4-2　家族企业金融网络度中心性

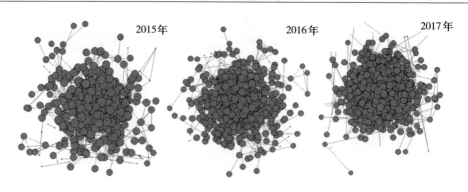

图 4-2　家族企业金融网络度中心性（续）

表 4-4 展示了主要变量的描述性统计。Tun_Assets 的均值为 0.006，表明平均而言，家族企业关联交易金额占据总资产的 0.6%。MF_ldf 的均值为 -1.105，MF_ldz 的均值为 -1.123。表明总体而言，家族企业与事务所融资类社会资本的匹配度适中。MP_lf 和 MP_lz 的均值为 -1.100 和 -1.078，相比融资类社会资本，家族企业与事务所的其他社会身份更加匹配。企业风险（$Risk$）的均值为 5.049。平均而言，家族企业创立时间（Age）为 13 年（$e^{2.561}$），表明我国家族企业创立时间较短。家族第一大股东持股比例（Con）均值为 42.1%。家族成员担任高管的比例（Fam_exe）为 14.8%，第二大股东到第五大股东的持股比例（$Share\_ttf$）为 22.9%。第二大股东到第五大股东的持股比例约占第一大股东（$Balance$）的 25.2%。董事会中家族成员占比（Fam_dir）高达 24.1%。在 93.6% 的家族企业中，家族成员担任董事长或者总经理。平均而言，机构投资者持有家族企业的股份为 5.9%。董监高的薪酬总额（Com_exe）为 325 万元（$e^{14.994}$）。

表 4-4　主要变量描述性统计

变量	样本量	均值	中位数	P25	P75	标准差
Tun_Assets	6129	0.006	0.000	0.000	0.002	0.025
MF_ldf	5317	-1.105	-0.961	-1.201	-0.394	0.915
MF_ldz	5317	-1.123	-0.923	-1.350	-0.439	0.899
MP_lf	6129	-1.100	-1.029	-1.736	-0.385	0.877

续表

变量	样本量	均值	中位数	P25	P75	标准差
MP_lz	6129	−1.078	−0.816	−1.544	−0.376	0.963
Lev	6129	0.331	0.309	0.184	0.456	0.181
$Size$	6129	21.491	21.383	20.798	22.037	0.953
Roa	6129	0.063	0.057	0.030	0.091	0.050
$Risk$	6129	5.049	3.201	1.644	6.192	5.722
Age	6129	2.561	2.639	2.303	2.833	0.426
Con	6129	0.421	0.412	0.301	0.533	0.157
Con^2	6129	0.202	0.170	0.091	0.284	0.140
Fam_exe	6129	0.148	0.142	0.100	0.188	0.070
$Share\_ttf$	6129	0.229	0.221	0.142	0.306	0.109
$Balance$	6129	0.252	0.159	0.094	0.281	0.300
Fam_dir	6129	0.241	0.222	0.143	0.286	0.107
Fam_ceo	6129	0.936	1.000	1.000	1.000	0.245
Ins_inv	6129	0.059	0.038	0.010	0.090	0.063
Com_exe	6129	14.994	14.972	14.572	15.393	0.643

表 4-5 展示了主要变量的相关系数。从相关系数表来看，关联交易（Tun_Assets）与双边融资类社会资本匹配度，包括 MF_ldf 和 MF_ldz 的相关系数显著为负。MF_ldf 与 MF_ldz 越大，双方金融社会资本匹配度越高。因此，相关系数显著为负初步验证了假设 H1，融资类社会资本匹配度与关联交易呈负相关。其他社会身份匹配度，包括 MP_lf 和 MP_lz 与关联交易的相关系数显著为负。表明双方其他社会身份匹配度越高，关联交易越低。这初步验证了假设 H2。此外，模型中大多数变量之间的相关系数均小于 0.4，可以排除模型中可能的多重共线性。

表4-5 变量相关系数

	(1)	(2)	(3)	(4)	(5)	(6)	(7)	(8)	(9)	(10)	(11)	(12)	(13)	(14)	(15)	(16)	(17)	(18)
Tun_Assets	1																	
MF_ldf	-0.056	1																
MF_ldz	-0.067	0.938	1															
MP_lf	-0.022	0.061	0.054	1														
MP_lz	-0.022	0.000	0.003	0.685	1													
Lev	0.090	0.088	0.083	0.046	0.068	1												
Size	0.088	0.074	0.075	0.092	0.091	0.508	1											
Roa	-0.007	-0.038	-0.045	-0.038	-0.048	-0.316	-0.128	1										
Risk	-0.008	-0.017	-0.019	-0.027	-0.031	-0.130	-0.142	0.260	1									
Age	0.030	0.024	0.027	0.059	0.090	0.042	0.100	-0.050	0.030	1								
Con	-0.053	-0.015	-0.022	-0.021	-0.008	-0.138	-0.143	0.209	0.094	-0.022	1							
Con^2	-0.046	-0.019	-0.024	-0.021	-0.010	-0.123	-0.134	0.212	0.083	-0.022	0.978	1						
Fam_exe	-0.006	0.001	-0.004	0.067	0.033	-0.085	-0.02	0.047	0.001	0.029	0.197	0.192	1					
Share_ttf	-0.049	-0.009	-0.009	-0.038	-0.042	-0.142	-0.161	0.171	0.093	-0.051	0.157	0.160	0.132	1				
Balance	0.048	-0.015	-0.018	0.030	0.019	0.064	0.095	-0.032	-0.063	0.014	0.147	0.149	-0.046	-0.636	1			
Fam_dir	-0.01	0.008	0.008	0.009	0.009	-0.130	-0.120	0.048	0.020	0.009	0.261	0.257	0.578	0.140	-0.031	1		
Fam_ceo	-0.044	-0.060	-0.065	0.014	-0.006	-0.093	-0.081	0.078	0.065	-0.028	0.158	0.134	0.387	0.052	-0.045	0.314	1	
Ins_inv	0.017	-0.017	-0.02	0.025	0.008	0.132	0.248	0.116	0.022	-0.003	-0.179	-0.177	-0.063	-0.065	-0.073	-0.094	-0.036	1
Com_exe	0.045	0.065	0.062	0.000	0.011	0.200	0.530	0.094	0.030	0.173	-0.007	0.004	0.023	-0.023	0.025	-0.068	-0.040	0.144

注：上表为 Pearson 相关系数表。黑体数字表示至少在10%的水平下显著。

二、回归结果分析

为验证假设 H1 和假设 H2，回归模型（4-1），回归结果见表 4-6。因变量 *Tun_Assets* 为家族企业向关联方出售商品或提供劳务的金额除以资产总额。分所层面事务所与家族企业融资类社会资本匹配度 *MF_ldf* 的系数为-0.002，在 10% 的水平下显著为负。总所层面 *MF_ldz* 的系数为-0.003，在 5% 的水平下显著为负。表明融资类社会资本匹配会抑制家族企业的关联交易。事务所与家族企业其他社会身份匹配度 *MP_lf* 的系数为-0.089，在 10% 的水平下显著。*MP_lz* 的系数为-0.001，在 10% 的水平下显著。表明，其他社会身份的匹配抑制了家族企业关联交易。综上所述，验证了假设 H1 与假设 H2，即事务所与家族企业的融资类和其他社会身份匹配度会抑制家族企业的关联交易。

就控制变量而言，公司规模越大（*Size*），关联交易金额越大。财务杠杆越高（*Lev*），关联交易额越大，这可能是企业使用关联交易来缓解资金约束的原因。高管薪酬越高（*Com_exe*），关联交易更高，这表明管理层可能通过关联交易来提升业绩，从而提升自身薪酬。

表 4-6 社会资本匹配度与关联交易回归结果

变量	因变量=*Tun_Assets*			
	（1）	（2）	（3）	（4）
MF_ldf	-0.002*			
	(-1.76)			
MF_ldz		-0.003**		
		(-2.28)		
MP_lf			-0.089*	
			(-1.67)	
MP_lz				-0.001*
				(-1.73)
Size	0.023***	0.022***	0.816**	0.007***
	(3.61)	(3.58)	(2.30)	(4.23)
Lev	0.006***	0.006***	0.769***	0.002***
	(4.30)	(4.28)	(9.96)	(3.26)
Roa	-0.031	-0.031	-3.051**	0.006
	(-1.58)	(-1.59)	(-2.53)	(0.81)

续表

变量	因变量=Tun_Assets			
	（1）	（2）	（3）	（4）
$Risk$	−0.000	−0.000	−0.035 ***	0.000
	（−1.00）	（−1.00）	（−3.92）	（0.95）
Age	0.003	0.003	0.303 **	0.001
	（1.33）	（1.31）	（2.21）	（1.49）
Con	−0.018	−0.018	−4.327 **	−0.012
	（−0.72）	（−0.74）	（−2.51）	（−1.17）
Con^2	−0.004	−0.003	2.628	0.006
	（−0.12）	（−0.11）	（1.37）	（0.52）
Fam_exe	0.001	0.001	−0.002	0.000
	（0.42）	（0.43）	（−0.02）	（0.32）
$Share\_ttf$	−0.020 *	−0.019	−0.782	−0.002
	（−1.67）	（−1.64）	（−1.18）	（−0.40）
$Balance$	0.001	0.002	0.370	0.004 **
	（0.37）	（0.41）	（1.39）	（2.22）
Fam_dir	0.009	0.008	−0.341	0.006 **
	（0.95）	（0.93）	（−0.59）	（1.98）
Fam_ceo	−0.012 ***	−0.012 ***	−0.716 ***	−0.002
	（−2.85）	（−2.84）	（−2.95）	（−1.27）
Ins_inv	−0.010	−0.009	−0.676	−0.008 **
	（−0.82）	（−0.79）	（−0.81）	（−2.21）
Com_exe	0.005 ***	0.004 ***	0.386 ***	0.000
	（2.70）	（2.69）	（3.98）	（0.41）
$Cons$	−0.174 ***	−0.173 ***	−13.923 ***	−0.021 *
	（−5.30）	（−5.30）	（−7.83）	（−1.74）
行业/年份	控制	控制	控制	控制
adj. R^2	0.075	0.076	0.114	0.026
N	5317	5317	6129	6129

注：括号内为 t 值，*、**和***分别表示在10%、5%和1%的水平下显著。

第五节　稳健性检验

一、融资类社会资本匹配度与关联交易（替代变量）关系检验

Tun_Assets_t 等于向关联方出售商品或者提供劳务的金额除以资产总额。这里包含了关联交易等于 0 的值，将关联交易等于 0 的值删除掉，只保留存在关联交易的样本，共包含 1781 个观察值。使用多元线性回归模型（4-1），表 4-7 展示了回归结果。MF_ldf 的系数为 -0.003，在 5% 的水平下显著。MF_ldz 的系数为 -0.004，在 5% 的水平下显著。表明事务所与家族企业融资类社会资本匹配度与关联交易负相关。验证了假设 H1。

表 4-7　融资类社会资本匹配度与关联交易回归结果

变量	Tun_Assets_t			
	（1）	（2）	（3）	（4）
MF_ldf	-0.003 **			
	（-2.10）			
MF_ldz		-0.004 **		
		（-2.56）		
MF_lbf			-0.002 *	
			（-1.78）	
MF_lbz				-0.003 **
				（-2.20）
Lev	0.021 ***	0.020 ***	0.022 ***	0.022 ***
	（3.41）	（3.36）	（3.46）	（3.45）
$Size$	-0.003 *	-0.003 *	-0.003 *	-0.003 *
	（-1.66）	（-1.69）	（-1.69）	（-1.71）
Roa	0.014	0.013	0.015	0.015
	（0.64）	（0.61）	（0.69）	（0.68）
$Risk$	0.001 **	0.001 **	0.001 **	0.001 **
	（2.39）	（2.40）	（2.41）	（2.42）
Age	-0.000	-0.000	-0.000	-0.000
	（-0.11）	（-0.14）	（-0.07）	（-0.07）

续表

变量	Tun_Assets_t			
	(1)	(2)	(3)	(4)
Con	0.003	0.002	0.003	0.002
	(0.11)	(0.10)	(0.12)	(0.08)
Con²	-0.015	-0.015	-0.016	-0.016
	(-0.52)	(-0.52)	(-0.55)	(-0.52)
Fam_exe	0.001	0.001	0.001	0.001
	(0.90)	(0.89)	(0.89)	(0.91)
Share_ttf	-0.003	-0.003	-0.002	-0.001
	(-0.26)	(-0.21)	(-0.14)	(-0.09)
Balance	0.003	0.004	0.004	0.004
	(0.80)	(0.85)	(0.92)	(0.96)
Fam_dir	0.015*	0.015*	0.016*	0.016*
	(1.71)	(1.71)	(1.74)	(1.73)
Fam_ceo	-0.006	-0.006	-0.006	-0.006
	(-1.44)	(-1.41)	(-1.46)	(-1.46)
Ins_inv	-0.021*	-0.021*	-0.020*	-0.020*
	(-1.79)	(-1.78)	(-1.76)	(-1.72)
Com_exe	0.000	0.000	0.000	0.000
	(0.07)	(0.04)	(0.13)	(0.11)
Cons	0.071*	0.072*	0.067	0.067
	(1.65)	(1.67)	(1.57)	(1.57)
行业/年份	控制	控制	控制	控制
adj. R²	0.021	0.023	0.018	0.019
N	1781	1781	1781	1781

注：括号内为 t 值，* 、** 和 *** 分别表示在10%、5%和1%的水平下显著。

参照 Crespí-Cladera 等（2015），计算家族企业金融背景的接近中心性（ $Central\_B$ ），以家族企业在金融网络中的地位衡量家族企业融资类社会资本，标准化为 $Central\_B\_sd$ 。事务所的融资类社会资本测度：审计师在任的主板以及创业板发审委委员的数量。总所层面的数量为（ Fsw_Z ），标准化为 Fsw_Z_sd ，分所层面的数量为（ Fsw_F ），标准化为 Fsw_F_sd ，则定义分所层面与总所层面融资类社会资本匹配度为： $MF\_lbf = -|Central\_B\_sd - Fsw\_F\_sd|$ ， $MF\_lbz = -|Central\_B\_sd - Fsw\_Z\_sd|$ 。用该融资类社会资本匹配度作为替代变量，回归结果如表4-8所示，列（3）与列（4）。 MF_lbf 和 MF_lbz 的系数显著为负。进

一步验证了假设 H1。

表 4-8　融资类社会资本匹配度与关联交易回归结果

变量	Times1		Tun_Assets1		Times
	(1)	(2)	(3)	(4)	(5)
MF_Nbz	-0.261*				
	(-1.81)				
MF_Nbf		-0.306**			-0.216*
		(-2.28)			(-1.84)
MF_ldf			-0.002*		
			(-1.71)		
MF_ldz				-0.003**	
				(-2.00)	
Lev	2.598***	2.603***	0.014	0.014	1.914**
	(2.91)	(2.91)	(1.45)	(1.45)	(2.41)
Size	1.765***	1.759***	-0.002	-0.002	0.996***
	(8.50)	(8.48)	(-0.90)	(-0.92)	(5.46)
Roa	4.754*	4.891*	-0.060	-0.060	2.484
	(1.65)	(1.70)	(-0.95)	(-0.95)	(0.95)
Risk	-0.041**	-0.042**	0.000	0.000	-0.017
	(-2.06)	(-2.09)	(1.46)	(1.45)	(-0.74)
Age	-0.025	-0.008	-0.007	-0.007	-0.502
	(-0.08)	(-0.03)	(-1.03)	(-1.04)	(-1.58)
Con	-1.395	-1.312	-0.048	-0.048	-0.872
	(-0.36)	(-0.34)	(-0.91)	(-0.91)	(-0.25)
Con^2	-2.573	-2.649	0.044	0.044	-2.232
	(-0.57)	(-0.59)	(0.76)	(0.76)	(-0.58)
Fam_exe	0.121	0.113	0.002	0.002	-0.090
	(0.67)	(0.63)	(1.17)	(1.18)	(-0.52)
Share_ttf	0.894	0.917	-0.010	-0.009	-0.194
	(0.49)	(0.50)	(-0.53)	(-0.49)	(-0.13)
Balance	2.879***	2.876***	-0.002	-0.002	1.160**
	(3.54)	(3.54)	(-0.23)	(-0.21)	(2.08)
Fam_dir	-0.607	-0.549	-0.019	-0.019	0.151
	(-0.43)	(-0.39)	(-0.84)	(-0.84)	(0.10)
Fam_ceo	-2.150***	-2.157***	-0.006	-0.005	-0.877
	(-3.07)	(-3.08)	(-0.97)	(-0.96)	(-1.61)

变量	$Times1$		$Tun\_Assets1$		$Times$
	（1）	（2）	（3）	（4）	（5）
Ins_inv	−0.065	−0.014	0.039	0.039	−0.520
	（−0.03）	（−0.01）	（0.76）	（0.76）	（−0.29）
Com_exe	0.400	0.398	−0.003	−0.003	0.225
	（1.50）	（1.48）	（−0.81）	（−0.81）	（0.97）
$Cons$	−34.540***	−34.634***	0.132	0.133	−17.05***
	（−6.56）	（−6.58）	（1.39）	（1.39）	（−4.02）
行业/年份	控制	控制	控制	控制	控制
adj. R^2	0.172	0.173	0.012	0.013	0.116
N	5317	5317	5317	5317	5317

注：括号内为 t 值，*、**和***分别表示在10%、5%和1%的水平下显著。

参照魏明海等（2013）将关联交易的定义扩大，为关联企业销售或者购买商品，提供或者接受劳务作为关联交易的替代变量。$Times1$ 为家族企业与关联企业之间销售或者购买商品，提供或者接受劳务的次数。$Tun\_Assets1$ 家族企业与关联企业之间销售或者购买商品，提供或者接受劳务的总金额除以资产总额。

家族企业融资类社会资本匹配的测度：依据样本统计，事务所发审委社会资本 Fsw_Z 和 Fsw_F 的取值为0、1、2。为此，将 $Central\_B$ 按照三分位数分为三份，从小到大依次赋值为0、1、2，定义为 $Central\_Btri$。那么，分所与总所层面家族企业融资类社会资本匹配度：

$$MF\_Nbf=-|Central\_Btri-Fsw\_F| \tag{4-11}$$

$$MF\_Nbz=-|Central\_Btri-Fsw\_Z| \tag{4-12}$$

表4-8展示了家族企业与事务所融资类社会资本匹配对家族企业关联交易的影响。当因变量为 $Times1$ 时，MF_Nbz 和 MF_Nbf 系数显著为负，表明融资类社会资本越匹配，家族企业的关联交易越少；当因变量为关联交易金额 $Tun\_Assets1$ 时，MF_ldf 的系数显著为负，MF_ldz 的系数显著为负，表明家族企业与事务所融资类社会资本越匹配，家族企业关联交易金额越小。综上所述，使用扩大范围后的关联交易定义后，假设 H1 依然稳健。

二、其他社会身份匹配度与关联交易（替代变量）关系检验

表4-9展示双边其他社会身份匹配对于扩大范围后关联交易次数的影响。当

因变量为 *Times*_1 时，*MP_lf* 和 *MP_lz* 的系数显著为负，表明双边其他社会身份匹配抑制了家族企业的关联交易次数。进一步地，观察其他社会身份匹配度对未扩大范围的关联交易次数 *Times* 的影响。*MP_lf* 和 *MP_lz* 均显著为负。表 4-8 列（5）展示了融资类社会资本匹配度对于 *Times* 的影响，*MF_Nbf* 的系数显著为负。综上所述，家族企业与事务所融资类社会资本/其他社会身份/匹配抑制了家族企业关联交易次数。

表 4-9　其他社会身份匹配度与关联交易次数回归结果

变量	*Times*		*Times*_1	
	（1）	（2）	（3）	（4）
MP_lf	−0.492***		−0.555***	
	（−4.02）		（−3.80）	
MP_lz		−0.304***		−0.344**
		（−2.69）		（−2.55）
Lev	1.799**	1.731**	1.467*	1.337
	（2.48）	（2.37）	（1.66）	（1.49）
Size	2.167***	2.194***	2.250***	2.289***
	（10.99）	（11.02）	（10.67）	（10.75）
Roa	−3.031	−3.027	4.269	4.133
	（−1.16）	（−1.16）	（1.55）	（1.50）
Risk	−0.092***	−0.090***	−0.052***	−0.050**
	（−3.86）	（−3.82）	（−2.58）	（−2.49）
Age	0.375	0.366	0.210	0.193
	（1.32）	（1.29）	（0.80）	（0.74）
Con	−9.196**	−9.290**	−9.899**	−9.968**
	（−2.55）	（−2.57）	（−2.48）	（−2.50）
Con^2	4.876	4.920	7.149	7.230
	（1.18）	（1.19）	（1.52）	（1.55）
Fam_exe	−0.102	−0.068	0.089	0.123
	（−0.64）	（−0.43）	（0.51）	（0.72）
Share_ttf	−1.903	−1.838	−1.459	−1.378
	（−1.36）	（−1.31）	（−0.85）	（−0.80）
Balance	0.902*	0.953*	2.231***	2.305***
	（1.84）	（1.94）	（3.33）	（3.43）
Fam_dir	−1.891	−2.032*	−1.785	−1.895
	（−1.56）	（−1.68）	（−1.49）	（−1.59）

续表

变量	Times		Times_1	
	(1)	(2)	(3)	(4)
Fam_ceo	−1.134 **	−1.140 **	−0.856	−0.871
	(−2.31)	(−2.32)	(−1.44)	(−1.46)
Ins_inv	−3.346 *	−3.197 *	−4.102 **	−3.891 **
	(−1.90)	(−1.82)	(−2.05)	(−1.96)
Com_exe	0.991 ***	0.971 ***	0.622 **	0.596 **
	(4.62)	(4.53)	(2.50)	(2.40)
Cons	−54.439 ***	−54.522 ***	−46.677 ***	−46.931 ***
	(−10.63)	(−10.62)	(−8.34)	(−8.34)
行业/年份	控制	控制	控制	控制
adj. R^2	0.051	0.050	0.177	0.175
N	6129	6129	6129	6129

注：括号内为 t 值，*、** 和 *** 分别表示在 10%、5% 和 1% 的水平下显著。

三、Heckman 二阶段检验

事务所与家族企业社会资本匹配可能受到家族企业与事务所因素的影响（Zhang 等，2019），使用 Heckman 二阶段回归，以解决可能的内生性。由于 Heckman 第一阶段需要使用逻辑回归，因变量需要为哑变量。为此，构建融资类与其他社会身份匹配度的哑变量。MF_D 为分所层面融资类社会资本匹配度的哑变量，如果 MF_ldf 大于均值，那么等于 1，否则等于 0。MFZ_D 为总所层面融资类社会资本匹配度的哑变量，如果 MF_ldz 大于均值，那么等于 1，否则等于 0。MP_D 为分所层面其他社会身份匹配度的哑变量，如果 MP_lf 大于均值，那么等于 1，否则等于 0。MPZ_D 为总所层面其他社会身份匹配度的哑变量，如果 MP_lz 大于均值，那么等于 1，否则等于 0。

家族企业与事务所特征可能会影响双方社会资本的匹配。为此，在第一阶段模型中控制家族企业的特征：公司规模（Size）、财务杠杆（Lev）、企业盈利能力（Roa）、销售利润率（Ros）、流动资产占总资产比率（Cata）、流动比率（Cacl）是否亏损（Loss）、是否正在融资（Finance）、是否正在并购（Ma）、董事会规模（Board）、独立董事比例（Indep）以及两职合一（Dual）。控制事务所的特征：事务所规模（Big10），事务所任期（Tenure）以及事务所的行业专长（Spcf）。

Heckman 第一阶段的回归结果如表 4−10 所示。使用逻辑回归计算 IMR(inverse mills ratio）。将第一阶段计算出的 IMR，分别为分所与家族企业融资类社会资本匹配度的 IMR（Lambda_df），总所与家族企业融资类社会资本匹配度的 IMR（Lambda_dfz），分所与家族企业其他社会身份匹配度的 IMR（Lambda_lp），以及总所与家族企业其他社会身份匹配度的 IMR（Lambda_lpz），分别放入回归模型（4-1）中，重新回归（见表4-11）可知，使用 Heckman 二阶段法解决可能的内生性后，结果依然稳健。

表 4-10　Heckman 第一阶段：社会资本匹配影响因素回归结果

变量	MF_D	MFZ_D	MP_D	MPZ_D
	（1）	（2）	（3）	（4）
Size	-0.009	0.074**	-0.107***	-0.065*
	(-0.24)	(2.01)	(-2.69)	(-1.75)
Lev	-0.068	-0.374*	0.072	-0.263
	(-0.30)	(-1.70)	(0.30)	(-1.17)
Roa	-1.388*	-0.902	0.385	-0.132
	(-1.65)	(-1.08)	(0.42)	(-0.16)
Cata	-0.393**	-0.505***	-0.811***	-1.041***
	(-2.20)	(-2.84)	(-4.09)	(-5.72)
Cacl	0.002	-0.003	0.013	0.018*
	(0.16)	(-0.29)	(1.12)	(1.77)
Ros	-0.081	-0.897*	-0.303	-0.768*
	(-0.18)	(-1.95)	(-0.60)	(-1.66)
Loss	-0.285*	-0.225	-0.286	-0.304*
	(-1.78)	(-1.41)	(-1.61)	(-1.88)
Finance	0.122**	0.044	-0.001	0.066
	(2.16)	(0.78)	(-0.02)	(1.16)
Ma	-0.171***	-0.195***	0.178***	0.168***
	(-2.86)	(-3.29)	(2.75)	(2.79)
Board	0.048	0.226	0.966***	0.824***
	(0.24)	(1.16)	(4.35)	(4.05)
Indep	2.142***	2.310***	0.676	0.630
	(3.20)	(3.52)	(0.96)	(0.95)
Dual	-0.030	-0.085	-0.196***	-0.186***
	(-0.56)	(-1.58)	(-3.30)	(-3.39)
Big10	0.581***	0.528***	0.350***	0.088
	(7.89)	(7.14)	(4.51)	(1.22)

续表

变量	MF_D	MFZ_D	MP_D	MPZ_D
	(1)	(2)	(3)	(4)
Tenure	0.039 ***	0.041 ***	0.051 ***	0.043 ***
	(4.33)	(4.63)	(5.43)	(4.86)
Spcf	−1.720 **	−5.687 ***	5.933 ***	3.850 ***
	(−2.12)	(−6.88)	(7.20)	(4.84)
Cons	−0.509	−2.686 ***	−1.666 *	−1.111
	(−0.57)	(−3.02)	(−1.70)	(−1.23)
行业/年份	控制	控制	控制	控制
adj. R^2	0.026	0.030	0.057	0.031
N	6129	6129	6129	6129

注：括号内为 z 值，*、** 和 *** 分别表示在 10%、5% 和 1% 的水平下显著。

表 4-11　Heckman 第二阶段：社会资本匹配度与关联交易回归结果

变量	Tun_Assets_t			
	(1)	(2)	(3)	(4)
MF_ldf	−0.003 *			
	(−1.72)			
Lambda_df	0.001			
	(0.89)			
MF_ldz		−0.005 **		
		(−2.28)		
Lambda_dfz		0.003		
		(1.54)		
MP_lz			−0.002 ***	
			(−2.59)	
Lambda_lpz			0.003 **	
			(2.23)	
MP_lf				−0.005 ***
				(−4.57)
Lambda_lp				0.005 ***
				(4.59)
Lev	0.022 ***	0.022 ***	0.017 ***	0.017 ***
	(2.92)	(2.91)	(2.98)	(2.97)

续表

变量	Tun_Assets_t			
	(1)	(2)	(3)	(4)
Size	0.005***	0.005***	0.007***	0.007***
	(4.27)	(4.26)	(6.19)	(6.19)
Roa	−0.026	−0.023	−0.011	−0.013
	(−1.30)	(−1.18)	(−0.67)	(−0.81)
Risk	−0.000	−0.000	−0.000	−0.000
	(−0.94)	(−0.95)	(−1.43)	(−1.37)
Age	0.003	0.003	0.002	0.002
	(1.23)	(1.10)	(1.21)	(1.20)
Con	−0.026	−0.027	−0.035*	−0.034
	(−1.09)	(−1.11)	(−1.70)	(−1.63)
Con^2	0.006	0.007	0.014	0.014
	(0.20)	(0.23)	(0.58)	(0.56)
Fam_exe	0.001	0.001	0.001	0.000
	(0.47)	(0.50)	(0.55)	(0.24)
Share_ttf	−0.024**	−0.023**	−0.012	−0.012
	(−2.05)	(−2.03)	(−1.36)	(−1.37)
Balance	0.000	0.000	0.006*	0.005
	(0.09)	(0.10)	(1.72)	(1.63)
Fam_dir	0.008	0.008	0.001	0.002
	(0.94)	(0.86)	(0.13)	(0.28)
Fam_ceo	−0.013***	−0.012***	−0.010***	−0.010***
	(−2.96)	(−2.89)	(−2.89)	(−2.86)
Ins_inv	−0.009	−0.009	−0.016*	−0.017*
	(−0.76)	(−0.78)	(−1.69)	(−1.75)
Com_exe	0.004**	0.004**	0.002*	0.002*
	(2.40)	(2.34)	(1.70)	(1.66)
Cons	−0.182***	−0.182***	−0.189***	−0.186***
	(−5.48)	(−5.50)	(−6.47)	(−6.47)
行业/年份	控制	控制	控制	控制
adj. R^2	0.068	0.069	0.075	0.077
N	5317	5317	6129	6129

注：括号内为 t 值，*、**和***分别表示在10%、5%和1%的水平下显著。

四、制造业细分检验

现有回归模型在控制行业固定效应时，将制造业按照一级行业进行划分。然而，多数家族企业为制造业。为此，将制造业按照二级行业分类标准重新划分，如果是制造业，那么按照二级行业分类标准划分，其他行业按照一级行业分类标准划分。重新回归（如表4-12）可知，假设 H1 和假设 H2 结果依然稳健。

表4-12　控制二级制造业：社会资本匹配度与关联交易回归结果

变量	Tun_Assets_t			
	(1)	(2)	(3)	(4)
MF_ldf	-0.003* (-1.81)			
Lambda_df	0.001 (0.90)			
MF_ldz		-0.005*** (-2.58)		
Lambda_dfz		0.004* (1.86)		
MP_lf			-0.005*** (-4.12)	
Lambda_lp			0.007*** (4.89)	
MP_lz				-0.001* (-1.77)
Lambda_lpz				0.002** (1.99)
Lev	0.020*** (3.14)	0.019*** (3.12)	0.016*** (3.24)	0.015*** (2.95)
Size	0.006*** (4.46)	0.006*** (4.43)	0.007*** (6.14)	0.007*** (6.31)
Roa	-0.029 (-1.47)	-0.026 (-1.32)	-0.006 (-0.34)	-0.011 (-0.64)
Risk	-0.000 (-0.65)	-0.000 (-0.65)	-0.000 (-1.09)	-0.000 (-1.20)
Age	0.003 (1.40)	0.003 (1.25)	0.003* (1.68)	0.003* (1.79)

续表

变量	Tun_Assets_t			
	(1)	(2)	(3)	(4)
Con	−0.008	−0.009	−0.031	−0.032
	(−0.34)	(−0.36)	(−1.52)	(−1.54)
Con^2	−0.011	−0.010	0.013	0.012
	(−0.37)	(−0.34)	(0.54)	(0.49)
Fam_exe	0.001	0.001	0.000	0.001
	(0.49)	(0.52)	(0.39)	(0.71)
Share_ttf	−0.024**	−0.024**	−0.012	−0.012
	(−2.00)	(−1.98)	(−1.35)	(−1.33)
Balance	0.001	0.001	0.006*	0.006*
	(0.28)	(0.30)	(1.78)	(1.86)
Fam_dir	0.003	0.001	−0.005	−0.006
	(0.28)	(0.16)	(−0.61)	(−0.80)
Fam_ceo	−0.011**	−0.010**	−0.008**	−0.008**
	(−2.49)	(−2.44)	(−2.47)	(−2.46)
Ins_inv	−0.011	−0.012	−0.015	−0.015
	(−0.96)	(−1.02)	(−1.57)	(−1.49)
Com_exe	0.005***	0.005***	0.003**	0.003**
	(2.81)	(2.79)	(2.12)	(2.16)
Cons	−0.187***	−0.186***	−0.174***	−0.177***
	(−5.56)	(−5.56)	(−6.26)	(−6.31)
行业/年份	控制	控制	控制	控制
adj. R^2	0.091	0.093	0.103	0.100
N	5317	5317	6129	6129

注：括号内为 t 值，*、** 和 *** 分别表示在 10%、5% 和 1% 的水平下显著。

第六节　进一步分析

一、融资类社会资本匹配度与家族关联交易关系检验

家族企业中的关联交易不一定全部都意味着大股东的利益攫取行为。如果关

联方是家族成员或是家族成员控制的其他企业，利益攫取的可能性会更大。为此，定义家族关联交易的关联方为家族相关成员，范围包括以下三个方面：①上市公司的主要投资者个人及与其关系密切的家庭成员；②上市公司或其母公司的关键管理人员及其关系密切的家庭成员；③上市公司主要投资者个人、关键管理人员或与其关系密切的家庭成员控制、共同控制或者施加重大影响的企业家族成员个人，家族成员控制的其他企业。

进一步探究融资类社会资本匹配度对家族关联交易的影响。$Tun\_Assetsf$ 为家族企业与家族关联方的关联交易金额除以资产总额。$Tun\_Assetsfd$ 为家族企业是否与家族成员关联方发生关联交易。由表 4-13 可知，MF_ldf 和 MF_ldz 的系数显著为负。这表明，事务所与家族企业融资类社会资本会抑制家族关联交易金额。

参照 Crespí-Cladera 等（2015），计算家族企业金融背景中间中心度（$Central\_C$），以家族企业在金融网络中的地位衡量家族企业的融资类社会资本，标准化为 $Central\_C\_sd$。事务所的融资类社会资本测度：审计师在任的主板以及创业板发审委委员的数量。总所层面的数量为（Fsw_Z），标准化为 Fsw_Z_sd，分所层面的数量为（Fsw_F），标准化为 Fsw_F_sd，则定义分所层面与总所层面双边融资类社会资本匹配度分别为 $MF\_lcf = -|Central\_C\_sd - Fsw\_F|$，$MF\_lcz = -|Central\_C\_sd - Fsw\_Z|$。用该变量作为融资类社会资本匹配度的替代变量，重新回归。

当因变量为 $Tun\_Assetsfd$ 时，MF_lcf 和 MF_lcz 显著为负。综上所述，表 4-13 的结果显示，事务所与家族企业融资类社会资本匹配度会降低家族关联交易。

表4-13　融资类社会资本匹配度与家族关联交易回归结果

变量	$Tun\_Assetsf$		$Tun\_Assetsfd$	
	（1）	（2）	（3）	（4）
MF_ldf	−0.096** (−2.10)			
MF_ldz		−0.095** (−2.10)		
MF_lcf			−0.144** (−2.17)	
MF_lcz				−0.114* (−1.76)

续表

变量	Tun_Assetsf		Tun_Assetsfd	
	（1）	（2）	（3）	（4）
Lev	0.289	0.295	0.240	0.263
	（1.00）	（1.02）	（0.63）	（0.69）
Size	0.381***	0.380***	0.189**	0.181**
	（6.01）	（6.00）	（2.53）	（2.46）
Roa	-5.227***	-5.207***	-3.372***	-3.330***
	（-4.96）	（-4.95）	（-2.67）	（-2.63）
Risk	-0.008	-0.008	0.008	0.008
	（-0.94）	（-0.93）	（0.94）	（0.94）
Age	0.168	0.166	0.052	0.051
	（1.54）	（1.52）	（0.37）	（0.36）
Con	-3.982***	-4.001***	-1.410	-1.493
	（-3.11）	（-3.12）	（-0.89）	（-0.95）
Con^2	4.185***	4.205***	1.047	1.122
	（2.89）	（2.90）	（0.62）	（0.66）
Fam_exe	-0.184***	-0.184***	-0.192**	-0.190**
	（-3.08）	（-3.07）	（-2.33）	（-2.31）
Share_ttf	-1.909***	-1.896***	-1.203	-1.168
	（-3.12）	（-3.10）	（-1.49）	（-1.46）
Balance	-0.364	-0.359	0.156	0.167
	（-1.54）	（-1.52）	（0.41）	（0.44）
Fam_dir	-0.385	-0.385	0.123	0.148
	（-0.86）	（-0.86）	（0.22）	（0.26）
Fam_ceo	0.323*	0.323*	0.352	0.344
	（1.86）	（1.85）	（1.62）	（1.59）
Ins_inv	-0.168	-0.160	-1.082	-1.054
	（-0.26）	（-0.25）	（-1.28）	（-1.25）
Com_exe	-0.066	-0.066	-0.218**	-0.213**
	（-0.88）	（-0.88）	（-2.32）	（-2.28）
Cons	-7.137***	-7.109***	0.150	0.218
	（-5.09）	（-5.08）	（0.09）	（0.13）
行业/年份	控制	控制	控制	控制
adj. R^2	0.113	0.111	0.078	0.075
N	5317	5317	5317	5317

注：列（1）、列（2）括号内为 t 值，列（3）、列（4）括号内为 z 值，*、**和***分别表示在10%、5%和1%的水平下显著。

表4-14展示了融资类社会资本匹配度对家族关联方交易的影响。家族企业的融资类社会资本等于家族企业董监高（独立董事除外）拥有金融背景的数量（SCF_C），将其标准化为SCF_Csd。将SCF_Csd按照三分位数分成三份，从小到大依次赋值为0、1、2，定义为SCF_Ctri，则分所层面与总所层面的家族企业融资类社会资本匹配定义为：

$$MF\_xf = -\left| SCF\_Ctri - Fsw\_F \right| \tag{4-13}$$

$$MF\_xz = -\left| SCF\_Ctri - Fsw\_Z \right| \tag{4-14}$$

当因变量为$Tun\_Assetsf$时，MF_xf和MF_xz的系数显著为负。表明事务所与家族企业融资类社会资本匹配会降低家族关联交易。当因变量为$Tun\_Assetsfd$时，MF_xf和MF_xz的系数显著为负。表明事务所与家族企业融资类社会资本匹配会抑制家族关联交易的可能性。

表4-14 替代变量：融资类社会资本匹配度与家族关联方交易回归结果

变量	$Tun\_Assetsf$		$Tun\_Assetsfd$	
	（1）	（2）	（3）	（4）
MF_xz	−0.114***			−0.106***
	（−2.89）			（−2.78）
MF_xf		−0.115***	−0.103***	
		（−2.88）	（−2.72）	
Lev	0.607**	0.604**	0.427*	0.429*
	（2.33）	（2.32）	（1.67）	（1.68）
$Size$	0.318***	0.318***	0.350***	0.350***
	（5.78）	（5.78）	（6.44）	（6.44）
Roa	−5.130***	−5.129***	−4.301***	−4.296***
	（−5.15）	（−5.15）	（−4.70）	（−4.69）
$Risk$	−0.013	−0.013	−0.017*	−0.017*
	（−1.61）	（−1.60）	（−1.94）	（−1.95）
Age	0.218**	0.222**	0.209**	0.205**
	（2.21）	（2.25）	（2.05）	（2.02）
Con	−2.856**	−2.857**	−3.294***	−3.306***
	（−2.53）	（−2.53）	（−2.88）	（−2.89）
Con^2	3.182**	3.187**	3.690***	3.701***
	（2.48）	（2.48）	（2.76）	（2.77）
Fam_exe	−0.216***	−0.218***	−0.178***	−0.175***
	（−3.94）	（−3.98）	（−3.34）	（−3.30）

续表

变量	Tun_Assetsf		Tun_Assetsfd	
	(1)	(2)	(3)	(4)
Share_ttf	−1.730***	−1.735***	−1.785***	−1.783***
	(−3.15)	(−3.15)	(−3.49)	(−3.49)
Balance	−0.380*	−0.382*	−0.473**	−0.470**
	(−1.95)	(−1.96)	(−2.55)	(−2.53)
Fam_dir	−0.347	−0.334	−0.620	−0.628
	(−0.87)	(−0.84)	(−1.51)	(−1.53)
Fam_ceo	0.505***	0.508***	0.418***	0.417***
	(3.01)	(3.02)	(2.61)	(2.60)
Ins_inv	0.598	0.623	0.522	0.505
	(0.97)	(1.01)	(0.88)	(0.86)
Com_exe	0.054	0.054	0.181***	0.181***
	(0.82)	(0.82)	(2.67)	(2.68)
Cons	−8.175***	−8.220***	−9.895***	−9.860***
	(−6.56)	(−6.59)	(−7.78)	(−7.75)
行业/年份	控制	控制	控制	控制
adj. R^2	0.062	0.063	0.088	0.087
N	6129	6129	6129	6129

注：列（1）、列（2）括号内为 t 值，列（3）、列（4）括号内为 z 值，*、**和***分别表示在10%、5%和1%的水平下显著。

二、社会资本匹配度与异常关联交易关系检验

参照 Jian 和 Wong（2010），将关联交易划分为正常的关联交易与异常的关联交易。事务所与家族企业的社会资本匹配更可能会影响异常关联交易的部分。正常关联交易与资产规模和企业成长性有关。为此，使用家族企业向关联方销售商品或提供劳务的总金额除以资产总额（Tun_Assets），作为因变量，使用资产（Size）和企业成长性（Mtb）估计正常的关联交易，分行业、分年份进行回归，模型残差为异常关联交易 Ab_RPT（Jian 和 Wong，2010）。回归结果如表4-15所示。列（1）～列（5）是按照一级行业分类计算出异常关联交易，MF_Nbf、MF_Nbz、MF_ldf、MF_ldz、MP_lz 的系数显著为负。验证了猜想，即融资类与其他社会身份匹配抑制了家族企业异常关联交易。将制造业按照二级分类后计算出异常关联交易后回归，结果依然稳健。

表 4-15 社会资本匹配度与异常关联交易回归结果

变量	Ab_RPT				
	(1)	(2)	(3)	(4)	(5)
MF_Nbf	-0.002**				
	(-2.29)				
MF_Nbz		-0.003***			
		(-2.75)			
MF_ldf			-0.002**		
			(-2.15)		
MF_ldz				-0.003**	
				(-2.51)	
MP_lz					-0.002**
					(-2.40)
Lev	0.020***	0.020***	0.021***	0.021***	0.016***
	(4.21)	(4.17)	(4.31)	(4.29)	(3.95)
Size	-0.009***	-0.009***	-0.009***	-0.009***	-0.007***
	(-8.13)	(-8.16)	(-8.22)	(-8.22)	(-7.40)
Roa	0.017	0.017	0.018	0.018	0.018
	(0.92)	(0.91)	(0.96)	(0.95)	(1.09)
Risk	0.000**	0.000**	0.000**	0.000**	0.000**
	(2.12)	(2.11)	(2.15)	(2.16)	(2.07)
Age	-0.002	-0.002	-0.002	-0.002	-0.001
	(-1.01)	(-1.05)	(-0.96)	(-0.97)	(-0.52)
Con	0.008	0.008	0.008	0.007	0.011
	(0.38)	(0.39)	(0.37)	(0.34)	(0.60)
Con^2	-0.017	-0.017	-0.017	-0.017	-0.019
	(-0.63)	(-0.64)	(-0.65)	(-0.63)	(-0.85)
Fam_exe	-0.000	-0.000	-0.000	-0.000	-0.000
	(-0.25)	(-0.26)	(-0.25)	(-0.23)	(-0.08)
Share_ttf	0.001	0.001	0.002	0.003	-0.001
	(0.06)	(0.11)	(0.21)	(0.25)	(-0.14)
Balance	0.000	0.000	0.000	0.001	0.002
	(0.02)	(0.07)	(0.13)	(0.18)	(0.71)
Fam_dir	0.017**	0.017**	0.017**	0.017**	0.015**
	(2.05)	(2.04)	(2.06)	(2.04)	(2.11)
Fam_ceo	-0.002	-0.002	-0.002	-0.002	-0.001
	(-0.62)	(-0.58)	(-0.64)	(-0.63)	(-0.25)

续表

变量	Ab_RPT				
	(1)	(2)	(3)	(4)	(5)
Ins_inv	-0.031***	-0.031***	-0.030***	-0.030***	-0.032***
	(-2.97)	(-2.97)	(-2.92)	(-2.89)	(-3.65)
Com_exe	0.001	0.001	0.001	0.001	-0.001
	(0.49)	(0.46)	(0.58)	(0.56)	(-0.64)
Cons	0.154***	0.155***	0.151***	0.152***	0.135***
	(6.34)	(6.37)	(6.20)	(6.22)	(6.59)
行业/年份	控制	控制	控制	控制	控制
adj. R^2	0.080	0.083	0.078	0.079	0.069
N	1777	1777	1777	1777	2340

注：括号中为 t 值，*、**和***分别表示在10%、5%和1%的水平下显著。

三、融资类与其他社会身份匹配度替代效应检验

融资类社会资本与其他社会身份都是家族企业最重视的资源，融资类社会资本与其他社会身份之间可能存在替代关系，那么事务所与家族企业融资类社会资本匹配度与其他社会身份匹配度对财务报表质量的影响是否存在替代效应。为验证此猜想，将融资类社会资本匹配度与其他社会身份匹配度同时放到模型中（见表4-16）。将这两者同时放到模型中后，MF_ldf 的系数为-0.002，MP_lf 的系数为-0.001，且并不显著。融资类社会资本匹配度的系数没有发生明显的改变，但是其他社会身份匹配度的系数变的不显著，这表明，融资类社会资本匹配度与其他社会身份匹配度产生替代作用。双方具有部分替代作用。未同时加入模型前，MF_ldz 的系数为-0.003，MP_lz 的系数为-0.001，两者均显著。将这两者同时放进模型中后，MF_ldz 的系数为-0.003，在5%的水平下显著。MP_lz 的系数为-0.001，统计学意义上不显著，分所层面与总所层面结果类似。

表4-16　融资类与其他社会身份匹配度替代效应回归结果

变量	Tun_Assets_t	
	(1)	(2)
MF_ldf	-0.002*	
	(-1.71)	

续表

变量	Tun_Assets_t	
	（1）	（2）
MP_lf	−0.001	
	（−1.33）	
MF_ldz		−0.003**
		（−2.28）
MP_lz		−0.001
		（−1.05）
Lev	0.023***	0.022***
	（3.61）	（3.54）
Size	0.005***	0.005***
	（4.23）	（4.21）
Roa	−0.031	−0.030
	（−1.58）	（−1.58）
Risk	−0.000	−0.000
	（−1.01）	（−1.00）
Age	0.003	0.003
	（1.31）	（1.29）
Con	−0.018	−0.019
	（−0.72）	（−0.76）
Con^2	−0.004	−0.003
	（−0.13）	（−0.09）
Fam_exe	0.000	0.001
	（0.31）	（0.42）
Share_ttf	−0.020*	−0.019
	（−1.67）	（−1.63）
Balance	0.001	0.002
	（0.36）	（0.43）
Fam_dir	0.009	0.008
	（1.05）	（0.94）
Fam_ceo	−0.012***	−0.012***
	（−2.85）	（−2.85）
Ins_inv	−0.010	−0.009
	（−0.86）	（−0.80）
Com_exe	0.005***	0.005***
	（2.74）	（2.70）

续表

变量	Tun_Assets_t	
	（1）	（2）
Cons	−0.174***	−0.172***
	（−5.30）	（−5.28）
行业/年份	控制	控制
adj. R²	0.075	0.076
N	3914	3914

注：括号中为 t 值，*、**和***分别表示在10%、5%和1%的水平下显著。

综上所述，表4-16结果显示，融资类社会资本匹配度与其他社会身份匹配度对关联交易的治理产生了替代效应。

小 结

本章探究事务所与家族企业双边社会资本匹配度对家族企业关联交易的影响。家族企业最重视融资类与其他社会身份的积累。为此，从这两类社会资本角度着手进行研究。发现双边融资类社会资本匹配度与关联交易金额/次数负相关，其他社会身份匹配度与关联交易金额/次数负相关。使用关联交易的其他替代变量、Heckman 二阶段回归模型，将制造业细分为二级行业进行控制后，结果依然显著。

如果关联方是家族成员或是家族成员所控制的企业，这类关联交易更可能意味着被大股东掏空。为此，进一步探究了双边社会资本匹配度对家族关联交易的影响。发现融资类社会资本匹配度与家族关联交易的可能性以及金额呈负相关。然而，其他社会身份匹配并没有抑制家族成员关联交易。

家族企业部分关联交易是正常的经济活动。为此，进一步探究了双边社会资本匹配度对异常关联交易的影响。发现融资类社会资本匹配度与异常关联交易呈负相关。其他社会身份匹配度与异常关联交易呈负相关。

融资类与其他社会身份都属于家族企业社会资本的一部分。进一步探究了这两类社会资本匹配度的治理作用之间是否存在替代效应。发现融资类社会资本匹配度对其他社会身份匹配度对家族企业的治理存在替代效应。

综上所述，本章的结果表明，审计师作为外部的一种治理机制，在其社会资本与家族企业社会资本匹配时，能更好地发挥其治理作用，表现为抑制了家族企业的关联交易，降低了家族企业中的第二类代理问题，提升了家族企业治理水平。

第五章 事务所与家族企业社会资本匹配度的治理效应
——薪酬激励视角

本章探究事务所与家族企业社会资本匹配度，包括融资类社会资本匹配度与其他社会身份匹配度对家族企业薪酬合同有效性的影响。发现家族企业与事务所融资类社会资本越匹配，管理层的薪酬绩效敏感度越高。其他社会身份匹配度越高，管理层的薪酬绩效敏感度越高。将财务绩效替换为市场绩效，使用 Heckman 二阶段模型解决可能的内生性问题，将制造业进行细分控制，以及使用一阶差分模型后，结果依然稳健。

进一步研究发现，双边融资类社会资本匹配和其他社会身份匹配度会抑制管理层股票期权薪酬操纵。使用其他替代变量，*PSM* 匹配后，结果依然稳健。

综上所述，事务所与家族企业社会资本匹配度高会提升管理层的薪酬绩效敏感度，抑制管理层的股票期权薪酬操纵，提升家族企业的治理。

第一节　引言

家族企业薪酬绩效敏感度低，激励不足。一种观点认为，家族企业第一类代理问题得到缓解，高管激励薪酬的需求较低。因此，高管薪酬水平较低，薪酬业绩敏感度也较低（Gomez-Mejia 等，2003；He，2008；Croci 等，2012；陈家田，2014；Michiels 等，2013）。家族 CEO 比非家族 CEO 有更少的正式薪酬（Michiels，2017）。另一种观点认为，家族大股东有动机侵占公司利益，薪酬成为家族成员"掏空"的手段。家族高管薪酬水平较高且薪酬业绩敏感性较低，表现为利益侵占（Amoako-Adu 等，2011；Chen 等，2014）。家族成员高管有更高的现金薪酬，超额薪酬对企业业绩存在负面影响，在董事会家族成员比例较高的企业中更明显（王琨和徐艳萍，2015）。家族 CEO 的薪酬业绩敏感度低于非家族 CEO 的薪酬业绩敏感度（赵宜一和吕长江，2015）。

业绩与薪酬的确认与发布需要经过审计师审计，是客户与审计师共同决定的（Nelson 等，2002）。在现有正式制度下，审计师对家族企业的治理作用有限。例如，"兆新股份"也被爆出管理层超额的薪酬。除正式制度外，我国商业环境依赖于非正式制度的约束，人际关系等非正式联系在公司决策及治理方面具有重要的作用（Allen 等，2005）。在正式制度不完善的情况下，非正式制度可以代替其发挥作用（Allen 等，2005；叶康涛等，2010）。为此，有研究探究非正式制度对审计治理作用的影响，包括客户政治关联（雷光勇等，2009；潘克勤，2010），事务所社会资本（刘凤君和郭丽虹，2020；杜兴强等，2011；李敏才和刘峰，2012），以及客户是否主动与审计师建立关系（杜兴强，2018）对审计治理的影响。然而，依据匹配理论，稳定的匹配是市场运行成功的关键。事务所与客户社会资本的匹配会影响审计质量（李文颖等，2020）。

那么，事务所与家族企业社会资本匹配能否提升家族企业薪酬治理？研究由此出发。

第二节　理论分析与假设提出

一、融资类社会资本匹配度对薪酬绩效敏感度的影响

事务所与家族企业融资类社会资本匹配度低包括两种情况：一是事务所融资类社会资本低，家族企业融资类社会资本高；二是事务所融资类社会资本高，家族企业融资类社会资本低。

当融资类社会资本低的事务所审计融资类社会资本高的家族企业时，家族企业融资约束低，对外界的资源依赖性较低。家族企业经营风险低。家族成员操纵报表获取超额薪酬，也不会影响企业正常的运转。此时，错报和漏报以及对应的审计应调整金额 $A_{AUDITOR}$ 会增加。事务所融资类社会资本低时，其社会资本通过信号机制为家族企业带来的收益较少，事务所的可替代性强，辞退的风险增加。

为此，审计师相对于管理层的谈判力低，审计独立性弱。且运营良好的家族企业破产风险和审计风险较低。即使妥协独立性，被媒体和市场关注的可能性不大，审计师更可能妥协独立性，审计应调而未调金额 A_{MUTUAL} 增加，并不能有效地提升薪酬治理。

当融资类社会资本高的审计师审计融资类社会资本低的客户时，融资类社会资本低的家族企业向市场传递出负面的信号，融资约束较强，企业经营风险大，家族大股东的所有权收益降低，更有动机去通过超额控制权，获取超额薪酬。事务所也接收到家族企业传出的高风险信号，明确这样的家族企业选择融资类社会资本高的事务所旨在利用事务所的声誉为家族企业的财务报表做"背书"，以抵消市场对家族企业的负面预期。融资类社会资本高的事务所客户数量和审计溢价较高（李敏才，2013），其对于特定客户的经济依赖性较弱，没必要承接高风险的家族企业。融资类社会资本高的事务所承接高风险客户必然要得到超额的补偿。超额的审计费用侵蚀了审计师的独立性。从而审计师对家族企业的谈判力减弱，审计应调未调金额增加，对家族企业薪酬绩效敏感度提升作用较弱。于是提出以下假设：

H1：事务所与家族企业融资类社会资本匹配度与薪酬绩效敏感度呈正相关。

二、其他社会身份匹配度对薪酬绩效敏感度的影响

事务所与家族企业其他社会身份匹配度高包括两种情况：一是事务所与家族企业其他社会身份均高；二是事务所与家族企业其他社会身份均低。

当其他社会身份高的审计师审计其他社会身份高的家族企业时，家族企业向外界发送可靠的积极信号，这些可靠的信号可以为家族企业带来许多资源，其运营能力和绩效较好。即使操纵财务报表获取超额薪酬，对于企业的负面影响也较低，为此，财务报表错报和漏报可能性增加。其他社会身份高的审计师，惜护来自政府部门认可的声誉，其独立性提升。此时审计师的谈判力增强，对薪酬的治理作用强，有助于提升薪酬绩效敏感度。

当其他社会身份低的事务所审计其他社会身份低的家族企业时：家族企业并未向外界发送积极信号，其对外界的特定组织的资源依赖性强，企业运营能力差，绩效较差。家族大股东所有权收益较低，因此更可能通过控制权获取超额薪酬，企业错报和漏报以及审计应调的金额 $A_{AUDITOR}$ 会增加。其他社会身份低的事务所，生存压力大，对外部的资源依赖强，而声誉是其能否获得更多外部资源的

重要依据，声誉的边际效用较大。其他社会身份低的家族企业破产风险和审计风险较大，审计失败的可能性会增加。为降低可能的声誉损失，在面临管理层的压力时，审计师更不倾向于妥协独立性。为此，审计师的谈判力会增强，审计应调而未调金额降低 A_{MUTUAL}，从而对企业薪酬治理作用较强。

事务所与家族企业其他社会身份匹配度低包括两种情况：一是事务所其他社会身份低，家族企业其他社会身份高；二是事务所其他社会身份高，家族企业其他社会身份低。

当其他社会身份低的审计师审计其他社会身份高的家族企业时。其他社会身份高的家族企业，其融资约束较低，对外界的资源依赖性较弱，经营风险较低，即使家族大股东操纵财务报表获取超额收益，为企业产生的负面影响也较低。为此，审计应调金额 $A_{AUDITOR}$ 会增加。审计师其他社会身份低时，其社会资本为家族企业带来收益较低，事务所的可替代性强，辞退风险大，因此审计师对管理层的谈判力较弱，审计独立性弱。另外，运营良好的家族企业破产风险和审计较低，即使降低独立性，审计师妥协行为被媒体和市场关注的可能性不大。此时，审计师更可能妥协独立性。审计应调而未调金额增加，并不能有效地提升家族企业薪酬绩效敏感度。

当其他社会身份高的审计师审计其他社会身份低的客户时，其他社会身份低的家族企业为市场传递出负面的信号，即资源获取能力较弱，经营风险大，盈利能力较差，家族大股东所有权收益较低，可能转而通过超额控制权来获取超额薪酬。高其他社会身份的事务所在资本市场中享有良好的声誉。家族企业需要高其他社会身份的事务所为其财务报表提供声誉"背书"，以抵消市场对家族企业的负面预期。高其他社会身份的事务所拥有的高声誉，依据"深口袋"理论，其声誉受损会受到的经济损失更大，因此，其他社会身份高的事务所承接高风险业务需要收取超额的审计费用。超额审计收费会损害审计师独立性，从而审计应调未调金额增加。在这种情况下，审计师对家族企业薪酬治理作用较弱。于是提出以下假设：

H2：事务所与家族企业其他社会资本匹配度与薪酬绩效敏感度呈正相关。

第三节　研究设计

一、样本选择与数据来源

本书以 2009~2017 年深沪两市 CSMAR 家族企业数据库中上市家族企业为初选样本。数据库中为广义的家族企业，为此，首先筛选出本文中定义的家族企业。由于金融行业遵循特殊的财务报表披露规定，剔除金融行业。特别处理（ST）和要特别转让（PT）的公司财务数据异常，剔除 ST 和 PT 的上市家族企业，删除控制变量的缺失值，得到 5048 个有效的公司/年度样本观测值。事务所分所的数据来自中国注册会计师协会（以下简称中注协）的行业信息披露网站。分所位置部分来自中国注册会计师协会行业信息披露网站，部分来自百度搜索。家族企业融资类社会资本与其他社会身份的数据来自 CSMAR 数据库中董监高个人简历。审计师发审委的数据来自历年证监会网站上公布的发审委委员名单。审计师其他社会身份数据来自：①中国注册会计师协会网站；②知网中数据库。把所有变量在 1% 和 99% 的分位数进行缩尾。金融社会网络的计算使用 Pajek 软件，其余数据分析使用 stata17。

二、变量定义

（一）被解释变量

参照高凤莲和王志强（2016），使用家族企业前三高管薪酬的自然对数 ExeComp 作为因变量。使用财务绩效 Roa 作为企业的绩效。以 ExeComp 为因变量，Roa 为自变量，其系数即为我们感兴趣的变量薪酬绩效敏感度。

（二）解释变量

事务所与家族企业融资类社会资本匹配度。家族企业融资类社会资本测度：如果家族企业的董监高（独立董事除外）在金融机构现任或曾经任职，则家族企业拥有融资类社会资本；金融机构包括银行、证券机构、投资公司、金融公司、金融监管机构、基金公司、资产（本）管理公司、担保公司以及小额贷款公司等金融机构。家族企业的融资类社会资本等于家族企业董监高（独立董事除外）拥有金融背景的数量（SCF_C），将其标准化为 SCF_Csd。

除了直接衡量家族企业的金融背景，文章以企业为主体，参照 Crespí-Cladera 等（2015），计算家族企业金融背景的接近中心性（*Central_C*），以家族企业在金融网络中的地位衡量家族企业的融资类社会资本。社会网络理论认为，点接近中心性刻画的是行动者在多大程度上不受其他人的控制，接近中心性越强，融资类社会资本越强。接近中心性是该点与网络中所有其他点的捷径距离之和。

$$Central\_C = \frac{\sum_{j=1}^{n} d_{ij}}{n-1} \tag{5-1}$$

依据样本统计，事务所发审委社会资本 *Fsw_Z* 和 *Fsw_F* 的取值为 0、1、2。为此，将 *Central_C* 按照三分位数分为三份，从小到大依次赋值为 0、1、2，定义为 *Central_Ctri*。那么，分所层面与总所层面的家族企业融资类社会资本匹配为：

$$MF\_Ncf = -\left| Central\_Ctri - Fsw\_F \right| \tag{5-2}$$

$$MF\_Ncz = -\left| Central\_Ctri - Fsw\_Z \right| \tag{5-3}$$

（三）事务所与家族企业其他社会身份匹配

家族企业其他社会身份测度：参照胡旭阳和吴一平（2016，2017），将家族企业其他社会身份定义为家族企业董监高（独立董事除外）曾任或者担任其他社会身份的数量（*Zxrd_C*）。

事务所其他社会身份测度：为审计师担任其他社会身份的数量。事务所其他社会身份分为总所层面（*Zxrd_Z*）与分所层面（*Zxrd_F*）的其他社会身份。

事务所与家族企业双边其他社会身份匹配度 *MP_d*，为哑变量，如果家族企业和事务所均拥有或者没有其他社会身份，则认为双方其他社会身份匹配，则 *MP_d* 等于 1；如果一方有其他社会身份，另一方没有其他社会身份则不匹配，此时 *MP_d* 等于 0。

$$MP\_d = \begin{cases} 1, & (Zxrd\_C \neq 0 \cap Zxrd\_Z \neq 0) \cup (Zxrd\_C = 0 \cap Zxrd\_Z = 0) \\ 0, & \text{其他} \end{cases} \tag{5-4}$$

（四）控制变量

参照高凤莲和王志强（2016），控制独立董事比例（*Indep*）、公司规模（*Size*）、财务杠杆（*Lev*）、董事会规模（*Board*）、企业成长性（*Growth*）、高管持股比例（*Exe-shr*），第一大股东持股比例（*F-share*），最后控制行业和年度固定效应。具体变量定义见表 5-1。

表 5-1　变量定义

变量名称	符号	变量定义与计算方法
高管薪酬	ExeComp	为家族企业前三高管薪酬总额的自然对数
融资类社会资本匹配度	MF_Ncf	等于$-\left\vert Central\_Ctri-Fsw\_F\right\vert$，$Central\_Ctri$ 为家族企业金融社会网络度接近中心度（标准化），按照三分位数从低到高赋值为 0、1、2；Fsw_F 为分所层面其他社会身份的数量
	MF_Ncz	等于$-\left\vert Central\_Ctri-Fsw\_Z\right\vert$，$Central\_Ctri$ 为家族企业金融社会网络度接近中心度（标准化），按照三分位数从低到高赋值为 0、1、2；Fsw_Z 为总所层面其他社会身份的数量
其他社会身份匹配度	MP_d	哑变量，如果家族企业事务所均拥有或者没有其他社会身份，则认为双方其他社会身份匹配，等于 1；如果一方有其他社会身份，另一方没有其他社会身份则不匹配，等于 0
资产收益率	Roa	资产净利率，等于净利润除以资产总额
市账比	Mtb	等于股票的市场价值除以资产总额
独立董事	Indep	独立董事比例，等于独立董事人数占董事会人数的比例
公司规模	Size	等于总资产的自然对数
财务杠杆	Lev	财务杠杆，等于负债总额除以资产总额
董事会规模	Board	董事会规模，等于董事会成员数量的自然对数
企业成长性	Growth	等于销售收入增长率
高管持股比例	Exe-shr	高管持股数量占据企业发行在外股票数量
第一大股东持股比例	F-share	等于第一大股东持股数量占据企业发行在外的股票数量
行业	Id	行业哑变量，按照证监会行业 2012 年分类
年份	Year	年份哑变量

三、模型设计

借鉴高凤莲和王志强（2016）、江伟和姚文韬（2015），构建绩效薪酬敏感度模型（5-1）。

$$ExeComp = \beta_0 + \beta_1 Match\_SC\_roa + \beta_2 Match\_SC + \beta_3 Roa + \beta_4 Indep + \beta_5 Size +$$

$$\beta_6 Lev + \beta_7 Board + \beta_8 Growth + \beta_9 Exe\_shr + \beta_{10} F-share + Id + Year + \mu$$

模型(5-1)

其中，$ExeComp$ 表示前三高管薪酬总额的自然对数。$Match\_SC\_roa$ 表示事务所与家族企业社会资本匹配度与绩效 Roa 的交互项。其余的变量见变量定义如表5-1所示。如果社会资本匹配会抑制管理层的机会主义行为，那么，越匹配其绩效薪酬敏感度越高。因此，预期 β_1 显著为正。

第四节　实证结果与分析

一、描述性统计

表5-2展示了主要变量的描述性统计。前三高管的薪酬总额的均值为131万元（$e^{14.086}$），MF_Ncf 的均值为-1.379，MF_Ncz 的均值为-1.333。在45.6%的样本中事务所与家族企业其他社会身份是匹配的。平均而言，资产净利润（Roa）为5.4%，市场价值是账面价值的2倍（Mtb）。37.8%的董事为独立董事（$Indep$）。就平均而言，家族企业的负债总额占据资产总额（Lev）的1/3。家族企业资产总额均值为21亿元（$e^{21.489}$），董事会平均规模为8($e^{2.086}$)人，企业销售增长率均值为22.1%，高管持股比例均值为20.8%，第一大股东持股比例均值为36.9%。

表5-2　主要变量的描述性统计

变量	样本量	均值	中位数	P25	P75	标准差
$ExeComp$	5048	14.086	14.070	13.686	14.489	0.631
MF_Ncf	4506	-1.379	-1.000	-2.000	-1.000	0.984
MF_Ncz	4506	-1.333	-1.000	-2.000	-1.000	0.977
MF_xf	5048	-0.931	-1.000	0.000	-1.000	0.798
MF_xz	5048	-0.902	-1.000	0.000	-1.000	0.752
MP_d	5048	0.456	0.000	0.000	1.000	0.498
Roa	5048	0.054	0.051	0.027	0.077	0.043
Mtb	5048	2.137	1.787	1.413	2.469	1.093

续表

变量	样本量	均值	中位数	P25	P75	标准差
Indep	5048	0.378	0.364	0.333	0.429	0.053
Lev	5048	0.330	0.308	0.181	0.453	0.188
Size	5048	21.489	21.381	20.796	22.031	0.946
Board	5048	2.086	2.197	1.946	2.197	0.181
Growth	5048	0.221	0.159	0.019	0.331	0.355
Exe-shr	5048	20.833	13.847	0.044	38.522	21.581
F-share	5048	36.925	35.79	26.53	45.86	13.632

表5-3展示了主要变量的相关系数，模型中变量的相关系数大多数均小于0.4，表明模型不存在多重共线性的问题。

表5-3　主要变量相关系数

	(1)	(2)	(3)	(4)	(5)	(6)	(7)	(8)	(9)	(10)	(11)	(12)	(13)	(14)
ExeComp	1													
MF_Ncf	−0.050	1												
MF_Ncz	−0.040	0.951	1											
MF_xf	−0.099	0.159	0.157	1										
MF_xz	−0.093	0.205	0.176	0.930	1									
MP_d	−0.010	−0.023	−0.010	−0.021	−0.017	1								
Roa	0.141	−0.067	−0.070	0.001	0.010	−0.008	1							
Mtb	0.028	0.01	−0.007	−0.018	−0.021	−0.012	0.146	1						
Indep	0.023	−0.009	−0.019	−0.032	−0.02	−0.047	−0.017	0.080	1					
Size	0.144	0.055	0.059	0.039	0.035	0.017	−0.311	−0.142	−0.024	1				
Lev	0.455	0.094	0.086	0.085	0.085	0.064	−0.119	−0.218	−0.073	0.508	1			
Board	0.032	−0.002	0.006	0.035	0.031	0.049	0.060	−0.114	−0.643	0.063	0.160	1		
Growth	0.062	0.034	0.033	0.014	0.016	−0.009	0.205	0.011	−0.004	0.126	0.136	0.004	1	
Exe-shr	−0.093	0.052	0.054	−0.012	−0.010	0.009	0.064	−0.082	0.070	−0.220	−0.230	−0.072	0.023	1
F-share	0.012	−0.088	−0.080	0.016	0.022	−0.075	0.190	−0.076	0.073	−0.017	−0.035	−0.066	−0.027	−0.074

注：粗体数字表示相关系数至少在10%的水平下显著。

二、回归结果

表5-4展示了事务所与家族企业融资类社会资本匹配度对业绩薪酬敏感度的影响。结果显示，*MF_Ncf_roa* 的系数显著为正，表明融资类社会资本匹配度提升了管理层的薪酬绩效敏感度，验证了假设 H1。*MF_Ncz_roa* 系数也显著为正，意味着无论从总所层面还是分所层面，事务所与家族企业融资类社会资本越匹配，薪酬绩效越敏感越强，进一步验证了假设 H1。*Roa* 的系数显著为正，表明企业绩效越高，管理层获得的薪酬越高。*Size* 显著为正，表明公司规模越大，管理层薪酬越高。*Growth* 系数显著为负，表明企业成长越快，管理层的薪酬越低，这与现有研究一致。

表5-4列（3）展示了其他社会身份匹配度与薪酬绩效敏感度的影响回归结果。*MP_d_roa* 的系数显著为正，这表明其他社会身份匹配度提升了家族企业薪酬绩效敏感度，验证了假设 H2。

表5-4　社会资本匹配度与薪酬绩效敏感度回归结果

变量	ExeComp		
	（1）	（2）	（3）
MF_Ncf_roa	0.211***		
	(6.30)		
MF_Ncf	-0.079***		
	(-4.87)		
MF_Ncz_roa		0.227***	
		(6.79)	
MF_Ncz		-0.079***	
		(-4.90)	
MP_d_roa			0.691**
			(1.97)
MP_d			0.045**
			(2.00)
Roa	2.502***	2.485***	3.228***
	(10.43)	(10.39)	(12.18)
Indep	0.130	0.126	0.166
	(0.62)	(0.61)	(0.99)
Lev	-0.083	-0.083	-0.051
	(-1.20)	(-1.20)	(-0.88)

续表

变量	ExeComp		
	（1）	（2）	（3）
Size	0. 308 ***	0. 310 ***	0. 288 ***
	（23. 04）	（23. 30）	（25. 66）
Board	−0. 055	−0. 057	0. 031
	（−0. 85）	（−0. 87）	（0. 58）
Growth	−0. 116 ***	−0. 116 ***	−0. 106 ***
	（−4. 57）	（−4. 56）	（−4. 59）
Exe-share	−0. 001	−0. 001	−0. 000
	（−1. 23）	（−1. 23）	（−1. 27）
F-share	0. 000	−0. 000	0. 000
	（0. 01）	（−0. 02）	（0. 61）
Cons	6. 945 ***	6. 926 ***	7. 169 ***
	（20. 28）	（20. 33）	（26. 32）
行业/年份	控制	控制	控制
adj. R²	0. 354	0. 355	0. 340
N	4506	4506	5048

注：括号中为 t 值，＊、＊＊和＊＊＊分别表示在 10%、5% 和 1% 的水平下显著。

第五节　稳健性检验

一、市场业绩下的薪酬绩效敏感度检验

前文使用了财务绩效计算薪酬绩效敏感度，除了财务绩效外，使用市账比作为企业市场绩效，重新计算薪酬绩效敏感度。重新回归模型（5-1），表5-5 的回归结果显示，MF_Ncf_mtb 的系数显著为正，表明融资类社会资本匹配度会提升企业的薪酬绩效敏感度。MF_Ncz_mtb、MF_xf_mtb、MF_xz_mtb 的系数也显著为正，再次验证了假设 H1。

MP_d_mtb 的系数显著为正，表明其他社会身份匹配度与绩效薪酬敏感度正相关。综上所述，在使用市场业绩时，假设 H2 依然稳健。

表 5-5 社会资本匹配度对薪酬绩效敏感度回归结果

变量	ExeComp				
	（1）	（2）	（3）	（4）	（5）
MF_Ncf_mtb	0.011***				
	(2.68)				
MF_Ncf	−0.006				
	(−1.38)				
MF_Ncz_mtb		0.011***			
		(2.65)			
MF_Ncz		−0.006			
		(−1.25)			
MF_xf_mtb			0.010***		
			(3.02)		
MF_xf			−0.011***		
			(−2.80)		
MF_xz_mtb				0.010***	
				(2.83)	
MF_xz				−0.011***	
				(−2.69)	
MP_d_mtb					0.029***
					(2.63)
MP_d					−0.072**
					(−2.28)
Mtb	0.017**	0.016**	0.019***	0.018***	0.060***
	(2.29)	(2.26)	(3.07)	(2.92)	(6.17)
Indep	−0.035	−0.035	−0.062	−0.062	0.402**
	(−0.30)	(−0.30)	(−0.69)	(−0.69)	(2.28)
Size	0.015**	0.015**	0.012**	0.012**	−0.389***
	(2.50)	(2.51)	(2.38)	(2.38)	(−7.12)
Lev	−0.025	−0.025	−0.018	−0.018	0.331***
	(−0.85)	(−0.84)	(−0.74)	(−0.72)	(29.81)
Board	−0.019	−0.019	−0.028	−0.027	0.090
	(−0.54)	(−0.54)	(−0.96)	(−0.95)	(1.64)
Growth	0.102***	0.101***	0.092***	0.092***	−0.042*
	(7.33)	(7.31)	(7.74)	(7.71)	(−1.81)
Exe-share	0.000	0.000	0.000	0.000	0.000
	(0.32)	(0.34)	(0.13)	(0.14)	(0.61)

续表

变量	ExeComp				
	（1）	（2）	（3）	（4）	（5）
F-share	−0.001*	−0.001*	−0.000	−0.000	0.002***
	（−1.83）	（−1.83）	（−1.25）	（−1.24）	（3.30）
Cons	−0.144	−0.145	−0.070	−0.070	6.033***
	（−0.90）	（−0.91）	（−0.52）	（−0.52）	（21.94）
行业/年份	控制	控制	控制	控制	控制
adj. R²	0.032	0.032	0.033	0.032	0.315
N	4506	4506	5048	5048	5048

注：括号中为 t 值，$*$、$**$ 和 $***$ 分别表示在10%、5%和1%的水平下显著。

二、Heckman 二阶段检验

为解决可能的内生性，将第四章 Heckman 模型第一阶段中计算出的 IMR，分别为分所与家族企业融资类社会资本匹配度的 $IMR(Lambda\_df)$，总所与家族企业融资类社会资本匹配度的 $IMR(Lambda\_dfz)$，分所与家族企业其他社会身份匹配度的 $IMR(Lambda\_lp)$，分别放入回归模型（5-1）。回归结果见表5-6，结果显示交互项 MF_Ncf_roa 的系数显著为正，表明分所融资类社会资本匹配度与薪酬绩效正相关。交互项 MF_Ncz_roa 的系数也显著为正，表明总所层面的融资类社会资本匹配度与薪酬绩效敏感度正相关，再次验证假设 H1。MP_d_roa 系数也显著为正，表明双边其他社会身份匹配度与绩效薪酬敏感度呈正相关，再次验证假设 H2。综上所述，使用 Heckman 二阶段回归后，结果依然稳健。

表5-6　Heckman 二阶段：社会资本匹配度与薪酬绩效敏感度回归结果

变量	ExeComp		
	（1）	（2）	（3）
MF_Ncf_roa	0.211***		
	（6.30）		
MF_Ncf	−0.080***		
	（−4.94）		
Lambda_df	−0.008		
	（−0.80）		

续表

变量	ExeComp		
	（1）	（2）	（3）
MF_Ncz_roa		0.227 ***	
		（6.76）	
MF_Ncz		-0.077 ***	
		（-4.65）	
Lambda_dfz		-0.008	
		（-0.68）	
MP_d_roa			0.690 **
			（1.97）
MP_d			0.056
			（0.57）
Lambda_lp			-0.064
			（-1.05）
Roa	2.496 ***	2.478 ***	3.204 ***
	（10.41）	（10.35）	（12.04）
Indep	0.143	0.142	0.146
	（0.68）	（0.68）	（0.86）
Lev	-0.085	-0.086	-0.058
	（-1.23）	（-1.24）	（-0.99）
Size	0.308 ***	0.310 ***	0.292 ***
	（23.04）	（23.29）	（24.67）
Board	-0.054	-0.055	0.032
	（-0.83）	（-0.85）	（0.61）
Growth	-0.116 ***	-0.115 ***	-0.106 ***
	（-4.56）	（-4.55）	（-4.56）
Exe-share	-0.001	-0.001	-0.000
	（-1.25）	（-1.26）	（-1.35）
F-share	-0.000	-0.000	0.000
	（-0.01）	（-0.04）	（0.55）
Cons	6.938 ***	6.920 ***	7.123 ***
	（20.27）	（20.29）	（25.66）
行业/年份	控制	控制	控制
adj. R^2	0.354	0.355	0.340
N	4506	4506	5048

注：括号中为 t 值，*、** 和 *** 分别表示在10%、5%和1%的水平下显著。

三、制造行业细分检验

现有回归模型控制行业固定效应时，将制造业按照一级行业进行划分。然而，多数家族企业为制造业。为此，将制造业按照二级行业分类标准重新划分，如果是制造业，那么按照二级行业分类标准划分，其他行业按照一级行业分类标准划分。重新回归（见表 5-7）。假设 H1 和假设 H2 结果依然稳健。

表 5-7　控制二级制造业：社会资本匹配度与薪酬绩效敏感度回归结果

变量	ExeComp		
	（1）	（2）	（3）
MF_Ncf_roa	0.241***		
	（7.00）		
MF_Ncf	-0.093***		
	（-5.57）		
MF_Ncz_roa		0.260***	
		（7.52）	
MF_Ncz		-0.094***	
		（-5.68）	
MP_d_roa			0.687*
			（1.90）
MP_d			-0.037
			（-1.60）
Roa	2.442***	2.424***	3.258***
	（10.04）	（9.99）	（11.91）
Indep	0.455**	0.449**	0.320*
	（2.14）	（2.11）	（1.87）
Lev	-0.112	-0.112	-0.082
	（-1.64）	（-1.63）	（-1.41）
Size	0.324***	0.326***	0.293***
	（24.58）	（24.89）	（26.57）
Board	-0.048	-0.049	0.006
	（-0.74）	（-0.75）	（0.12）
Growth	-0.110***	-0.110***	-0.091***
	（-4.20）	（-4.19）	（-3.84）
Exe-share	-0.001	-0.001	-0.000
	（-1.25）	（-1.26）	（-1.24）

续表

变量	ExeComp		
	（1）	（2）	（3）
F-share	0.000	0.000	0.000
	（0.17）	（0.14）	（0.10）
Cons	6.504***	6.482***	7.102***
	（19.21）	（19.25）	（26.56）
行业/年份	控制	控制	控制
adj. R^2	0.320	0.322	0.305
N	4506	4506	5048

注：括号中为 t 值，*、**和***分别表示在10%、5%和1%的水平下显著。

四、一阶差分模型检验

为进一步检验社会资本匹配度与薪酬绩效敏感度的影响，参照朱春艳和罗炜（2019），将因变量与自变量分别进行一阶差分，即将高管薪酬 ExeComp 替换为高管薪酬的一阶差分 Delta_Comp，绩效 mtb 替换为绩效的一阶差分 dmtb。回归结果（见表5-1）显示 MF_Ncf_dmtb 系数显著为正，表明融资类社会资本匹配度提升高管薪酬敏感度，融资类社会资本匹配度与薪酬绩效敏感度呈正相关，其他的结果类似。综上所述，表5-8使用一阶差分模型进一步验证了假设 H1。

表5-8　一阶差分：社会资本匹配度与薪酬绩效敏感度回归结果

变量	Delta_Comp			
	（1）	（2）	（3）	（4）
MF_Ncf_dmtb	0.011***			
	（2.77）			
MF_Ncf	-0.006			
	（-1.32）			
MF_Ncz_dmtb		0.011***		
		（2.75）		
MF_Ncz		-0.005		
		（-1.21）		
MF_xf_dmtb			0.016***	
			（5.19）	

变量	Delta_Comp			
	(1)	(2)	(3)	(4)
MF_xf			−0.006	
			(−1.53)	
MF_xz_dmtb				0.016***
				(5.06)
MF_xz				−0.006
				(−1.44)
Delta_mtb	0.017**	0.017**	0.023***	0.023***
	(2.34)	(2.33)	(3.95)	(3.90)
Indep	−0.063	−0.063	−0.073	−0.074
	(−0.53)	(−0.54)	(−0.81)	(−0.82)
Lev	−0.020	−0.020	−0.009	−0.010
	(−0.66)	(−0.66)	(−0.38)	(−0.41)
Size	0.015**	0.016**	0.012**	0.012**
	(2.49)	(2.51)	(2.20)	(2.22)
Board	−0.021	−0.021	−0.025	−0.025
	(−0.59)	(−0.59)	(−0.86)	(−0.88)
Growth	0.102***	0.102***	0.093***	0.093***
	(7.30)	(7.28)	(7.86)	(7.88)
Exe-share	0.000	0.000	0.000	0.000
	(0.51)	(0.53)	(0.00)	(0.01)
F-share	−0.001*	−0.001*	−0.000	−0.000
	(−1.78)	(−1.79)	(−1.05)	(−1.06)
Cons	−0.138	−0.140	−0.053	−0.054
	(−0.85)	(−0.86)	(−0.39)	(−0.40)
行业/年份	控制	控制	控制	控制
adj. R²	0.030	0.030	0.036	0.035
N	3526	3526	4868	4868

注：括号中为 *t* 值，*、**和***分别表示在10%、5%和1%的水平下显著。

<h1 style="text-align:center">第六节　进一步分析</h1>

为健全激励机制，保留公司的核心人才，提升市场竞争力，自 2006 年中国证监会首次发布了《上市公司股权激励管理办法（试行）》后，上市公司逐步开始实施股权激励。家族企业更可能实施股权激励（巩娜，2013）。一方面，股权激励尤其是股票期权激励的实施为公司留住了人才（肖淑芳和付威，2016），提升了公司业绩（Fang 等，2015）和股东价值（Kato 等，2005），产生了积极的作用（倪小雅等，2017）。另一方面，诱发了管理层的机会主义行为。股票期权激励会激发客户的盈余管理行为。股票期权薪酬的价值取决于授予价格，而授予价格依赖于"草案"发布日前的股票价格。股票期权授予价格越低，期权价值越高。为此，"草案"发布日前，管理层倾向于向下盈余管理，以降低股票价格（Baker 等，2003；肖淑芳等，2009；Cheng 和 Warfield，2005；Bergstresser 和 Philippon，2006；王克敏和王志超，2007；张海平和吕长江，2011；Baker 等，2003；McAnally 等，2008）。

财务报表的发布必须经过审计师审计、调整误报、发布审计意见后才能最终流向资本市场。股权激励前客户会支付给审计师超额审计费用以购买审计意见（陈宋生和曹圆圆，2018；谢裕慧等，2018）。股权激励前，为获得超额的股票期权薪酬，管理层倾向于下调盈余，在本书中定义的家族企业中，家族成员或担任董事，或担任高级管理者，参与企业的经营管理。不妨假定股票期权操纵行为家族大股东是知情且参与的。因此，股权激励前，家族大股东不希望审计师上调企业的盈余，而独立性强、治理效应强的审计师会倾向于上调盈余。

为验证假设，构建回归模型（5-2），以检验事务所与家族企业社会资本匹配度对股票期权薪酬治理效应的影响。

$$Ad\_Nego_{it} = \beta_0^1 + \beta_1^1 ESO_{it+1} + \beta_2^1 ESO\_Sc\_Match + \beta_3^1 Sc\_Match + \beta_4^1 Size + \beta_5^1 Ros + \beta_6^1 Lev +$$
$$\beta_7^1 Ma + \beta_8^1 Sub + \beta_9^1 Board + \beta_{10}^1 Bodmet + \beta_{11}^1 Dual + \beta_{12}^1 Big10 + \beta_{13}^1 Auditma +$$
$$\beta_{14}^1 Opinion + \beta_{15}^1 Fee + \beta_{16}^1 Analyst + \beta_{17}^1 Tenure + \beta_{18}^1 Leindex + Id + Year + \mu^1$$

模型（5-2）

被解释变量为审计调整 Ad_Nego，包含 3 个变量：Ad_up 为哑变量，如果审计上调则等于 1，否则等于 0；Ad_dir 为类别变量，如果审计下调则等于-1，不调则等于 0，上调则等于 1。参照 Lennox 等（2018），定义 *Ad_mag_t*，如果审计调整大于 0，那么 *Ad_mag_t* 等于审计调整金额除以审计前盈余的绝对值，否则等于 0。解释变量为 *ESO*，如果企业实施股权激励，那么 *ESO* 等于 1，否则为 0。股权激励前，如果盈余向上调整幅度较大，则说明审计师对家族企业起到了较好的治理作用。

参照 Lennox 等（2014）进一步控制了公司特征，例如，公司规模（*Size*）、盈利能力（*Ros*）、财务杠杆（*Lev*），这些变量可以体现公司管理层与股东之间的代理问题。如果代理问题严重，管理层更可能误报盈余，因此审计调整更可能出现。并购能够驱使管理层从事向上的应计盈余管理（Lennox 等，2018），进一步控制了并购（*Ma*），如果企业并购其他公司超过 20% 的资产则为 1，否则为 0。经营越复杂的上市公司更可能有审计调整，因此，控制了子公司的数量（*Sub*）。*Sub* 等于上市公司子公司的数量（加 1）的自然对数。

公司治理与管理层和审计调整决定有关（Klein，2002；Osma 和 Noguer，2007）。因此，进一步控制了公司治理，包括董事会规模、董事会会议以及两职合一。董事会规模（*Board*）是董事数量的自然对数，董事会会议（*Bodmet*）为董事会会议次数的自然对数，两职合一（*Dual*）为哑变量，如果 CEO 同时兼任董事长则 *Dual* 为 1，否则为 0。

考虑到审计质量、控制事务所规模（*Big*10）与事务所合并（*Auditma*）。如果在审会计师事务所为前 10 大事务所，那么 *Big*10 等于 1，否则为 0，事务所排名按照中注协发布的前百强事务所的评选排名。如果事务所与另外一家事务所合并，那么 *Auditma* 等于 1，否则为 0。如果管理层拒绝调整错报，那么事务所会发布非"清洁"的审计意见，因此，控制审计意见（*Opinion*），如果事务所发布非"清洁"的审计意见则 *Opinion* 等于 1，否则为 0。异常低审计费用会降低审计质量（Asthana 和 Boone，2012），因此，审计收费会影响审计师对错报的容忍度（Keune 和 Johnstone，2012），于是控制了审计费用（*Fee*），等于审计费用总额的自然对数。进一步地，在模型中控制了分析师跟踪（*Analyst*）。由于事务所任期与审计质量有关（Johnson 等，2002），而且审计师也可能通过事务所轮换来购买审计意见（Chung 等，2019），进而影响审计师对于上市公司盈余的调整，控制了事务所任期（*Tenure*），等于事务所连续审计年份的自然对数。当地的法制环境也会影响审计师行为，于是控制了法制环境（*Leindex*），*Leindex* 来自樊纲指数中市场中介组织的发育和法律制度环境评分，如果该省（市）的指数高于均值，那么认为该省的法制环境较好，*Leindex* 等于 1；反之，则该省的环境较差，*Leindex* 等于 0。

一、融资类社会资本匹配度对股票期权薪酬操纵的影响

表 5-9 列 （1） 和列 （2） 展示了高管股权激励前，审计师妥协独立性而进行的审计调整。当因变量为 Ad_up 时，ESO 的系数为 -0.978，在 1% 的水平下显著，这意味着家族企业股权激励前，审计师更不倾向于上调客户的利润，这是因为股权激励前管理层需要降低股票价格，从而降低其行权价格。为此，被收买了的审计师并不倾向于上调客户的盈余，以迎合管理层的需求。因变量为审计调整幅度 Ad_mag_t，等于审计调整除以调整前利润的绝对值，否则为 0。参照 Lennox 等 （2016） 进行 Tobit 回归。ESO 的系数显著为 -0.391，并在 5% 的水平下显著为负 ［见表 5-9 列 （2）］。这意味着股权激励前，审计师为迎合客户需求，并不会上调，乃至大幅度上调客户公司的盈余。验证了推理路径，当股权激励前面临管理层的压力时，审计师并不倾向于上调盈余。

表 5-9 列 （3） 和列 （4） 展示了事务所与家族企业融资类社会资本匹配度对股权激励前审计治理作用的影响。在模型 （1） 中加入两者的交乘项。MF_Ncf 系数为 0.047，在 1% 的水平下显著，这与前面的假设和预期一致。因变量为 Ad_mag_t 时，ESO 系数为正，但并不显著。MF_Ncf_ESO 系数为 0.113，在 1% 的水平下显著。说明社会资本越匹配，股权激励前审计越可能大幅度地上调，降低了审计师迎合客户的可能性。换言之，在事务所与客户社会资本匹配的情况下，审计师更不可能在客户股权激励前迎合客户的需求。值得注意的是，原本显著的 ESO 的系数在加入交互项之后，并不显著了。这说明，审计师迎合客户只有在两者融资类社会资本差距很大的情况下，才可能发生。MF_Ncz 系数为 0.043，在 1% 的水平下显著，这与前面的假设和预期一致。ESO 系数为正，但是并不显著。MF_Ncz_ESO 系数为 0.111，在 1% 的水平下显著。说明社会资本越匹配，股权激励前审计越可能大幅度地上调盈余，降低了审计师迎合客户的可能性。换言之，在事务所与客户社会资本匹配的情况下，审计师更不可能在客户股权激励前，迎合客户的需求。同样，原本显著的 ESO 的系数在加入交互项之后，并不显著了。

二、其他社会身份匹配度对股票期权薪酬操纵的影响

表 5-9 列 （5） 和列 （6） 展示了家族企业与事务所其他社会身份匹配对股权激励前审计师迎合行为的治理作用。当因变量为 Ad_up 时，MP_d 的系数并不显著。MP_d_ESO 系数为 1.490，在 10% 的水平下显著为正，表明家族企业与事

务所其他社会身份匹配抑制了股权激励前，审计师迎合客户的行为。此时，原本显著的 *ESO* 的系数也不再显著，表明在双方其他社会身份并不匹配的情况下，审计师才更可能迎合客户的需求。当因变量为 *Ad_mag_t* 时，*MP_d_ESO* 的系数显著为正，这意味着家族企业与事务所其他社会身份匹配抑制了股权激励前，审计师妥协独立性，不上调盈余的行为。同样原来显著的 *ESO* 的系数在此处也并不显著。总之，表 5-9 结果表明，家族企业与事务所其他社会身份匹配抑制了管理层操纵股票期权薪酬，提升了公司治理。

表 5-9　社会资本匹配度与股票期权薪酬操纵回归结果

变量	*Ad_up*	*Ad_mag_t*	*Ad_mag_t*		*Ad_up*	*Ad_mag_t*
	（1）	（2）	（3）	（4）	（5）	（6）
ESO	−0.978***	−0.391**	0.042	0.028	−0.460	−0.184
	（−2.96）	（−2.11）	（1.23）	（0.83）	（−1.24）	（−1.04）
MF_Ncf_ESO			0.113***			
			（4.03）			
MF_Ncf			0.047***			
			（7.28）			
MF_Ncz_ESO				0.111***		
				（3.55）		
MF_Ncz				0.043***		
				（6.13）		
MP_d_ESO					1.490*	0.617*
					（1.79）	（1.70）
MP_d					−0.186	−0.020
					（−1.24）	（−0.36）
Size	0.039	0.002	0.042***	0.041***	0.031	0.003
	（0.30）	（0.04）	（58.45）	（58.15）	（0.24）	（0.05）
Ros	1.272	0.472	0.261***	0.285***	1.336	0.495
	（1.02）	（0.92）	（3.52）	（3.85）	（1.06）	（0.96）
Lev	0.064	−0.076	0.111***	0.105***	0.127	−0.064
	（0.11）	（−0.37）	（3.61）	（3.41）	（0.23）	（−0.30）
Ma	−0.101	0.014	0.039***	0.034***	−0.106	0.009
	（−0.50）	（0.12）	（4.62）	（3.99）	（−0.52）	（0.08）
Sub	−0.073	0.005	−0.040***	−0.041***	−0.077	0.000
	（−0.58）	（0.10）	（−5.40）	（−5.53）	（−0.61）	（0.01）
Board	0.988**	0.287*	0.205***	0.203***	0.978**	0.280
	（2.26）	（1.66）	（29.76）	（29.48）	（2.21）	（1.63）

续表

变量	Ad_up	Ad_mag_t	Ad_mag_t		Ad_up	Ad_mag_t
	(1)	(2)	(3)	(4)	(5)	(6)
Bodmet	−0.167	−0.014	0.041***	0.045***	−0.175	−0.014
	(−0.71)	(−0.10)	(5.91)	(6.40)	(−0.75)	(−0.10)
Dual	0.087	0.086	0.052***	0.054***	0.103	0.084
	(0.60)	(1.19)	(4.78)	(5.01)	(0.70)	(1.18)
Big10	0.066	0.000	0.011	0.016	0.060	−0.002
	(0.30)	(0.01)	(0.97)	(1.43)	(0.28)	(−0.03)
Auditma	0.168	0.014	−0.013	−0.016	0.149	0.005
	(0.70)	(0.16)	(−1.34)	(−1.63)	(0.62)	(0.06)
Opinion	0.001	−4.199	−1.832	−1.845	0.000	−4.193
	(0.00)	(0.00)	(0.01)	(0.03)	(0.01)	(0.02)
Fee	−0.237	−0.031	−0.101***	−0.103***	−0.207	−0.019
	(−1.24)	(−0.42)	(−87.90)	(−89.90)	(−1.07)	(−0.26)
Analyst	−0.442*	−0.121	−0.055***	−0.062***	−0.438*	−0.119
	(−1.74)	(−1.33)	(−3.86)	(−4.34)	(−1.73)	(−1.31)
Tenure	−0.013	−0.005	0.002	0.003	−0.015	−0.004
	(−0.34)	(−0.31)	(0.61)	(0.94)	(−0.37)	(−0.29)
Leindex	0.758***	0.335**	0.144***	0.145***	0.757***	0.333**
	(2.88)	(2.35)	(10.55)	(10.62)	(2.89)	(2.35)
Cons	−2.214	−1.662	−2.153***	−2.157***	−2.474	−1.812
	(−0.75)	(−1.32)	(−143.20)	(−143.56)	(−0.84)	(−1.43)
行业/年份	控制	控制	控制	控制	控制	控制
adj. R²	0.039	0.041	0.151	0.149	0.042	0.044
N	1400	1400	1400	1400	1400	1400

注：列（1）、列（5）括号中为 z 值，其余列括号内为 t 值，*、**和***分别表示在 10%、5%和1%水平下显著。

三、股票期权薪酬 PSM 匹配检验

股权激励的影响因素有许多，可能是由于股权激励本身导致的家族企业的审计调整较低，而不是审计师的治理作用导致的。为了解决可能的内生性问题，使用 PSM 进行匹配。参照 Wu 等（2013）与 Kato 等（2005），初步确定股权激励可能的影响因素，构建模型（5-3）。

$$ESO_{it+1} = \beta_0^2 + \beta_1^2 Size_{it} + \beta_2^2 Ros_{it} + \beta_3^2 Lev_{it} + \beta_4^2 Mtb_{it} + \beta_5^2 Big10_{it} + \beta_6^2 Neg\_cash_{it} +$$
$$\beta_7^2 Indep_{it} + \beta_8^2 Dual_{it} + \beta_9^2 Board_{it} + \beta_{10}^2 Ins\_ivst_{it} + \beta_{11}^2 Fam\_dr_{it} + Id + Year + \mu^2$$

模型(5-3)

参照 Wu 等（2013）与 Kato 等（2005），在模型（5-3）中控制公司规模（Size），规模越大的公司代理成本越高，越可能使用股票期权来激励管理层。盈利能力强的上市公司更可能采用基于绩效的薪酬（Firth 等，2007），为此，模型中控制了盈利能力（Ros）。低的财务杠杆（Lev）意味着上市公司风险较低，股东更可能发布股权激励计划激励管理层从事高风险高盈利的项目。成长机会高的上市公司倾向于激励 CEO 从事高风险高 NPV 的项目（Guay，1999），为此，上市公司的市账比（Mtb）越高，公司更可能发布股权激励计划。大规模事务所的独立性更强，在模型中控制十大事务所（Big10）。股票期权激励不需要当期支付，存在资金约束的上市公司更可能实施股权激励计划，因此，控制了现金约束（Neg_Cash）。

当上市公司的治理结构较弱时，CEO 会由于严重的代理问题而得到更多的薪酬（Core 等，1999）。董事会规模是高管薪酬的影响因素之一，规模大的董事会不能有效抑制 CEO 谋取私利，例如，进行股权激励（Conyon 和 He.，2011）。因此，在模型（2）中控制了公司治理因素，包括独立董事比例（Indep）、CEO 两职合一（Dual）、董事会规模（Board）。机构投资者对企业也起到治理作用，控制机构投资者持股比例（Ins_ivst）。在家族企业中，如果家族成员在董事会中占比越高，对管理层的监督作用会加强，对股权激励的实施的动机会减弱。为此，控制家族成员在董事会中的比例（Fam_dr）。表 5-10 展示了模型（5-3）的回归结果。

表 5-10 的结果显示，盈利能力（Ros）、财务杠杆（Lev）、市账比（Mtb）、现金约束（Neg_cash）、机构投资者持股比例（Ins_inv）以及家族董事比例（Fam_dr）会显著影响上市公司实施股权激励的可能性。因此，以上述变量为匹配变量，控制行业年份，计算股权激励的倾向得分。在此基础上，选择最邻近的 1∶1 匹配，将得分匹配的距离限制在 0.05 之内，最终包含 166 个样本。图 5-1 展示了匹配前与匹配后实验组与控制组的倾向得分分布情况，与匹配前相比，匹配后的样本实验组与对照组的分布更相近。

表 5-10　股权激励影响因素回归结果

变量	ESO_{t+1}	
	系数	z 值
Size	0.038	(0.39)
Ros	−1.601**	(−2.15)
Lev	−1.649***	(−3.29)
Mtb	0.117***	(2.64)

续表

变量	ESO_{t+1}	
	系数	z 值
Big10	0.109	(0.92)
Neg_cash	−0.002	(−0.02)
Indep	1.506	(1.09)
Dual	−0.004	(−0.03)
Board	0.234	(0.50)
Ins_inv	2.628**	(2.48)
Fam_dr	−1.058*	(−1.78)
Cons	−2.935	(−1.32)
adj. R^2	0.062	
N	1440	

注：括号中为 z 值，*、** 和 *** 分别表示在 10%、5% 和 1% 的水平下显著。

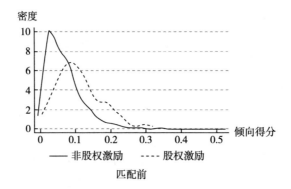

匹配前

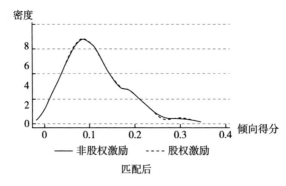

匹配后

图 5-1　PSM 匹配前后股权激励倾向得分在实验组以及对照组中密度分布

表 5-11 展示了 PSM 匹配前后各变量在股权激励与非股权激励子样本间的差异。结果表明，在匹配前，各个变量组间的差异显著。然而，在匹配之后，组间的差异降低，并不显著。综上所述，说明匹配降低了样本可能的内生性问题。

表 5-11　匹配前后变量组间差异

变量	状态	均值			T 检验		V(T)/V(C)
		实验组	控制组	偏差降低（%）	t	p>|t|	
Size	未匹配	21.085	21.210	68.5	−1.41	0.159	1.01
	匹配	21.085	21.124		−0.34	0.736	1.19
Ros	未匹配	0.137	0.120	53.6	1.53	0.126	1.07
	匹配	0.137	0.145		−0.54	0.591	1.30
Lev	未匹配	0.221	0.289	81.1	−3.33	0.001	0.61*
	匹配	0.221	0.209		0.57	0.572	0.88
Mtb	未匹配	2.944	2.253	87.2	4.38	0.000	1.07
	匹配	2.944	2.855		0.36	0.716	0.71
Ins_Inv	未匹配	0.067	0.048	76.1	3.08	0.002	1.41
	匹配	0.067	0.063		0.46	0.644	1.01
Fam_dr	未匹配	0.228	0.246	38.3	−1.54	0.125	0.79
	匹配	0.227	0.217		0.73	0.467	0.80

表 5-12 展示了在匹配样本中股权激励前的审计调整情况，在匹配样本中，当因变量为 Ad_up 或 Ad_mag_t 时，ESO 的系数均显著为正，表明股权激励前，审计师更不可能上调客户的盈余，验证了推理路径。

表 5-12　PSM 匹配：融资类社会资本匹配度与股票期权薪酬操纵

变量	Ad_up		Ad_mag_t		
	(1)	(2)	(3)	(4)	(5)
ESO	−0.657*	−0.316***	0.018	0.172***	−0.053
	(−1.92)	(−5.25)	(0.49)	(4.11)	(−1.10)
MF_Ncf_ESO			0.263***		
			(12.17)		
MF_Ncf			0.182***		
			(9.61)		

续表

变量	Ad_up		Ad_mag_t		
	（1）	（2）	（3）	（4）	（5）
MF_Ncz_ESO				0.486***	
				（16.13）	
MF_Ncz				0.033	
				（1.50）	
MF_Nbf_ESO					0.153***
					（5.27）
MF_Nbf					0.043*
					（1.74）
Size	−0.786	−0.316***	0.049***	−0.002	−0.038***
	（−1.51）	（−100.24）	（24.37）	（−0.71）	（−14.68）
Ros	8.182**	2.530***	1.485***	1.445***	1.710***
	（2.35）	（7.86）	（7.34）	（6.32）	（6.27）
Lev	−0.603	−0.300	0.387***	0.282*	0.405**
	（−0.30）	（−1.33）	（2.92）	（1.94）	（2.43）
Ma	1.296***	0.421***	0.202***	0.034	−0.044
	（2.66）	（9.94）	（5.18）	（0.86）	（−0.97）
Sub	0.513	0.178***	0.337***	0.313***	0.224***
	（1.37）	（5.22）	（18.31）	（15.05）	（9.44）
Board	0.717	0.750***	−0.069***	0.024	0.320***
	（0.77）	（24.47）	（−3.42）	（1.06）	（12.45）
Bodmet	0.083	0.076**	0.799***	0.762***	0.722***
	（0.15）	（2.46）	（41.89）	（35.63）	（29.58）
Dual	−0.571	−0.116**	−0.120***	−0.030	−0.077*
	（−1.54）	（−2.24）	（−3.79）	（−0.78）	（−1.83）
Big10	−0.127	0.407***	−0.141***	−0.151***	−0.112***
	（−0.23）	（5.94）	（−4.72）	（−4.50）	（−2.70）
Auditma	0.912	0.637***	0.429***	0.481***	0.680***
	（1.30）	（14.73）	（14.56）	（13.39）	（14.15）
Opinion	0.000	0.000	0.000	0.000	0.000
	（0.00）	（0.00）	（0.00）	（0.00）	（0.00）
Fee	−0.161	−0.280***	−1.092***	−0.964***	−0.953***
	（−0.29）	（−55.26）	（−336.33）	（−262.27）	（−227.30）
Analyst	0.000	2.102***	1.609***	1.414***	1.662***
	（0.00）	（31.86）	（37.55）	（29.25）	（30.10）

续表

变量	Ad_up		Ad_mag_t		
	（1）	（2）	（3）	（4）	（5）
Tenure	−0.286**	−0.131***	−0.023	−0.010	−0.069***
	（−1.97）	（−4.74）	（−1.19）	（−0.51）	（−2.89）
Leindex	−0.127	0.279***	1.621***	1.394***	1.153***
	（−0.28）	（4.93）	（39.55）	（30.01）	（21.99）
Cons	11.419	2.509***	6.191***	5.819***	5.488***
	（1.46）	（38.02）	（144.50）	（120.40）	（99.41）
行业/年份	控制	控制	控制	控制	控制
adj. R^2	0.307	0.418	0.682	0.642	0.579
N	156	156	122	122	122

注：列（1）括号内为 z 值，其余括号内为 t 值，*、**和***分别表示在10%、5%和1%的水平下显著。

表5-12列（3）~列（5）展示了在PSM匹配后的样本中，事务所与家族企业融资类社会资本匹配度对股票期权薪酬操纵的影响。发现交互项 *MF_Ncf_ESO*、*MF_Ncz_ESO* 以及 *MF_Nbf_ESO* 的系数显著为正。表明在解决了可能的内生性问题后，结果依然稳健。再次验证了融资类社会资本匹配可以抑制家族企业的薪酬操纵。

表5-13展示了PSM匹配样本中，双边其他社会身份匹配对股票期权薪酬操纵的影响。结果显示，当因变量为 *Ad_up*、*Ad_mage_t* 以及 *Ad_mage_ta* 时，*MP_d_ESO* 的系数均显著为正。表明在解决了可能的内生性后结果依然稳健。

表5-13　PSM匹配：其他社会身份匹配度与股票期权薪酬操纵回归结果

变量	Ad_up	Ad_mage_t	Ad_mage_ta
	（1）	（2）	（3）
ESO	0.024	0.111*	0.856***
	（0.05）	（1.97）	（3.96）
MP_d_ESO	2.021*	1.158***	2.562***
	（1.87）	（12.74）	（11.22）
MP_d	−0.535	−0.223***	−1.160***
	（−1.19）	（−4.21）	（−5.72）
Size	−0.756	−0.236***	−0.442***
	（−1.32）	（−82.91）	（−36.09）

续表

变量	Ad_up	Ad_mage_t	Ad_mage_ta
	(1)	(2)	(3)
Ros	8.932**	2.230***	15.449***
	(2.47)	(7.53)	(12.13)
Lev	0.034	0.089	-2.704***
	(0.02)	(0.43)	(-3.61)
Ma	1.520***	0.421***	1.561***
	(2.59)	(10.96)	(9.23)
Sub	0.214	-0.061**	0.566***
	(0.58)	(-2.07)	(4.79)
Board	0.691	0.717***	0.732***
	(0.73)	(25.89)	(6.08)
Bodmet	0.237	0.187***	0.774***
	(0.42)	(6.76)	(6.53)
Dual	-0.649	-0.154***	-1.764***
	(-1.57)	(-3.53)	(-9.46)
Big10	-0.138	0.480***	0.804***
	(-0.25)	(8.47)	(4.72)
Auditma	0.635	0.433***	0.810***
	(0.98)	(11.98)	(4.33)
Opinion	0.000	0.000	0.000
	(0.00)	(0.00)	(0.00)
Fee	0.143	-0.040***	-0.347***
	(0.28)	(-8.73)	(-17.73)
Analyst	0.000	1.959***	0.247
	(0.00)	(32.94)	(0.97)
Tenure	-0.273**	-0.112***	-0.274***
	(-2.13)	(-4.42)	(-3.55)
Leindex	-0.156	0.208***	-0.906***
	(-0.34)	(4.11)	(-3.88)
Cons	6.406	-1.777***	-10.796***
	(0.79)	(-29.88)	(-41.93)
行业/年份	控制	控制	控制
adj. R^2	0.355	0.488	0.111
N	156	156	156

注: 列 (1) 括号内为 z 值, 其余列括号内为 t 值, *、**和 *** 分别表示在10%、5%和1%水平下显著。

表 5-14 展示了使用新的替代变量，事务所与家族企业融资类与其他社会身份匹配度对审计师治理作用的影响。引入家族企业与事务所融资类社会资本匹配 MF_Nbf 和 MF_Nbz。参照 Crespí-Cladera 等（2015），计算家族企业金融背景的中间中心性（$Central\_B$），以家族企业在金融网络中的地位衡量家族企业的融资类社会资本。事务所发审委社会资本 Fsw_Z 和 Fsw_F。$MF\_Nbf = -\mid Central\_Btri-Fsw\_F \mid$；$MF\_Nbz = -\mid Central\_Btri-Fsw\_Z \mid$。结果显示，交互项 MF_Nbf_ESO 和 MF_Nbz_ESO 的系数显著为正。表明股权激励前审计师对盈余的大幅度上调的可能性随着匹配的增加而增加。换言之，融资类社会资本的匹配抑制了股权激励前，管理层的股票期权薪酬操纵。此外，MP_d_ESO 的系数显著为正，同样表明其他社会身份匹配也会在一定程度上抑制管理层的股票期权薪酬操纵行为。综上所述，验证了双边社会资本匹配度会抑制管理层股票期权薪酬的操纵。

表 5-14　社会资本匹配度与股权激励薪酬操纵

变量	Ad_mage_t		
	(1)	(2)	(3)
ESO	0.008	−0.008	−0.677
	(0.30)	(−0.29)	(−1.14)
MF_Nbf_ESO	0.103***		
	(5.64)		
MF_Nbf	0.037***		
	(6.57)		
MF_Nbz_ESO		0.097***	
		(5.14)	
MF_Nbz		0.031***	
		(5.38)	
MP_d_ESO			1.705*
			(1.89)
MP_d			0.035
			(0.13)
Size	0.045***	0.043***	0.201
	(63.21)	(60.81)	(0.89)
Ros	0.290***	0.311***	4.540**
	(3.93)	(4.23)	(2.12)

续表

变量	Ad_mage_t		
	（1）	（2）	（3）
Lev	0.117***	0.114***	1.085
	（3.81）	（3.71）	（1.08）
Ma	0.031***	0.029***	0.142
	（3.72）	（3.37）	（0.42）
Sub	−0.044***	−0.044***	−0.218
	（−6.05）	（−6.03）	（−1.00）
Board	0.194***	0.192***	1.068
	（28.26）	（27.96）	（1.50）
Bodmet	0.052***	0.051***	0.179
	（7.49）	（7.34）	（0.45）
Dual	0.057***	0.058***	−0.002
	（5.28）	（5.40）	（−0.01）
Big10	−0.002	0.003	0.968***
	（−0.20）	（0.29）	（2.74）
Auditma	0.010	0.006	−0.857*
	（1.07）	（0.57）	（−1.92）
Opinion	−1.853	−1.857	−0.408
	（0.00）	（−0.03）	（−0.47）
Fee	−0.107***	−0.107***	−0.306
	（−93.60）	（−93.35）	（−0.94）
Analyst	−0.061***	−0.064***	−0.830*
	（−4.32）	（−4.54）	（−1.78）
Tenure	0.002	0.003	−0.040
	（0.62）	（0.90）	（−0.57）
Leindex	0.146***	0.144***	0.389
	（10.71）	（10.59）	（1.17）
Cons	−2.173***	−2.162***	−2.953
	（−145.23）	（−144.31）	（−0.63）
行业/年份	控制	控制	控制
adj. R^2	0.147	0.144	0.001
N	982	982	1400

注：括号内为 t 值，*、**和***分别表示在10%、5%和1%的水平下显著。

四、路径检验：股权激励与审计调整

股票期权激励前，管理层有动机降低盈余，但财务报表是由管理层和审计师共同决定的（Nelson 等，2002），审计师是编制财务报表的专家，且全面审计上市公司，管理层的盈余操纵行为难以绕开审计师独立完成。因此，股权激励前，管理层会给审计师施加压力（陈宋生和曹圆圆，2018），旨在购买审计意见（谢裕慧等，2018）。由于 A_{MUTUAL} 是审计师与管理层相互博弈部分的调整金额，进一步将 A_{MUTUAL} 划分为管理层的话语权（$F_{MANA-AUDITOR}$），即管理层对审计师的压力程度以及审计师的话语权（$F_{AUDITOR-MANA}$），即审计师对管理层的抵抗程度。由于审计师是审计调整的主动方，审计师对管理层的话语权与管理层对审计师的话语权对审计调整的影响是反向的，那么 A_{MUTUAL} 即为两方话语权之差，$A_{MUTUAL} = F_{AUDITOR-MANA} - F_{MANA-AUDITOR}$，则 $AD = A_{MUTUAL} + A_{AUDITOR} + \varepsilon_{AUD} + \varepsilon_{PRE} = (F_{AUDITOR-MANA} - F_{MANA-AUDITOR}) + A_{AUDITOR} + \varepsilon_{AUD} + \varepsilon_{PRE}$。

$A_{AUDITOR}$ 包含了审计师控制审计风险的动机。基于股权激励动机，管理层希望审计师默认其操纵，或者至少不上调财务报表中管理层向下操纵的盈余部分。就审计师而言，一方面，由于会计稳健性的原则，较低的盈余操纵更符合会计核算的原则，稳健的财务报表会降低来自资本市场的怀疑（Beaver 和 Ryan，2005），降低上市公司遭受诉讼的可能性（Watts，2003），从而降低审计师的审计风险（Lee 等，2015）与诉讼风险（Liao 和 Radhakrishnan，2016）。相反，管理层向上的盈余管理会增加审计师被处罚的可能性（Boone 等，2010；Heninger，2001）。另一方面，现有审计师被处罚案例均是由客户虚增收入和利润导致的，并没有审计师因客户降低利润而遭受处罚。为此，股权激励前审计师更不可能上调客户的盈余。

综上所述，我们预期股权激励与审计上调的概率和审计上调的幅度负相关。回归结果见表 5-9 展示了股权激励前审计调整行为的稳健性分析。将因变量替换为 Ad_magx_t 和 Ad_magx_at，Ad_dir 的定义如下，如果审计调整小于 0，那么 Ad_magx_t 等于 0；如果审计调整大于 0，那么取出该部分审计调整除以资产总额的绝对值，然后对该部分数据划分按照十分位数划分为十份，从小到大依次赋值为 1 到 10。Ad_magx_at 与 Ad_magx_t 定义类似，将资产总额替换为审计前的利润总额。当因变量为 Ad_magx_t 和 Ad_magx_at 时，ESO 的系数显著为负。表明，在股权激励前，审计师更不倾向于进行大幅度的审计上调，以被迫或者主动迎合管理层的需求。当因变量为 Ad_dir 时，在下调组中，ESO 的系数并不显著；

在上调组中, *ESO* 的系数显著为负, 这表明股权激励前, 审计师更不倾向于上调客户公司盈余。综上所述, 表 5-15 的结果显示, 股权激励前审计师更不可能向上调整以及大幅向上调整客户的盈余。

表 5-15　家族企业股权激励与审计治理回归结果

变量	Ad_magx_t	Ad_magx_at	Ad_dir	
	(1)	(2)	下调组	上调组
ESO	-1.464***	-1.371***	0.157	-0.862**
	(-3.27)	(-3.02)	(0.64)	(-2.31)
Size	0.228	0.192	-0.230*	-0.109
	(0.99)	(0.85)	(-1.88)	(-0.69)
Ros	2.835	4.426**	-2.659**	-0.463
	(1.29)	(2.07)	(-2.38)	(-0.32)
Lev	1.014	1.053	-0.735	-0.425
	(1.02)	(1.05)	(-1.45)	(-0.64)
Ma	0.112	0.167	-0.237	-0.251
	(0.33)	(0.50)	(-1.38)	(-1.09)
Sub	-0.228	-0.205	0.136	0.018
	(-1.04)	(-0.93)	(1.26)	(0.12)
Board	1.040	1.039	0.445	1.292**
	(1.47)	(1.46)	(1.17)	(2.57)
Bodmet	0.251	0.187	-0.432**	-0.448
	(0.61)	(0.47)	(-1.97)	(-1.62)
Dual	-0.015	0.008	0.026	0.107
	(-0.06)	(0.03)	(0.19)	(0.62)
Big10	0.995***	0.966***	-0.803***	-0.433*
	(2.76)	(2.73)	(-4.06)	(-1.76)
Auditma	-0.852*	-0.830*	1.112***	0.958***
	(-1.86)	(-1.85)	(4.71)	(3.16)
Opinion	-0.480	-0.419	-1.019	-14.954***
	(-0.54)	(-0.48)	(-1.52)	(-27.53)
Fee	-0.386	-0.330	0.163	-0.118
	(-1.20)	(-1.01)	(0.95)	(-0.53)
Analyst	-0.941*	-0.844*	0.106	-0.377
	(-1.95)	(-1.81)	(0.43)	(-1.24)
Tenure	-0.040	-0.042	0.028	0.005
	(-0.57)	(-0.60)	(0.79)	(0.10)

续表

变量	Ad_magx_t	Ad_magx_at	Ad_dir	
	(1)	(2)	下调组	上调组
Leindex	0.391	0.385	0.583***	1.110***
	(1.17)	(1.16)	(3.16)	(3.91)
Cons	−2.423	−2.391	1.937	−0.414
	(−0.51)	(−0.51)	(0.79)	(−0.12)
行业/年份	控制	控制	控制	
adj. R²	0.010	0.010	0.057	
N	1400	1400	1400	

注：列（1）、列（2）括号内为 t 值，其余列括号内为 z 值，*、** 和 *** 分别表示在 10%、5% 和 1% 水平下显著。

小结

本章探究事务所与家族企业双边社会资本匹配度对家族企业管理层薪酬治理影响。发现家族企业与事务所社会资本匹配度可以提升审计师对薪酬的治理作用。

具体而言，事务所与家族企业融资类社会资本匹配度与家族企业的薪酬绩效敏感度正相关，其他社会身份匹配度与管理层的薪酬绩效敏感度正相关。在使用市场绩效替换财务绩效时、使用 Heckman 二阶段回归模型、控制二级制造业行业固定效应以及使用一阶差分模型后，结果依然稳健。

进一步探究融资类与其他社会身份匹配度与管理层股票期权薪酬操纵行为的影响。发现融资类社会资本匹配度与管理层股票期权薪酬操纵负相关，其他社会身份匹配度与管理层股票期权薪酬操纵负相关。在使用 PSM 匹配解决可能的内生性后，结果依然稳健。推理路径也得到了数据验证。

综上所述，该章表明事务所与家族企业社会资本匹配度会提升管理层薪酬绩效敏感度，抑制家族企业的股票期权薪酬操纵行为，提升家族的薪酬治理效应。

第六章　事务所与家族企业社会
资本匹配度的治理效应
——财务报表质量视角

　　本章探究事务所与家族企业社会资本匹配度，包括融资类社会资本与其他社会身份匹配度对家族企业财务报表质量的影响。双方融资类/其他社会身份匹配度与财务报表重述呈负相关，与财务报表财务重述呈负相关，与操纵性应计盈余管理呈负相关，与审计调整概率/幅度呈正相关。在考虑了双方社会资本存量，控制二级制造业行业固定效应，使用 Heckman 二阶段回归模型后。进一步分析发现，事务所与家族企业融资类社会资本匹配度与其他社会身份匹配度之间存在替代效应。事务所到家族企业的距离负向调节双边融资类社会资本匹配度与财务报表重述呈负相关关系。事务所声誉正向调节双边其他社会身份匹配度与财务报表重述呈负相关关系。

第一节　引　言

　　2020 年 5 月 18 日，中共中央　国务院发布《关于新时代加快完善社会主义市场经济体制的意见》，要求加快建立规范、透明、开放、有活力、有韧性的资本市场。上市公司是资本市场中的主体，其信息披露质量决定了资本市场的透明度。上市家族企业占据资本市场上市公司 1/3 以上，其信息披露质量一直备受质疑。家族大股东"一股独大"，其有动机以牺牲小股东的利益为代价进行自利行为（Ding 等，2007；Ding 等，2011；Wang 和 Yung，2011；Cheng，2014），为掩盖"掏空"的自利行为，大股东有动机操控财务报表。为此，家族企业有更多的应计盈余管理（Teh 等，2017），盈余质量更低（Ding 等，2011）。

财务报表质量不仅取决于客户的操纵动机，还受到审计师的影响（Nelson，2002），因为财务报表对外发布需要经过审计师审计。外部独立审计作为现代公司治理机制的重要一环，是提高公司会计信息质量的一种核心机制（Chen 等，2011）。

然而，在现有正式制度下，审计师对家族企业财务报表质量的治理作用有限。例如，"兆新股份"的财务报表质量差，以致多位高级管理人员无法为其财务报表保真。除正式制度之外，我国商业环境还受到非正式制度的约束，社会关系等非正式联系在公司决策及治理方面具有重要的作用（Allen 等，2005）。为此，家族企业注重自身社会资本的投资与积累（Granovetter，1985），例如，许多家族企业成员拥有其他社会身份（Shi 等，2014）。在正式制度相对缺位的情况下，非正式制度可以代替其发挥作用（Allen 等，2005；叶康涛等，2010）。为此，有研究探究非正式制度对审计治理的影响，包括事务所社会资本（刘凤君和郭丽虹，2020；杜兴强等，2011；李敏才和刘峰，2012）以及客户是否主动与审计师建立关系（杜兴强，2018）对审计治理的影响。然而，依据匹配理论，事务所与家族企业社会资本的匹配会影响审计独立性（李文颖等，2020）。那么事务所与家族企业社会资本的匹配能否有效抑制家族企业的财务报表操纵，从而提升家族企业财务报表质量，提升资本市场信息透明度？研究由此出发。

第二节　理论分析与假设提出

一、融资类社会资本匹配度对财务报表质量影响

事务所与家族企业融资类社会资本匹配会提升财务报表质量。事务所与家族企业融资类社会资本匹配度高分为两类：一是事务所与家族企业融资类社会资本均高，二是事务所与家族企业融资类社会资本均低。

融资类社会资本高的审计师审计融资类社会资本高的家族企业时，家族企业对外界资源依赖程度弱，企业运营能力和绩效较好。大股东即使掏空也不会影响企业的正常经营发展，大股东通过财务报表操纵进行自利行为的可能性增强，财

报错报和漏报可能性增加，审计师应调金额 $A_{AUDITOR}$ 就增加。融资类社会资本高的审计师，对特定客户的经济依赖性减弱，也更爱护来自金融监管机构认可的声誉，其独立性提升。此时，审计师对客户谈判力强，审计应调而未调的金额 A_{MUTUAL} 较低，审计调整充分，提升了财务报表质量；融资类社会资本低的事务所在审计融资类社会资本低的客户时，家族企业对外界的资源依赖性强，企业运营能力差，绩效较差。家族企业粉饰财务报表的可能性增加，需要调整的金额 $A_{AUDITOR}$ 就会增加。融资类社会资本低的事务所，生存压力大，对外部的资源依赖强，而声誉是其能否获得更多外部资源的重要依据。融资类社会资本低的家族企业破产风险和审计风险较大，审计失败可能性增加。为降低声誉受损的概率，审计师妥协独立性的可能性较低，更可能坚持审计调整决定，提升财务报表的质量。

　　事务所与家族企业融资类社会资本不匹配抑制财务报表质量。事务所与家族企业融资类社会资本不匹配主要分为两类：一是事务所融资类社会资本低，家族企业的融资类社会资本高；二是事务所融资类社会资本高，家族企业融资类社会资本低。当融资类社会资本低的审计师在审计融资类社会资本高的客户时，融资类社会资本高的家族企业，其融资约束较低，对特定组织的资源依赖程度降低。家族企业经营良好的情况下，即使进行掏空行为，对企业的负面影响也较低，因此，家族企业操纵财务报表进行利益输送的可能性增强。审计应调整的金额 $A_{AUDITOR}$ 会增加。审计师融资类社会资本低时，其资源依赖程度强，其社会资本为家族企业带来的信号收益较低，可替代性强，事务所被辞退风险高。因此，事务所对家族企业的谈判力弱，独立性差。融资类社会资本强的家族企业破产风险和审计风险低，即使审计师妥协独立性，受到媒体和市场关注的可能性也不大，声誉受损的可能性低。为此，审计师更可能妥协独立性，不能有效地保证财务报表的真实性；当融资类社会资本高的审计师在审计融资类社会资本低的客户时，融资类社会资本低的家族企业对外界的资源依赖性较强，运营能力较弱，绩效更低，更可能粉饰财务报表，并需要融资类社会资本高的事务所为其粉饰后的财务报表提供声誉"背书"，以抵消市场对企业的负面预期（陈德球等，2011）。融资类社会资本高的事务所在客户数量和审计溢价较高的情况下，生存压力小，其在接受到家族企业高审计风险信号后，依然承接高风险客户势必需要超额的审计收费。超额的审计费用会抑制审计的独立性（Asthana 和 Boone，2012），应调而未调的金额 A_{MUTUAL} 增加，这损害了家族企业财务报表的真实性，降低了财务报表质量。于是提出以下假设：

H1：事务所与家族企业融资类社会资本匹配度与财务报表质量呈正相关。

二、其他社会身份匹配度对财务报表质量影响

双方其他社会身份匹配提升财务报表质量。双方其他社会身份匹配有两种情况：一是事务所的其他社会身份高，家族企业的其他社会身份高；二是事务所其他社会身份低，家族企业其他社会身份低。当其他社会身份高的审计师在审计其他社会身份高的家族企业时，一方面，拥有重要社会身份的家族企业外部债权人发送可承诺的担保信号（陈德球等，2013），可获得银行超额贷款（冉茂盛等，2013），资金链断裂的可能性较低，破产风险低，绩效较好。即使大股东在此时操纵财务报表输送利益，也不会影响企业的正常运作，大股东掏空导致的财务报表错报和漏报的可能性增加，应调金额 $A_{AUDITOR}$ 会增加。其他社会身份高的审计师更珍惜信誉（李江涛等，2015），审计师有动机维护公平、公正的形象，更不愿意妥协独立性，审计师对家族大股东的谈判力更强，审计调整后，财务报表更真实，财务报表质量提升；其他社会身份低的事务所审计其他社会身份低的客户时，双方向外发送消极的信号。其他社会身份的缺失使家族企业资源获取相对困难；家族管理层不参政议政，其对于国家产业政策的敏感性差；未参政议政的管理层比参政议政的管理层对社会主义核心价值观的践行方面差。为此，其他社会身份低的家族企业经营风险较大，更可能粉饰财务报表，以降低退市风险，审计应调金额 $A_{AUDITOR}$ 会增加，其他社会身份低的事务所，获取客户资源的能力弱，对外界的资源依赖性强，对声誉更加敏感，更爱护自身声誉。面对审计风险较大的客户时，依据审计需求保险理论，事务所可能受到连带处罚，其他社会身份低的事务所在面临管理层压力时，更不可能妥协独立性，为此，审计师会按照财务报表真实的状况进行调整，提升了财务报表质量。

双方其他社会身份匹配度低包括两类：一是事务所其他社会身份低，家族企业其他社会身份高；二是事务所其他社会身份高，家族企业其他社会身份低。其他社会身份低的事务所审计其他社会身份高的家族企业时，其他社会身份高的家族企业，为外界传递积极信号，其融资约束较低，破产风险低。此时，即使大股东漏报和错报进行掏空，也不会影响企业的运行，因此，大股东操纵财务报表掏空的可能性增加，财务报表审计应调金额 $A_{AUDITOR}$ 会增加。审计师其他社会身份低时，其对外界的资源依赖程度增加，辞退风险增加，对特定客户的话语权弱。且运营良好的家族企业破产风险和审计风险低，审计师妥协行为被媒体和市场揭发的可能性不大。综上所述，审计师更可能妥协独立性，对管理层的谈

判力减弱，审计应调而未调的金额增加，审计师不能充分调整财务错报，财务报表质量较低。其他社会身份高的审计师审计其他社会身份低的家族企业时，家族企业为市场传递出负面的信号，资源获取能力较弱，运营风险和破产风险增加，粉饰财务报表动机强烈，审计应调金额 $A_{AUDITOR}$ 增加，事务所在资本市场中享有良好的声誉。家族企业需要其他社会身份高的事务所为其操纵后的财务报表提供"背书"，以抵消市场对家族企业的负面预期。高其他社会身份的事务所享有较高的社会声誉，依据"深口袋理论"，其声誉受损会招致更大的经济损失。因此，在接收到家族企业高审计风险信号后，其他社会身份高的事务所承接家族企业高风险业务，需要获得超额的审计费用。超额的审计费用会损害审计师的独立性（唐跃军，2007；赵国宇，2010），审计应调而未调金额增加，财务报表质量降低。于是提出以下假设：

H2：事务所与家族企业其他社会身份匹配度与财务报表质量呈正相关。

第三节　研究设计

一、样本选择与数据来源

本书以 2009~2017 年深沪两市 CSMAR 家族企业数据库中上市家族企业为初选样本。由于该数据库对家族企业的定义较为宽泛，首先依据本书中对家族企业的定义进行筛选。由于金融行业遵循特殊的财务报表披露规定，剔除金融行业。特别处理（ST）和要特别转让（PT）的公司财务数据异常，剔除 ST 和 PT 的上市家族企业，删除数据缺失值，最终得到 1206 家家族企业，共 6129 个有效的公司/年度样本观测值。其中，观测样本的年份分布为 2009 年 211 个，2010 年 404 个，2011 年 545 个，2012 年 619 个，2013 年 641 个，2014 年 712 个，2015 年 828 个，2016 年 982 个，2017 年 1187 个。会计师事务所分所数据来自中注协的行业信息公布网站。分所位置部分来自中国注册会计师协会行业信息公布网站，部分来自百度搜索。分所与家族企业之间的距离计算使用百度地图测量工具。家族企业融资类与其他社会身份数据来自 CSMAR 数据库中董事、监事和高管个人简历。事务所融资类社会资本数据来源于证监会网站上公布的历年的主板以及创业板发审委委员名单。审计师其他社会身份数据来自：①中国注册会计师协会网站；②知网数据库。为解决异常值对研究结果的影响，本书对模型中涉及的所有连续型变量进行了上下 1% 的缩尾处理。金融社会网络中心性的计算使用 Pajek 软件，其余数据分析使用 Stata17。

为控制其他因素对于因变量的潜在影响，本章使用逻辑回归以及多元回归的方法对假设进行检验。为了消除可能存在的异方差问题，回归模型使用 Robust 进行调整。此外，在所有回归分析中加入年度和行业固定虚拟变量。控制近似经济环境变化带来的固定效应。

二、变量定义

（一）被解释变量

使用财务报表重述作为财务报表质量的替代变量。包括财务报表重述（*Restate*）、上市公司财务报告的重述。包含四个变量：*Re_All* 等于年报、半年报、季度报告的财务重述的总次数；*Re_fin* 等于年报、半年报以及季度报告财务重述的总次数；*Re_Y* 为哑变量，如果年报进行重述，那么等于 1，否则为 0；*Y_Fin* 为哑变量，如果年报进行了财务重述，那么等于 1，否则为 0。

（二）解释变量

1. 事务所与家族企业融资类社会资本匹配度

家族企业融资类社会资本测度：如果家族企业的董监高（独立董事除外）在金融机构现任或曾经任职，那么家族企业拥有融资类社会资本，金融机构包括银行、证券机构、投资公司、金融公司、金融监管机构、基金公司、资产（本）管理公司、担保公司、担保公司以及小额贷款公司等。以企业为主体，参照 Crespí-Cladera 等（2015），计算家族企业金融背景的中间中心性（*Central_C*）以及接近中心性（*Central_B*），以家族企业在金融网络中的地位衡量家族企业的融资类社会资本。

社会网络理论认为，点的中间中心性是行动者对资源的控制程度，也就是一个点在多大程度上，位于图中其他"点对"的"中间"，如果一个点处于许多其他点对的捷径（最短的途径）上，那该点具有较高的中间中心度。假设点 j 和点 k 之间存在的捷径条数用 g_{jk} 来表示。点 j 和点 k 之间存在的经过第三点 i 的捷径数目 $g_{jk}(i)$ 来表示。第三点 i 能够控制住此两点的交往能力用 $b_{jk}(i)$ 来表示，则 $b_{jk}(i) = g_{jk}(i)/g_{jk}$。

$$Central\_B = \frac{2\sum_{j}^{n}\sum_{k}^{n}b_{jk}(i)}{(n^2 - 3n + 2)} \quad j \neq k \neq i，且 j < k \qquad (6-1)$$

接近中心性刻画的是行动者在多大程度上不受到其他人的控制。接近中心度是该点与网络中所有其他点的捷径距离之和。

$$Central\_C = \frac{\sum_{j=1}^{n} d_{ij}}{n-1} \qquad (6\text{-}2)$$

事务所的融资类社会资本测度：事务所中担任主板以及创业板发审委委员的人数，由于发审委委员只有在任时才能为事务所带来更多的客户，因此，只计算在任的主板以及创业板发审委委员的审计师数量。总所层面的数量为（Fsw_Z），分所层面的数量为（Fsw_F）。

家族企业融资类社会资本匹配度的测度：依据样本统计，事务所发审委社会资本 Fsw_Z 和 Fsw_F 的取值为 0、1、2。为此，将 $Central\_C$ 和 $Central\_B$ 按照三分位数分为三份，从小到大依次赋值为 0、1、2，定义为 $Central\_Ctri$ 和 $Central\_Btri$，那么分所层面家族企业融资类社会资本匹配度为：

$$MF\_Ncf = -|Central\_Ctri - Fsw\_F| \qquad (6\text{-}3)$$

$$MF\_Nbf = -|Central\_Btri - Fsw\_F| \qquad (6\text{-}4)$$

总所层面融资类社会资本匹配度为：

$$MF\_Ncz = -|Central\_Ctri - Fsw\_Z| \qquad (6\text{-}5)$$

$$MF\_Nbz = -|Central\_Btri - Fsw\_Z| \qquad (6\text{-}6)$$

2. 事务所与家族企业其他社会身份匹配度

家族企业其他社会身份测度：参照胡旭阳和吴一平（2016，2017），家族企业其他社会身份定义为家族企业董监高（独立董事除外）曾任或者现任重要社会身份的数量（$Zxrd\_C$）。

事务所其他社会身份测度：与家族企业类似，事务所其他社会身份定义为审计师曾任或者现任重要社会身份的数量。事务所其他社会身份分为总所层面（$Zxrd\_Z$）与分所层面（$Zxrd\_F$）的其他社会身份。

3. 家族企业与事务所其他社会身份匹配度的衡量

家族企业与事务所其他社会身份匹配度的衡量有两种方法：

一是将家族企业其他社会身份标准化，定义为 $Zxrd\_C\_sd$，将事务所其他社会身份标准化，分所层面定义为 $Zxrd\_F\_sd$，总所层面定义为 $Zxrd\_Z\_sd$。定义家族与事务所其他社会身份匹配度，分所层面与总所层面分别为：

$$MP\_lf = - \mid Zxrd\_C\_sd - Zxrd\_F\_sd \mid \qquad\qquad (6\text{-}7)$$

$$MP\_lz = - \mid Zxrd\_C\_sd - Zxrd\_Z\_sd \mid \qquad\qquad (6\text{-}8)$$

二是参照家族企业与事务所融资类社会资本匹配的计算办法，将家族企业其他社会身份按照三分位数划分为低、中、高三组，分别赋值为0、1、2，定义为 $Zxrd\_Ctri$。将事务所其他社会身份按照三分位数划分为低、中、高三组，分别赋值为0、1、2。分所层面定义为 $Zxrd\_Ftri$，总所层面定义为 $Zxrd\_Ztri$。家族企业与事务所其他社会身份匹配度分所层面与总所层面分别为：

$$MP\_xf = - \mid Zxrd\_Ctri - Zxrd\_Ftri \mid \qquad\qquad (6\text{-}9)$$

$$MP\_xz = - \mid Zxrd\_Ctri - Zxrd\_Ztri \mid \qquad\qquad (6\text{-}10)$$

（三）控制变量

参照 Sue 等（2013），在财务报表重述模型中控制公司特征，公司规模（$Size$），等于公司资产总额的自然对数；盈利能力（Ros），等于净利润除以营业收入；财务杠杆（Lev），等于负债总额除以资产总额；市账比（Mtb），等于企业市场价值与账面价值的比；是否亏损（$Loss$）；如果企业的净利润为负，那么为1，否则为0。现金约束（Neg_Cash），如果经营净现金流量为负，那么 Neg_Cash 等于1，否则为0。事务所规模（$Big10$），如果在审事务所为10大事务所则为1，否则为0。控制公司治理变量：独立董事比例（$Indep$），等于独立董事的数量除以董事会成员总数；董事会规模（$Board$），等于董事人数的自然对数。事务所特征：事务所任期（$Tenure$），等于事务所连续审计一个上市公司的年限；非"清洁"审计意见（$Opinion$），如果上市公司收到非"清洁"的审计意见则等于1，否则为0。此外，模型包括了年度和行业固定效应。

三、模型构建

参照 Sue 等（2013）构建财务报表重述模型（6-1），如果 $Restate$ 为连续变量，则使用多元线性回归模型，如果为哑变量，那么使用 logit 回归模型。

$$Restate = \gamma_0^0 + \gamma_1^0 Match\_SC + \gamma_2^0 Size + \gamma_3^0 Ros + \gamma_4^0 Lev + \gamma_5^0 Mtb + \gamma_6^0 Loss + \gamma_7^0 Neg\_Cash +$$
$$\gamma_8^0 Big10 + \gamma_9^0 Indep + \gamma_{10}^0 Board + \gamma_{11}^0 Tenure + \gamma_{12}^0 Opinion + Year + Id + \varepsilon^0$$

模型（6-1）

其中，$Restate$ 分别包含两个变量 Re_All、Re_fin；$Match\_SC$ 包含家族企业与事务所融资类社会资本匹配以及其他社会身份匹配度。其余变量定义如表6-1所示。

表 6-1　变量定义

变量名称	变量符号	变量定义
财务报表质量	Re_All	定期报告重述的次数，包括特定年份中年报，半年报，季度报告的重述次数
	Re_fin	定期报告财务重述的次数，包括特定年份中，年报、半年报以及季度报告财务重述的次数
	Re_Y	哑变量，年报重述为1，否则为0
	Y_Fin	哑变量，年报财务重述为1，否则为0
融资类社会资本匹配度（SC_Match）	MF_Ncf	等于$-\left\|Central\_Ctri-Fsw\_F\right\|$，$Central\_Ctri$ 为家族企业金融网络接近中心度，按照三分位数从低到高赋值为 0、1、2；Fsw_F 为分所层面其他社会身份的数量
	MF_Nbf	等于$-\left\|Central\_Btri-Fsw\_F\right\|$，$Central\_Ctri$ 为家族企业金融网络中间中心度，按照三分位数从低到高赋值为 0、1、2；Fsw_F 为分所层面其他社会身份的数量
	MF_Ncz	等于$-\left\|Central\_Ctri-Fsw\_Z\right\|$，$Central\_Ctri$ 为家族企业金融网络接近中心度，照三分位数从低到高赋值为 0、1、2；Fsw_Z 为分所层面其他社会身份的数量
	MF_Nbz	等于$-\left\|Central\_Btri-Fsw\_F\right\|$，$Central\_Ctri$ 为家族企业金融网络中间中心度，按照三分位数从低到高赋值为 0、1、2；Fsw_Z 为总所层面其他社会身份的数量
其他社会身份匹配度（SC_Match）	MP_lf	等于$-\left\|Zxrd\_C\_sd-Zxrd\_F\_sd\right\|$，$Zxrd\_C\_sd$ 为家族企业其他社会身份标准化后的值，$Zxrd\_F\_sd$ 为分所层面其他社会身份标准化后的值
	MP_lz	等于$-\left\|Zxrd\_C\_sd-Zxrd\_Z\_sd\right\|$，$Zxrd\_C\_sd$ 为家族企业其他社会身份标准化后的值，$Zxrd\_Z\_sd$ 为总所层面其他社会身份标准化后的值
	MP_xf	等于$-\left\|Zxrd\_Ctri-Zxrd\_Ftri\right\|$，$Zxrd\_Ctri$ 为家族企业其他社会身份，按照三分位数从低到高赋值为 0、1、2；$Zxrd\_Ftri$ 为分所层面其他社会身份，按照三分位数从低到高赋值为 0、1、2
	MP_xz	等于$-\left\|Zxrd\_Ctri-Zxrd\_Ztri\right\|$，$Zxrd\_Ctri$ 为家族企业其他社会身份，按照三分位数从低到高赋值为 0、1、2；$Zxrd\_Ztri$ 为总所层面其他社会身份，按照三分位数从低到高赋值为 0、1、2
地理距离	Distance	按照事务所到家族企业的距离 10 分位数将距离划分为 10 份，由近到远分别赋值为 0~9。如果是总所审计，那么计算总所到家族企业的距离；如果是分所审计，那么计算分所到家族企业的距离

变量名称	变量符号	变量定义
资产规模	*Size*	资产总额的自然对数
销售净利率	*Ros*	净利润除以销售总额
财务杠杆	*Lev*	负债总额除以资产总额
市账比	*Mtb*	企业市场价值与账面价值比
亏损	*Loss*	哑变量，如果净利润小于 0 则为 1，否则为 0
现金约束	*Neg_Cash*	哑变量，客户的经营净现金流量为负为 1，否则为 0
事务所规模	*Big10*	哑变量，如果事务所为前十大事务所则为 1，否则为 0 事务所排序按照中注协发布的事务所百强排名
独立董事	*Indep*	独立董事占据董事的比例
董事会规模	*Board*	董事会人数的自然对数
审计任期	*Tenure*	事务所连续审计该上市公司的年限
审计意见	*Opinion*	如果上市公司获得非清洁的审计意见则为 1，否则为 0
年份	*Year*	年份哑变量
行业	*Id*	行业哑变量

第四节　实证分析

一、描述性统计

表 6-2 展示了主要变量的描述性分析。*Re_All* 的均值为 0.303，表明 30.3%的财务报告发了重述。*Re_Fin* 的均值为 0.276，表明 27.6%的财务报告发生了财务重述。*Re_Y* 的均值为 0.127，说明平均而言，12.7%的年报发生进行了重述，其中，10.8%的年报发生了财务重述。*MF_Nbf* 的均值为-1.045，*MF_Ncf* 的均值为-1.379，*MF_Nbz* 的均值为-1.014，*MF_Ncz* 的均值为-1.333，*MP_lf* 的均值为-0.902，*MP_lzd* 的均值为-1.001，*MP_xf* 的均值为-1.100，*MP_xz* 的均值为-1.078，表明平均而言，我国家族上市公司社会资本比较匹配。上市家族企业的平均资产为 21 亿元（$e^{21.491}$），平均销售利润率（*Ros*）为 0.109。家族企业的负债占据资产的 33.1%。市场价值为账面价值的 2.931 倍。4%的家族企业出现

亏损。22.7%的家族企业经营现金流量为负值，这也体现我国 1/5 的家族企业可能面临着资金链断裂的风险。56.5%的企业由前十大事务所审计。独立董事（*Indep*）占据家族企业董事会的 37.8%。家族企业的董事会（*Board*）的成员平均数为 8 人。审计师的平均任期为 5.779 年。仅有 1.1%的家族企业收到了"清洁"的审计意见（*Opinion*）。

表 6-2　主要变量的描述性统计

变量	样本量	均值	中位数	P25	P75	标准差
Re_All	6129	0.303	0.000	0.000	0.000	0.653
Re_Fin	6129	0.276	0.000	0.000	0.000	0.630
Re_Y	6129	0.127	0.000	0.000	0.000	0.333
Y_Fin	6129	0.108	0.000	0.000	0.000	0.310
MF_Nbf	5317	-1.045	-1.000	-1.000	0.000	0.943
MF_Ncf	5317	-1.379	-1.000	-2.000	-1.000	0.984
MF_Nbz	5317	-1.014	-1.000	-1.000	0.000	0.931
MF_Ncz	5317	-1.333	-1.000	-2.000	-1.000	0.977
MP_lf	6129	-0.902	-1.000	-1.000	0.000	0.752
MP_lz	6129	-1.001	-1.000	-1.000	0.000	0.614
MP_xf	6129	-1.100	-1.029	-1.736	-0.385	0.877
MP_xz	6129	-1.078	-0.816	-1.544	-0.376	0.963
Size	6129	21.491	21.383	20.798	22.037	0.953
Ros	6129	0.109	0.098	0.047	0.158	0.100
Lev	6129	0.331	0.309	0.184	0.456	0.181
Mtb	6129	2.931	2.343	1.522	3.729	2.038
Loss	6129	0.040	0.000	0.000	0.000	0.195
Neg_cash	6129	0.227	0.000	0.000	0.000	0.419
*Big*10	6129	0.565	1.000	0.000	1.000	0.496
Indep	6129	0.378	0.364	0.333	0.429	0.053
Board	6129	2.086	2.197	1.946	2.197	0.181
Tenure	6129	5.779	5.000	3.000	8.000	3.353
Opinion	6129	0.011	0.000	0.000	0.000	0.103

表 6-3 展示了主要变量的相关系数。从相关系数表来看，*Re_All* 与融资类社会资本匹配度，与 *MF_Nbf*、*MF_Ncf*、*MF_Nbz*、*MF_Ncz* 相关系数显著为负，

表 6-3　主要变量的相关系数

	(1)	(2)	(3)	(4)	(5)	(6)	(7)	(8)	(9)	(10)	(11)	(12)	(13)	(14)	(15)	(16)	(17)	(18)	(19)
Re_All	1.000																		
Re_Fin	-0.965	1.000																	
MF_Nbf	-0.074	-0.075	1.000																
MF_Ncf	-0.063	-0.066	0.653	1.000															
MF_Nbz	-0.085	-0.086	0.949	0.608	1.000														
MF_Ncz	-0.074	-0.076	0.611	0.951	0.650	1.000													
MP_xf	-0.031	-0.027	0.032	0.012	0.034	0.018	1.000												
MP_lf	-0.020	-0.010	0.026	0.004	0.025	0.007	0.738	1.000											
MP_lz	-0.063	-0.059	0.077	0.089	0.077	0.095	0.518	0.685	1.000										
Size	0.039	0.032	0.091	0.086	0.099	0.094	0.017	0.092	0.091	1.000									
Ros	-0.025	-0.024	-0.050	-0.052	-0.037	-0.037	-0.008	-0.040	-0.046	-0.119	1.000								
Lev	0.019	0.021	0.076	0.059	0.072	0.055	0.006	0.046	0.068	0.508	-0.409	1.000							
Mtb	0.067	0.069	0.003	0.018	0.003	0.027	0.025	-0.052	-0.035	-0.416	0.324	-0.383	1.000						
Loss	0.030	0.031	0.041	0.044	0.030	0.031	-0.001	-0.001	0.009	-0.011	-0.487	0.112	-0.032	1.000					
Neg_cash	0.011	0.018	0.035	0.040	0.033	0.034	-0.029	-0.036	-0.012	0.028	-0.183	0.142	-0.113	0.104	1.000				
Big10	0.054	0.052	-0.129	-0.190	-0.058	-0.122	0.164	0.127	0.169	0.109	-0.021	0.063	0.021	0.015	-0.069	1.000			
Indep	0.023	0.025	-0.010	-0.019	-0.005	-0.009	0.006	-0.051	-0.003	-0.073	0.003	-0.024	0.098	0.036	0.006	0.003	1.000		
Board	-0.036	-0.040	0.016	0.006	0.013	-0.002	0.021	0.086	0.025	0.160	0.010	0.063	-0.130	-0.048	-0.015	-0.017	-0.643	1.000	
Tenure	0.042	0.034	0.020	0.019	0.040	0.037	0.072	0.124	0.109	0.290	-0.097	0.121	-0.042	0.035	-0.075	0.070	-0.021	0.030	1.000
Opinion	0.056	0.057	0.040	0.034	0.040	0.031	0.007	0.016	0.017	-0.004	-0.076	0.058	-0.007	0.133	0.042	-0.010	0.011	-0.006	-0.047

注：此为 Pearson 相关系数表。黑体数字表示至少在 10% 的水平下显著。

与其他社会身份匹配度，MP_xf 和 MP_lz 的相关系数显著为负。Re_Fin 与融资类社会资本匹配度，MF_Nbf、MF_Ncf、MF_Nbz、MF_Ncz 的相关系数显著为负，与其他社会身份匹配度，包括 MP_xf 和 MP_lz 的相关系数显著为负。这初步验证了假设 H1 和假设 H2。此外，模型中大多数变量之间的相关系数均小于0.4，可以排除模型中可能的多重共线性问题。

二、回归结果

表 6-4 展示了事务所与家族企业社会资本匹配度对财务报表重述的影响。因变量为 Re_All 时，MF_Ncf 的系数为 -0.024，在 5% 的水平下显著为负。MF_Nbf 的系数为 -0.030，在 5% 的水平下显著为负，表明融资类社会资本匹配度与财务重述负相关，与财务报表质量正相关。当因变量为 Re_Fin 时，MF_Ncf 的系数为 -0.028，在 5% 的水平下显著为负。MF_Nbf 的系数为 -0.034，在 1% 的水平下显著为负，表明融资类社会资本匹配度与财务报表质量呈正相关。此外，$Big10$ 与 Re_All 以及 Re_Fin 之间存在微弱的正相关关系，这说明家族企业选择部分大会计师事务所是为了其声誉机制，而并非因为其审计质量。$Tenure$ 与 Re_All 以及 Re_Fin 均显著呈负相关，说明任期越长的审计师对企业的审计经验越充分，企业的财务报表越不可能重述。$Opinion$ 与 Re_All 以及 Re_Fin 均显著正相关，说明收到非"清洁"审计意见的家族企业财务报表更可能重述。综上所述，在分所层面，家族企业与事务所社会资本越匹配，财务报表质量越高。

表 6-4　分所融资类社会资本匹配度与财报重述回归结果

变量	Re_All	Re_All	Re_Fin	Re_Fin
	(1)	(2)	(3)	(4)
MF_Ncf	-0.024^{**}		-0.028^{**}	
	(-2.02)		(-2.46)	
MF_Nbf		-0.030^{**}		-0.034^{***}
		(-2.52)		(-2.95)
$Size$	-0.017	-0.017	-0.023	-0.023
	(-1.01)	(-1.02)	(-1.45)	(-1.46)
Ros	-0.066	-0.070	0.004	-0.001
	(-0.44)	(-0.47)	(0.03)	(-0.01)
Lev	0.048	0.047	0.095	0.093
	(0.58)	(0.56)	(1.17)	(1.15)

续表

变量	Re_All	Re_All	Re_Fin	Re_Fin
	(1)	(2)	(3)	(4)
Mtb	0.004	0.004	0.004	0.004
	(0.50)	(0.48)	(0.60)	(0.58)
Loss	0.084	0.084	0.098	0.098
	(1.32)	(1.32)	(1.59)	(1.58)
Neg_cash	0.021	0.021	0.030	0.029
	(0.80)	(0.77)	(1.14)	(1.11)
Big10	0.043*	0.042*	0.038*	0.037
	(1.82)	(1.82)	(1.66)	(1.62)
Indep	−0.250	−0.262	−0.220	−0.234
	(−0.90)	(−0.94)	(−0.81)	(−0.86)
Board	−0.048	−0.053	−0.057	−0.063
	(−0.59)	(−0.66)	(−0.72)	(−0.79)
Tenure	−0.007*	−0.007*	−0.007*	−0.007*
	(−1.94)	(−1.92)	(−1.89)	(−1.87)
Opinion	0.315***	0.314***	0.328***	0.326***
	(3.15)	(3.14)	(3.37)	(3.35)
Cons	0.670	0.684	0.762*	0.779*
	(1.61)	(1.64)	(1.88)	(1.92)
行业/年份	控制	控制	控制	控制
adj. R^2	0.070	0.070	0.065	0.066
N	5317	5317	5317	5317

注：括号内为 t 值，*、**和***分别表示在10%、5%和1%的水平下显著。

表6-5展示了总所层面事务所与家族企业融资类社会资本匹配度对企业重述的影响。因变量为 Re_All 时，MF_Ncz 与 MF_Nbz 的系数均显著为负。这意味着融资类社会资本匹配度越高，财务报表重述越低，财务报表质量越好。当因变量为 Re_Fin 时，结果类似。综上所述，表6-4和表6-5验证了融资类社会资本匹配度与财务报表质量正相关。

表6-5　总所融资类社会资本匹配度与财报重述回归结果

变量	Re_All	Re_All	Re_Fin	Re_Fin
	(1)	(2)	(3)	(4)
MF_Ncz	−0.025**		−0.029**	
	(−2.10)		(−2.45)	

变量	Re_All	Re_All	Re_Fin	Re_Fin
	(1)	(2)	(3)	(4)
MF_Nbz		−0.035***		−0.038***
		(−2.61)		(−2.95)
Size	−0.016	−0.017	−0.023	−0.023
	(−1.01)	(−1.03)	(−1.46)	(−1.47)
Ros	−0.069	−0.074	−0.001	−0.007
	(−0.47)	(−0.50)	(−0.01)	(−0.05)
Lev	0.049	0.047	0.095	0.093
	(0.59)	(0.57)	(1.20)	(1.18)
Mtb	0.004	0.004	0.004	0.004
	(0.46)	(0.44)	(0.55)	(0.54)
Loss	0.085	0.084	0.099	0.098
	(1.20)	(1.18)	(1.42)	(1.41)
Neg_cash	0.021	0.020	0.029	0.028
	(0.78)	(0.73)	(1.11)	(1.06)
Big10	0.041*	0.040*	0.035	0.033
	(1.75)	(1.72)	(1.55)	(1.49)
Indep	−0.253	−0.265	−0.223	−0.238
	(−0.95)	(−1.00)	(−0.86)	(−0.92)
Board	−0.049	−0.055	−0.057	−0.065
	(−0.62)	(−0.70)	(−0.75)	(−0.84)
Tenure	−0.007**	−0.007**	−0.007**	−0.007**
	(−2.09)	(−2.08)	(−2.04)	(−2.03)
Opinion	0.315**	0.312**	0.328**	0.325**
	(2.36)	(2.33)	(2.50)	(2.47)
Cons	0.672*	0.689*	0.765**	0.785**
	(1.71)	(1.76)	(2.01)	(2.07)
行业/年份	控制	控制	控制	控制
adj. R^2	0.070	0.071	0.065	0.066
N	5317	5317	5317	5317

注：括号中为 t 值，*、**和***分别表示在10%、5%和1%的水平下显著。

表6-6中，展示了家族企业与事务所其他社会身份匹配对财务报表重述的影响。当因变量为 Re_All 时，总所层次的其他社会身份匹配 MP_xz 和 MP_lz 的系

数为 -0.034 和 -0.028，均在 1% 的水平下显著。这意味着家族企业与事务所的其他社会身份越匹配，财务重述的可能性越小，财务报表质量越高。当因变量为 Re_Fin 时，MP_xz 和 MP_lz 的系数也均显著为负，这验证了假设 H1。Neg_cash 的系数显著为正，说明企业经营现金流量紧缺，财务报表更可能重述，财务报表质量越差。Tenure 的系数显著为负，这意味着审计师任期越长，与企业信息不对称程度降低，因此，财务报表重述的次数也降低，财务报表质量提升。Opinion 显著为正，说明获得非"清洁"审计意见的报表更可能重述。当因变量为 Re_All 和 Re_Fin 时，分所层面其他社会身份匹配度 MP_xf 的系数在 10% 的水平下显著为负，这说明分所层面其他社会身份越匹配，财务报告质量越高。Size 系数显著为负，说明企业规模越大、越复杂，报表出错的可能性越大。Ros 系数显著为负，说明盈利能力越强，企业越不需要粉饰财务报表，因此重述的可能性降低。Mtb 系数显著为正，表明企业成长能力越强，越处于发展不稳定的阶段，因此财务报表越可能出错，越可能重述。Board 系数显著为负，表明董事会规模越大，对管理层的约束能力降低，增加了管理层通过操纵报表进行自利行为的可能性，因此，重述越多。Opinion 显著为正，表明收到非"清洁"意见的财务报表更可能重述。综上所述，表 6-6 的结果验证了假设 H2。

表 6-6 其他社会身份匹配度与财报重述回归结果

变量	Re_All	Re_All	Re_Fin	Re_Fin	Re_All	Re_Fin
	（1）	（2）	（3）	（4）	（5）	（6）
MP_xz	-0.034***		-0.034***			
	(-3.01)		(-3.06)			
MP_lz		-0.028***		-0.027***		
		(-2.99)		(-2.95)		
MP_xf					-0.024*	-0.021*
					(-1.91)	(-1.72)
Size	0.001	-0.001	-0.006	-0.007	0.058***	0.048***
	(0.04)	(-0.07)	(-0.44)	(-0.55)	(4.61)	(3.95)
Ros	-0.077	-0.080	-0.035	-0.038	-0.266**	-0.216*
	(-0.63)	(-0.66)	(-0.29)	(-0.32)	(-2.14)	(-1.78)
Lev	-0.009	-0.007	0.023	0.025	0.005	0.035
	(-0.13)	(-0.11)	(0.35)	(0.38)	(0.08)	(0.54)
Mtb	0.006	0.007	0.006	0.007	0.037***	0.035***
	(0.99)	(1.09)	(1.05)	(1.15)	(6.33)	(6.29)

续表

变量	Re_All	Re_All	Re_Fin	Re_Fin	Re_All	Re_Fin
	(1)	(2)	(3)	(4)	(5)	(6)
Loss	0.072	0.074	0.074	0.076	0.048	0.051
	(1.35)	(1.38)	(1.44)	(1.46)	(0.78)	(0.84)
Neg_cash	0.040*	0.040*	0.048**	0.047**	0.019	0.028
	(1.85)	(1.81)	(2.26)	(2.22)	(0.86)	(1.26)
Big10	0.023	0.025	0.020	0.022	0.040	0.038
	(1.22)	(1.32)	(1.11)	(1.22)	(1.01)	(1.01)
Indep	-0.109	-0.112	-0.075	-0.077	-0.305	-0.249
	(-0.50)	(-0.52)	(-0.35)	(-0.37)	(-1.45)	(-1.21)
Board	-0.008	-0.011	-0.022	-0.025	-0.162**	-0.161***
	(-0.12)	(-0.16)	(-0.35)	(-0.39)	(-2.54)	(-2.60)
Tenure	-0.008***	-0.008***	-0.008***	-0.008***	0.005**	0.004
	(-2.75)	(-2.83)	(-2.80)	(-2.88)	(2.01)	(1.59)
Opinion	0.280***	0.279***	0.295***	0.294***	0.328***	0.335***
	(3.23)	(3.22)	(3.51)	(3.49)	(2.65)	(2.78)
Cons	0.073	0.115	0.201	0.242	-0.741**	-0.560*
	(0.22)	(0.34)	(0.62)	(0.75)	(-2.41)	(-1.90)
行业/年份	控制	控制	控制	控制	未控制	未控制
adj. R^2	0.067	0.067	0.063	0.062	0.024	0.023
N	6129	6129	6129	6129	6129	6129

注：括号内为 t 值，*、** 和 *** 分别表示在 10%、5% 和 1% 的水平下显著。

第五节 稳健性检验

一、社会资本匹配度对财务重述的影响

使用财务报表重述的其他代理变量。Y_Fin 为年报是否进行重述，如果重述则为 1，否则为 0。Re_Y 为年报是否进行财务重述。观察融资类社会资本匹配度对于年报重述的影响。结果如表 6-7 所示。由表 6-7 的回归结果可知，当因变量为 Y_Fin 时，MF_Ncf 和 MF_Nbf 系数均显著为负。当因变量为 Re_Y 时，MF_Ncf 显著为负，MF_Nbf 不显著，但也为负值。从分所层面验证了假设 H1。

表 6-7　分所层面融资类社会资本匹配对年报重述回归结果

变量	Y_Fin		Re_Y	
	（1）	（2）	（3）	（4）
MF_Ncf	−0.110**		−0.084*	
	(−2.08)		(−1.68)	
MF_Nbf		−0.113**		−0.072
		(−2.15)		(−1.43)
Size	0.014	0.016	0.076	0.079
	(0.19)	(0.21)	(1.09)	(1.12)
Ros	−0.244	−0.263	−0.672	−0.686
	(−0.36)	(−0.38)	(−1.04)	(−1.06)
Lev	0.193	0.189	−0.261	−0.260
	(0.51)	(0.50)	(−0.73)	(−0.72)
Mtb	−0.010	−0.011	−0.014	−0.014
	(−0.30)	(−0.31)	(−0.43)	(−0.43)
Loss	0.572**	0.572**	0.435*	0.436*
	(2.20)	(2.19)	(1.73)	(1.73)
Neg_cash	0.118	0.112	0.082	0.079
	(0.96)	(0.91)	(0.70)	(0.67)
Big10	0.076	0.068	0.107	0.097
	(0.70)	(0.63)	(1.04)	(0.94)
Indep	−0.135	−0.179	−0.049	−0.085
	(−0.11)	(−0.14)	(−0.04)	(−0.07)
Board	−0.068	−0.086	0.091	0.078
	(−0.18)	(−0.23)	(0.26)	(0.22)
Tenure	−0.032*	−0.033**	−0.031**	−0.031**
	(−1.94)	(−1.97)	(−1.98)	(−2.02)
Opinion	1.261***	1.262***	1.115***	1.115***
	(3.79)	(3.80)	(3.38)	(3.39)
Cons	−2.013	−1.977	−3.234*	−3.204*
	(−1.03)	(−1.01)	(−1.78)	(−1.76)
行业/年份	控制	控制	控制	控制
adj. R^2	0.048	0.048	0.045	0.045
N	5317	5317	5317	5317

注：括号中为 z 值，*、**和***分别表示在10%、5%和1%的水平下显著。

表 6-8 是总所层面，融资类社会资本匹配度对财务重述的影响。结果显示，

当因变量为 Y_Fin 和 Re_Y 时，MF_Nbz 和 MF_Ncz 系数均显著为负。表 6-8 从总所层面验证了假设 H1。

表 6-8　总所融资类社会资本匹配度与年报重述回归结果

变量	Y_Fin		Re_Y	
	（1）	（2）	（3）	（4）
MF_Ncz	−0.119**		−0.098**	
	（−2.28）		（−2.04）	
MF_Nbz		−0.127**		−0.091*
		（−2.43）		（−1.86）
$Size$	0.014	0.015	0.076	0.078
	（0.19）	（0.21）	（1.10）	（1.13）
Ros	−0.250	−0.268	−0.675	−0.690
	（−0.35）	（−0.37）	（−1.00）	（−1.02）
Lev	0.193	0.185	−0.262	−0.264
	（0.51）	（0.49）	（−0.73）	（−0.73）
Mtb	−0.010	−0.011	−0.014	−0.014
	（−0.30）	（−0.33）	（−0.44）	（−0.44）
$Loss$	0.573**	0.573**	0.436*	0.436*
	（2.19）	（2.18）	（1.74）	（1.73）
Neg_cash	0.119	0.110	0.082	0.076
	（0.97）	（0.90）	（0.71）	（0.66）
$Big10$	0.069	0.063	0.104	0.095
	（0.63）	（0.58）	（1.02）	（0.94）
$Indep$	−0.145	−0.184	−0.053	−0.089
	（−0.11）	（−0.14）	（−0.04）	（−0.07）
$Board$	−0.070	−0.091	0.089	0.073
	（−0.18）	（−0.23）	（0.25）	（0.20）
$Tenure$	−0.032**	−0.033**	−0.031**	−0.031**
	（−1.99）	（−2.02）	（−2.01）	（−2.06）
$Opinion$	1.258***	1.259***	1.112***	1.113***
	（4.14）	（4.17）	（3.69）	（3.71）
$Cons$	−2.000	−1.949	−3.228*	−3.188*
	（−0.99）	（−0.97）	（−1.73）	（−1.70）
行业/年份	控制	控制	控制	控制
adj. R^2	0.049	0.049	0.046	0.046
N	5317	5317	5317	5317

注：括号中为 z 值，*、** 和 *** 分别表示在 10%、5% 和 1% 的水平下显著。

使用应计盈余质量作为财务报表质量的代理变量（Dechow 等，2010）。依据 Ghosh 和 Tang（2015），我们使用模型（6-2）检验家族企业财务报表质量。FRQ 表示盈余质量，包括 DD、DD_1、DA_1、DA_2，具体计算见附录五。

$$FRQ = \gamma_0^1 + \gamma_1^1 Match\_SC + \gamma_2^1 Size + \gamma_3^1 Lev + \gamma_4^1 Mtb + \gamma_5^1 Loss + \gamma_6^1 Growth +$$
$$\gamma_7^1 Neg\_Cash + Year + Id + \varepsilon \qquad\qquad 模型（6-2）$$

引入社会资本匹配 $Match\_SC$ 其他代理变量，MF_lf 和 MF_lz，定义如下：家族企业的融资类社会资本等于家族企业董监高（独立董事除外）拥有金融背景的数量（SCF_C），将其标准化为 SCF_Csd。事务所融资类社会资本为审计师在任主板以及创业板发审委委员的数量。总所层面的数量为（Fsw_Z），分所层面的数量为（Fsw_F）。分别将它们标准化为 Fsw_Z_sd 和 Fsw_F_sd。分所金融社会资本匹配度为：

$$MF\_lf = -|SCF\_Csd - Fsw\_F\_sd|$$
$$MF\_lz = -|SCF\_Csd - Fsw\_Z\_sd| \qquad\qquad (6-11)$$

表 6-9 显示了回归结果，在分所层面，当因变量为 DD 时，MF_lf 的系数显著为 -0.002，并在 5% 的水平下显著。MF_lf 值越大，融资类社会资本匹配度越高；DD 值小，财务报表质量越高。因此，融资类社会资本匹配度与财务报表质量正相关。即家族企业的融资类社会资本与事务所的融资类社会资本越匹配，则财务报表质量就越高。当因变量变为修正的 DD 模型、DD_1 以及使用 Jones 模型计算出的 DA_1 与修正琼斯模型计算出的 DA_2 时，MF_lf 的系数依然显著为负。这表明融资类社会资本越匹配，上市公司的财务报表质量就越高。

表 6-9　分所融资类社会资本匹配度与盈余质量回归结果

变量	DD	DD_1	DA_1	DA_2
	(1)	(2)	(3)	(4)
MF_lf	-0.002**	-0.005***	-0.002**	-0.002*
	(-2.03)	(-2.86)	(-2.33)	(-1.70)
$Size$	0.003**	0.010***	0.000	0.001
	(2.30)	(3.95)	(0.11)	(0.72)
$TobinQ$	0.001**	0.002**	0.004***	0.004***
	(2.07)	(2.18)	(4.07)	(3.78)
Lev	0.058***	0.082***	0.036***	0.044***
	(10.06)	(9.78)	(4.96)	(5.61)

续表

变量	DD	DD₁	DA₁	DA₂
	（1）	（2）	（3）	（4）
Growth	0.019***	0.025***	0.032***	0.030***
	（6.22）	（3.21）	（4.67）	（4.05）
Loss	0.001	0.002	0.014***	0.015***
	（0.23）	（0.45）	（2.67）	（2.94）
Neg_cash	0.008***	0.013***	0.050***	0.045***
	（3.72）	（2.96）	（17.73）	（14.61）
Cons	−0.002	−0.167***	0.028	0.006
	（−0.09）	（−3.06）	（0.86）	（0.15）
行业/年份	控制	控制	控制	控制
adj. R²	0.108	0.071	0.148	0.147
N	4027	4027	4909	4029

注：括号中为 t 值，＊、＊＊和＊＊＊分别表示在10%、5%和1%的水平下显著。

表6-10展示了总所层面融资类社会资本匹配度对家族企业财务报表质量的影响。可以看出 MF_lz 的系数均显著为负。这验证了家族企业与事务所融资类社会资本越匹配，财务报表质量越高。

表6-10　总所融资类社会资本匹配度与盈余质量回归结果

变量	DD	DD₁	DA₁	DA₂
	（1）	（2）	（3）	（4）
MF_lz	−0.002**	−0.006***	−0.003**	−0.002*
	（−2.26）	（−3.25）	（−2.53）	（−1.75）
Size	0.003**	0.010***	0.000	0.001
	（2.28）	（3.94）	（0.11）	（0.72）
TobinQ	0.001**	0.002**	0.004***	0.004***
	（2.04）	（2.14）	（4.05）	（3.76）
Lev	0.058***	0.081***	0.036***	0.044***
	（10.06）	（9.77）	（4.95）	（5.61）
Growth	0.019***	0.025***	0.032***	0.030***
	（6.20）	（3.20）	（4.67）	（4.05）
Loss	0.001	0.002	0.014***	0.015***
	（0.23）	（0.45）	（2.67）	（2.94）

续表

变量	DD	DD₁	DA₁	DA₂
	(1)	(2)	(3)	(4)
Neg_cash	0.008***	0.013***	0.050***	0.045***
	(3.71)	(2.94)	(17.75)	(14.63)
Cons	−0.002	−0.165***	0.029	0.006
	(−0.07)	(−3.04)	(0.88)	(0.17)
年份/行业	控制	控制	控制	控制
adj. R²	0.109	0.072	0.148	0.147
N	4027	4027	4909	4029

注：括号中为 t 值，*、** 和 *** 分别表示在 10%、5% 和 1% 的水平下显著。

表 6-11 展示了其他社会身份匹配对于家族财务报表质量的影响。当因变量为年度报表的财务重述（Y_Fin）时，MP_xz 和 MP_lz 的系数显著为负，这表明事务所与家族企业其他社会身份越匹配，财务重述越少，财务报表质量越强。即其他社会身份越匹配，财务报表质量越高。当因变量为年报的所有类型的重述（Re_Y）时，MP_xz 和 MP_lz 的系数显著为负，意味着在控制其他因素后，双边其他社会身份越匹配，事务所的财务报表质量越高。当因变量为 Re_Y 时，分所层面的其他社会身份匹配度 MP_xf 系数在 10% 的水平下显著为负。表明分所层面与总所层面结果一致。

表 6-11　其他替代变量：其他社会身份匹配度与年报重述回归结果

变量	Y_Fin		Re_Y		
	(1)	(2)	(3)	(4)	(5)
MP_xz	−0.165***		−0.132**		
	(−2.89)		(−2.47)		
MP_lz		−0.089**		−0.070*	
		(−2.00)		(−1.68)	
MP_xf					−0.092*
					(−1.69)
Size	0.021	0.015	0.084	0.080	0.321***
	(0.31)	(0.22)	(1.37)	(1.29)	(5.78)
Ros	−0.509	−0.521	−0.738	−0.746	−1.576***
	(−0.84)	(−0.86)	(−1.29)	(−1.30)	(−2.83)

变量	Y_Fin		Re_Y		
	(1)	(2)	(3)	(4)	(5)
Lev	0.162	0.186	-0.208	-0.188	0.011
	(0.49)	(0.56)	(-0.66)	(-0.60)	(0.04)
Mtb	0.001	0.004	-0.002	0.001	0.147***
	(0.03)	(0.14)	(-0.07)	(0.02)	(6.94)
Loss	0.327	0.335	0.271	0.276	0.173
	(1.37)	(1.40)	(1.19)	(1.21)	(0.78)
Neg_cash	0.069	0.068	0.045	0.044	-0.079
	(0.63)	(0.62)	(0.43)	(0.43)	(-0.79)
Big10	0.004	0.027	0.023	0.041	-0.104
	(0.04)	(0.28)	(0.26)	(0.46)	(-0.60)
Indep	0.293	0.268	0.193	0.174	-0.674
	(0.27)	(0.25)	(0.19)	(0.17)	(-0.69)
Board	-0.149	-0.164	0.024	0.011	-0.558**
	(-0.46)	(-0.51)	(0.08)	(0.04)	(-1.96)
Tenure	-0.034**	-0.035**	-0.031**	-0.031**	0.023*
	(-2.38)	(-2.41)	(-2.29)	(-2.31)	(1.87)
Opinion	1.268***	1.268***	1.109***	1.108***	1.237***
	(4.08)	(4.09)	(3.60)	(3.61)	(4.29)
Cons	-2.785	-2.564	-4.089***	-3.908**	-8.418***
	(-1.64)	(-1.51)	(-2.59)	(-2.48)	(-5.83)
行业/年份	控制	控制	控制	控制	控制
adj. R^2	0.080	0.079	0.080	0.079	0.030
N	6129	6129	6129	6129	6129

注：括号中为 z 值，*、**和***分别表示在10%、5%和1%的水平下显著。

二、社会资本匹配度对审计调整的影响

Lennox 等（2016）认为，审计调整是盈余质量的替代变量。与未审计调整的企业相比，在调整利润的企业中审计师的治理作用更强。所谓审计调整是指审计师对客户提供的财务报表审计后，要求客户就一些不符合会计准则及相关法规要求的账户金额进行调整。审计师对财务报表进行调整意味着其发现了客户财务系统潜在的问题（Wright 和 Wright，1997）。相比审计前的财务报表，审计调整后的财务报表盈余质量更高（Lennox 等，2016；Lennox 等，2018）。一方面，审

计师会直接通过调整，修正企业的财务年报，从而纠正其业绩，降低股东与管理层之间的信息不对称，从而更好地服务于企业经营和投资决策；另一方面，财务报表的调整信息也会传达给股东，股东可以依据这些信息直接反馈管理层的行为。

为此，预期双方社会资本匹配度与盈余调整概率呈正相关，双方社会资本匹配度与盈余调整幅度正相关。

引入审计师对盈余的调整变量。Ad_ornt 为哑变量，如果审计师进行了调整，等于1，否则等于0。如果审计师与上市公司进行博弈后，最终发生了审计调整，那么认为审计师较好地起到了治理作用。如果审计未调整，那么说明审计师的治理作用有限。Ad_up 为哑变量，如果审计上调则等于1，否则等于0。Ad_dir 为类别变量，如果审计下调则等于-1，不调则等于0，上调则等于1。Ad_mag 等于审计调整金额除以审计前盈余的绝对值，按照十分位数划分为10份，从小到大依次赋值为0~9。如果盈余调整幅度较大，那么说明审计师对家族企业起到了较好的治理作用；如果审计调整金额较低，那么认为审计师对家族企业的治理作用有限。

表6-12展示了回归结果。当因变量为 Ad_ornt 时，MF_Ncz 的系数为0.342，在1%的水平下显著。MF_Ncz 越大，事务所与家族企业融资类社会资本越匹配，越倾向于调整客户的利润。审计师对公司的治理作用越强。MF_Ncf 的系数为0.318，在1%的水平下显著。表明分所层面融资类社会资本越匹配，越可能对家族企业的财务报表进行调整，越可能起到治理作用。MF_xz 和 MF_xf 的系数显著均为正，均表明融资类社会资本越匹配，审计师越可能调整家族企业的财务报表，对公司起到一定的治理作用。当因变量为 Ad_mag 时，MF_Ncz 的系数为0.306，在1%的水平下显著为正。MF_Ncf 的系数为0.347，在1%的水平下显著。这说明在总所层次以及分所层次上，家族企业与事务所社会资本越匹配，事务所越可能大幅度调整家族企业的盈余，因此对家族企业的治理作用可能更强。

表6-12 融资类社会资本匹配度与审计调整回归结果

变量	Ad_ornt		Ad_mag		Ad_ornt	
	(1)	(2)	(3)	(4)	(5)	(6)
MF_Ncz	0.342*** (4.06)		0.306*** (2.67)			
MF_Ncf		0.318*** (3.71)		0.347*** (3.12)		

变量	Ad_ornt		Ad_mag		Ad_ornt	
	(1)	(2)	(3)	(4)	(5)	(6)
MF_xz					0.224***	
					(3.14)	
MF_xf						0.209***
						(2.99)
Size	-0.191	-0.189	-0.331*	-0.328*	-0.209*	-0.209*
	(-1.30)	(-1.28)	(-1.69)	(-1.68)	(-1.78)	(-1.79)
Ros	-2.692**	-2.432*	-6.985***	-7.239***	-2.386**	-2.500**
	(-2.04)	(-1.85)	(-3.79)	(-3.93)	(-2.25)	(-2.36)
Lev	-0.583	-0.582	-0.674	-0.685	-0.564	-0.580
	(-1.00)	(-1.00)	(-0.86)	(-0.88)	(-1.15)	(-1.19)
Ma	-0.350*	-0.371*	-0.501*	-0.481*	-0.257	-0.247
	(-1.72)	(-1.82)	(-1.73)	(-1.67)	(-1.57)	(-1.52)
Sub	0.158	0.158	0.340*	0.341*	0.113	0.110
	(1.25)	(1.25)	(1.95)	(1.96)	(1.10)	(1.08)
Board	0.902**	0.868*	1.499**	1.527**	0.850**	0.861**
	(1.99)	(1.92)	(2.42)	(2.46)	(2.30)	(2.33)
Bodmet	-0.278	-0.260	0.005	-0.009	-0.456**	-0.462**
	(-1.09)	(-1.02)	(0.02)	(-0.03)	(-2.19)	(-2.22)
Dual	0.055	0.055	-0.028	-0.032	0.057	0.053
	(0.35)	(0.35)	(-0.13)	(-0.15)	(0.45)	(0.41)
Big10	-0.419**	-0.357**	-0.518**	-0.594**	-0.251*	-0.283**
	(-2.41)	(-2.06)	(-2.18)	(-2.51)	(-1.79)	(-2.01)
Auditma	1.020***	0.988***	1.201***	1.240***	1.029***	1.062***
	(3.61)	(3.46)	(3.53)	(3.68)	(4.28)	(4.44)
Opinion	-1.435**	-1.487*	-1.977	-1.925	-1.144*	-1.137*
	(-1.99)	(-1.92)	(-1.56)	(-1.56)	(-1.68)	(-1.74)
Fee	0.022	-0.006	-0.065	-0.037	0.044	0.053
	(0.11)	(-0.03)	(-0.24)	(-0.13)	(0.26)	(0.32)
Analyst	0.025	-0.004	-0.034	-0.006	-0.007	0.006
	(0.08)	(-0.01)	(-0.09)	(-0.01)	(-0.03)	(0.03)
Tenure	0.035	0.040	0.025	0.018	0.020	0.017
	(0.81)	(0.93)	(0.45)	(0.33)	(0.59)	(0.51)
Leindex	0.645***	0.650***	0.798**	0.794**	0.696***	0.692***
	(2.79)	(2.84)	(2.30)	(2.28)	(3.95)	(3.93)

续表

变量	Ad_ornt		Ad_mag		Ad_ornt	
	(1)	(2)	(3)	(4)	(5)	(6)
Cons	1.953	2.107	7.914*	7.721*	2.599	2.542
	(0.65)	(0.70)	(1.89)	(1.85)	(1.10)	(1.08)
行业/年份	控制	控制	控制	控制	控制	控制
adj. R²	0.092	0.094	0.061	0.062	0.066	0.066
N	979	979	982	982	1400	1400

注：列（3）、列（4）括号内为 t 值，其余括号内为 z 值，*、**和***分别表示在10%、5%和1%水平下显著。

就控制变量而言，盈利能力（Ros）的系数显著为负，表明盈利能力越强的家族企业，不倾向于粉饰财务报表，因此，审计师更不倾向于大幅度的调整。企业并购（Ma）系数显著为负，表明并购的企业审计师不可能调整，更不可能大幅度的调整，这可能是企业并购时财务报表更受到资本市场关注，说明财务错报的可能性较低，为此审计师更不可能调整。董事会规模（Board）的系数显著为正，说明大规模董事会对管理层的制约作用降低，因此更可能操纵财务报表，审计师更可能发现并调整。Bodmet 为董事会会议次数，系数显著为负，这表明会议次数越多，公司内部治理越严格，财务报表错报的可能性降低，审计师对其调整也降低。事务所规模（Big10）的系数显著为负，表明十大事务所更不倾向于大幅度的调整，这可能是由于选择十大事务所审计的上市公司更注重自己的声誉。事务所并购（Auditma）系数显著为正，当事务所并购时，做大做强，审计质量提升，因此更可能对上市公司盈余进行调整。Leindex 的系数显著为正，这表明法制环境好的地区，审计师更可能较好地发挥治理作用。

综上所述，表6-12的结果显示，事务所与家族企业融资类社会资本越匹配，越可能对家族企业财务报表质量发挥治理作用。

表6-13展示了事务所与家族企业其他社会身份匹配度对审计治理作用的影响。当因变量为 Ad_ornt 时，MP_xz 的系数为 0.168，在 5%的水平下显著。MP_xz 越低，其他社会身份越匹配，则越可能调整。因此，审计师更可能发挥对家族企业的治理作用。进一步地，将审计调整划分为上调、下调与不调的组。以不调的组为对照组，使用多元逻辑回归模型后，发现在下调组中，MP_xz 的系数为 0.166，在 5%的水平下显著，说明其他社会身份越匹配，审计师越下调家族企业的利润。一般而言，企业更可能向上操纵利润，因此下调利润说明了审计师

的治理作用加强。在上调组中，MP_xz 系数并不显著，这意味着其他社会身份匹配并不会影响审计师上调利润的决策。

表6-13　其他社会身份匹配度与审计调整回归结果

变量	Ad_ornt	Ad_dir	
		下调	上调
	（1）	（2）	（3）
MP_xz	0.168**	0.166**	0.171
	(2.12)	(2.00)	(1.55)
Size	−0.245**	−0.272**	−0.148
	(−2.10)	(−2.23)	(−0.95)
Ros	−2.442**	−2.942***	−0.873
	(−2.32)	(−2.65)	(−0.61)
Lev	−0.615	−0.727	−0.334
	(−1.26)	(−1.43)	(−0.51)
Ma	−0.221	−0.219	−0.231
	(−1.35)	(−1.28)	(−1.01)
Sub	0.104	0.138	−0.009
	(1.01)	(1.28)	(−0.06)
Board	0.719**	0.532	1.323***
	(1.97)	(1.40)	(2.63)
Bodmet	−0.473**	−0.453**	−0.514*
	(−2.27)	(−2.08)	(−1.87)
Dual	0.035	0.019	0.078
	(0.27)	(0.14)	(0.45)
Big10	−0.208	−0.277*	−0.004
	(−1.49)	(−1.89)	(−0.02)
Auditma	1.073***	1.136***	0.897***
	(4.48)	(4.61)	(2.92)
Opinion	−1.215*	−0.941	−14.806***
	(−1.82)	(−1.42)	(−28.74)
Fee	0.104	0.169	−0.102
	(0.62)	(0.96)	(−0.46)
Analyst	0.015	0.142	−0.321
	(0.06)	(0.57)	(−1.06)
Tenure	0.030	0.034	0.019
	(0.90)	(0.98)	(0.42)

续表

变量	Ad_ornt	Ad_dir	
		下调	上调
	（1）	（2）	（3）
Leindex	0.650***	0.537***	1.045***
	(3.70)	(2.92)	(3.70)
Cons	2.802	2.660	0.409
	(1.18)	(1.07)	(0.12)
行业/年份	控制	控制	
adj. R^2	0.052	0.063	
N	1400	1400	

注：括号中为 z 值，*、**和***分别表示在10%、5%和1%的水平下显著。

表6-14展示了事务所与家族企业融资类社会资本匹配对审计治理作用的影响。因变量为替换为 Ad_maga 时，Ad_maga 为审计调整金额除以资产总额的绝对值，按照十分位数划分为从低到高10组，分别赋值为 $1\sim10$。MF_Ncz 和 MF_Ncf 的系数显著为正，表明融资类社会资本越匹配，调整越多。说明越匹配的融资类社会资本会提升审计师对家族企业的治理作用。此外，保持因变量不变，将自变量换为 MF_xz 和 MF_xf，系数依然显著为正。使用替代变量后，结果依然显著。

表6-14 融资类社会资本匹配度与审计调整回归结果

变量	Ad_maga		Ad_mag	
	（1）	（2）	（3）	（4）
MF_Ncz		0.321***		
		(2.82)		
MF_Ncf	0.297**			
	(2.54)			
MF_xz			0.177*	
			(1.75)	
MF_xf				0.172*
				(1.75)
Size	-0.447**	-0.444**	-0.433***	-0.433***
	(-2.27)	(-2.25)	(-2.77)	(-2.77)

续表

变量	Ad_maga		Ad_mag	
	(1)	(2)	(3)	(4)
Ros	-2.481	-2.702	-7.687***	-7.777***
	(-1.32)	(-1.44)	(-5.21)	(-5.26)
Lev	-0.739	-0.741	-0.150	-0.159
	(-0.95)	(-0.95)	(-0.23)	(-0.24)
Ma	-0.582**	-0.564*	-0.280	-0.273
	(-2.01)	(-1.95)	(-1.16)	(-1.14)
Sub	0.414**	0.414**	0.299**	0.297**
	(2.35)	(2.36)	(2.08)	(2.07)
Board	1.556**	1.579**	1.051**	1.065**
	(2.52)	(2.56)	(2.04)	(2.07)
Bodmet	-0.061	-0.075	-0.312	-0.316
	(-0.18)	(-0.22)	(-1.13)	(-1.15)
Dual	-0.087	-0.091	0.056	0.051
	(-0.41)	(-0.43)	(0.32)	(0.29)
Big10	-0.534**	-0.604**	-0.286	-0.319
	(-2.22)	(-2.51)	(-1.45)	(-1.61)
Auditma	1.236***	1.278***	1.210***	1.238***
	(3.60)	(3.75)	(4.22)	(4.34)
Opinion	-1.790	-1.745	-1.437	-1.430
	(-1.40)	(-1.40)	(-1.37)	(-1.38)
Fee	0.156	0.181	0.165	0.172
	(0.56)	(0.64)	(0.75)	(0.78)
Analyst	0.012	0.038	0.170	0.181
	(0.03)	(0.10)	(0.53)	(0.57)
Tenure	0.032	0.026	0.028	0.025
	(0.57)	(0.46)	(0.59)	(0.53)
Leindex	0.894***	0.891**	0.746***	0.746***
	(2.59)	(2.58)	(2.80)	(2.79)
Cons	7.155*	6.972	8.342**	8.299**
	(1.67)	(1.63)	(2.56)	(2.55)
行业/年份	控制	控制	控制	控制
adj. R^2	0.061	0.062	0.069	0.069
N	1400	1400	1400	1400

注：括号内为 t 值，*、**和***分别表示在10%、5%和1%的水平下显著。

表6-15将审计调整方向进行细化，以审计不调整为对照组，使用多元逻辑回归模型回归审计调整方向的影响。当自变量为 *MF_ Ncf* 时，在下调组中，*MF_Ncf* 系数显著为正。表明融资类社会资本越匹配，与不调样本相比，盈余更可能下调。在上调组中，*MF_ Ncf* 系数显著为正，表明融资类社会资本越匹配，与不调样本相比，盈余更可能被上调。当自变量为 *MF_ Ncz* 时，在上调组与下调组中，系数均显著为正，这与上面结果一致。

表 6-15　融资类社会资本与审计调整类别变量回归结果

变量	Ad_ dir			
	下调组	上调组	下调组	上调组
	(1)	(2)	(3)	(4)
MF_ Ncf	0.306***	0.468***		
	(3.52)	(3.84)		
MF_ Ncz			0.289***	0.420***
			(3.24)	(3.56)
Size	-0.274*	0.101	-0.272*	0.098
	(-1.79)	(0.50)	(-1.78)	(0.49)
Ros	-3.148**	-1.059	-2.916**	-0.729
	(-2.26)	(-0.61)	(-2.09)	(-0.42)
Lev	-0.749	-0.092	-0.754	-0.081
	(-1.24)	(-0.12)	(-1.24)	(-0.10)
Ma	-0.472**	-0.002	-0.490**	-0.035
	(-2.19)	(-0.01)	(-2.26)	(-0.12)
Sub	0.216	-0.049	0.217	-0.045
	(1.64)	(-0.28)	(1.64)	(-0.26)
Board	0.704	1.646**	0.675	1.583**
	(1.49)	(2.47)	(1.43)	(2.39)
Bodmet	-0.221	-0.448	-0.205	-0.427
	(-0.83)	(-1.28)	(-0.77)	(-1.23)
Dual	0.005	0.201	0.003	0.203
	(0.03)	(0.96)	(0.02)	(0.97)
*Big*10	-0.489***	-0.206	-0.437**	-0.117
	(-2.68)	(-0.87)	(-2.41)	(-0.50)
Auditma	1.106***	0.801**	1.078***	0.750**
	(3.78)	(2.20)	(3.65)	(2.04)
Opinion	-1.171	-15.041***	-1.216	-14.252***
	(-1.60)	(-28.18)	(-1.57)	(-24.27)

续表

变量	Ad_dir			
	下调组	上调组	下调组	上调组
	（1）	（2）	（3）	（4）
Fee	0.135	−0.364	0.110	−0.399
	(0.62)	(−1.34)	(0.51)	(−1.48)
Analyst	0.152	−0.348	0.127	−0.393
	(0.48)	(−0.91)	(0.40)	(−1.03)
Tenure	0.038	0.028	0.043	0.037
	(0.84)	(0.49)	(0.94)	(0.65)
Leindex	0.562**	0.952**	0.568**	0.954***
	(2.34)	(2.55)	(2.37)	(2.59)
Cons	2.380	−15.038***	2.516	−13.892***
	(0.76)	(−3.74)	(0.80)	(−3.46)
行业/年份	控制		控制	
adj. R²	0.074		0.072	
N	982		982	

注：括号中为 z 值，*、**和***分别表示在10%、5%和1%的水平下显著。

三、社会资本存量对匹配治理效应的影响

家族企业与事务所融资类社会资本匹配度对于财务报表质量的影响可能是由于单一方面的社会资本占据主导作用引起的。为此，在模型中分别控制家族企业的融资类社会资本和事务所的融资类社会资本。

回归结果如表6-16所示。列（1）与列（2）展示了分所层面的影响。当因变量为 Re_All 时，MF_Nbf 的系数显著为负，这与前面的结论一致。家族企业金融资本 Central_B 并不显著，这意味着家族企业的融资类社会资本本身并不会对财务报表质量产生影响。分所融资类社会资本 Fsw_F 的系数显著为负，这说明分所融资类社会资本会显著地降低企业财务重述的次数，提升财务报表的质量。当家族企业的融资类社会资本与分所的融资类社会资本越匹配时，审计治理作用越强。当因变量为 Re_Fin 时，MF_Nbf 的系数依然显著为负，这与前面的结果一致。家族企业融资类社会资本 Central_B 并不显著，说明家族企业融资类社会资本对于财务报表的质量并没有显著的影响。分所融资类社会资本 Fsw_F 的系数为−0.037，在1%的水平下显著为负。这意味着分所融资类社会资本能显著地提升财务报表质量。

列（3）与列（4）展示了总所层面的影响。当因变量为 Re_All 时，MF_Nbz 的系数显著为负。这与前面结论一致。家族企业融资类社会资本 $Central\_B$ 并不显著。总所的融资类社会资本 Fsw_Z 系数显著为负。当因变量为 Re_Fin 时，结果类似。

综上所述，由表6-16可知，在控制了家族企业与事务所融资类社会资本存量时，家族企业与事务所社会资本的匹配依然会提升财务报表的质量。事务所分所与总所层面的融资类社会资本能显著提升家族企业的财务报表质量，这种效果在家族企业与事务所社会资本匹配时效果达到最大值。为此，双方社会资本匹配提升了审计师对家族企业的治理作用。

表6-16 融资类社会资本对匹配治理效应影响回归结果

变量	Re_All	Re_Fin	Re_All	Re_Fin
	（1）	（2）	（3）	（4）
MF_Nbf	-0.027*	-0.030**		
	(-1.75)	(-1.99)		
MF_Nbz			-0.032**	-0.035**
			(-2.23)	(-2.52)
$Central\_B$	-0.015	-0.013	-0.017	-0.014
	(-1.43)	(-1.21)	(-1.35)	(-1.17)
Fsw_F	-0.038***	-0.037***		
	(-3.15)	(-3.18)		
Fsw_Z			-0.038***	-0.036***
			(-2.96)	(-2.85)
$Size$	-0.017	-0.024	-0.017	-0.023
	(-1.08)	(-1.53)	(-1.04)	(-1.47)
Ros	-0.045	0.022	-0.061	0.005
	(-0.31)	(0.15)	(-0.42)	(0.04)
Lev	0.051	0.097	0.051	0.097
	(0.63)	(1.23)	(0.62)	(1.20)
Mtb	0.003	0.004	0.003	0.004
	(0.40)	(0.49)	(0.43)	(0.53)
$Loss$	0.084	0.098	0.085	0.099
	(1.18)	(1.40)	(1.34)	(1.61)
Neg_cash	0.018	0.027	0.017	0.025
	(0.68)	(1.01)	(0.63)	(0.97)

续表

变量	Re_All	Re_Fin	Re_All	Re_Fin
	(1)	(2)	(3)	(4)
Big10	0.069***	0.062**	0.060**	0.052**
	(2.67)	(2.48)	(2.48)	(2.23)
Indep	−0.312	−0.280	−0.327	−0.293
	(−1.17)	(−1.08)	(−1.17)	(−1.08)
Board	−0.049	−0.058	−0.053	−0.062
	(−0.63)	(−0.76)	(−0.65)	(−0.79)
Tenure	−0.007**	−0.007**	−0.007*	−0.007*
	(−2.06)	(−2.00)	(−1.92)	(−1.86)
Opinion	0.322**	0.334**	0.320***	0.332***
	(2.42)	(2.56)	(3.20)	(3.41)
Cons	0.708*	0.799**	0.724*	0.815**
	(1.80)	(2.10)	(1.74)	(2.01)
行业/年份	控制	控制	控制	控制
adj. R^2	0.072	0.068	0.073	0.068
N	5317	5317	5317	5317

注：括号内为 t 值，*、**和***分别表示在10%、5%和1%的水平下显著。

同样的，将家族企业其他社会身份与事务所其他社会身份在模型中进行控制。回归结果如表6-17所示。当因变量为 Re_All 时，其他社会身份匹配度 MP_lz 的系数显著为负。这与前面结果一致。总所层面其他社会身份 Zxrd_Z_sd 系数并不显著，这意味着总所层面的其他社会身份并不能有效地降低企业财务报表重述的可能性。家族企业其他社会身份 Zxrd_C_sd 的系数显著为负，这说明其他社会身份高的家族企业财务报表质量更高，这可能是因为拥有其他社会身份的家族企业能更好地实行我国核心价值观，而且，声誉机制导致的违规成本较高，家族企业更加不愿意造假。MP_lf 的系数显著为负，与前文结论一致。分所层面的其他社会身份 Zxrd_F_sd 显著为负，这说明分所层次的其他社会身份匹配度能显著降低财务重述的可能性。家族企业其他社会身份 Zxrd_C_sd 系数显著为负，这说明家族企业其他社会身份能显著地降低财务报表重述的可能性。但是这两者对于财务报表重述的抑制作用在两者匹配时达到最大。当因变量为 Re_Fin 时，结果与前面一致。这再次验证了事务所与家族企业双方社会资本匹配提升审计治理作用。

表6-17　其他社会身份对匹配治理效应影响回归结果

变量	Re_All		Re_Fin	
	(1)	(2)	(3)	(4)
MP_lz	-0.040***		-0.044***	
	(-3.00)		(-3.70)	
MP_lf		-0.023*		-0.020*
		(-1.93)		(-1.66)
Zxrd_Z_sd	0.013		0.009	
	(0.93)		(0.74)	
Zxrd_F_sd		-0.030***		-0.025**
		(-2.89)		(-2.38)
Zxrd_C_sd	-0.030**	-0.022**	-0.039***	-0.026**
	(-2.51)	(-2.07)	(-3.63)	(-2.57)
Size	0.004	-0.000	-0.002	-0.005
	(0.27)	(-0.01)	(-0.14)	(-0.41)
Ros	-0.110	-0.090	-0.071	-0.052
	(-0.89)	(-0.73)	(-0.60)	(-0.44)
Lev	-0.016	-0.006	0.014	0.025
	(-0.24)	(-0.09)	(0.22)	(0.39)
Mtb	0.007	0.006	0.007	0.006
	(0.98)	(0.90)	(1.12)	(1.03)
Loss	0.068	0.069	0.069	0.070
	(1.14)	(1.14)	(1.35)	(1.36)
Neg_cash	0.038*	0.038*	0.045**	0.045**
	(1.70)	(1.70)	(2.13)	(2.14)
Big10	0.008	0.057***	0.008	0.050**
	(0.35)	(2.80)	(0.36)	(2.45)
Indep	-0.130	-0.110	-0.101	-0.077
	(-0.63)	(-0.53)	(-0.48)	(-0.36)
Board	-0.008	0.002	-0.021	-0.012
	(-0.12)	(0.03)	(-0.33)	(-0.19)
Tenure	-0.008***	-0.007**	-0.008***	-0.007**
	(-2.85)	(-2.55)	(-2.65)	(-2.39)
Opinion	0.279**	0.285**	0.294***	0.300***
	(2.42)	(2.46)	(3.50)	(3.56)
Cons	0.036	0.048	0.142	0.169
	(0.11)	(0.15)	(0.44)	(0.52)
行业/年份	控制	控制	控制	控制

续表

变量	Re_All		Re_Fin	
	（1）	（2）	（3）	（4）
adj. R²	0.068	0.067	0.065	0.063
N	6129	6129	6129	6129

注：括号内为 t 值，*、**和***分别表示在10%、5%和1%的水平下显著。

四、双边社会资本分组匹配与财务报表质量

前文探究事务所与家族企业社会资本匹配度对财务报表质量的影响机理，主要通过分析四种极端的匹配状态下的财务报表质量进行路径检验，包括社会资本高的事务所审计社会资本高的家族企业，社会资本低的事务所审计社会资本低的家族企业；社会资本高的事务所审计社会资本低的家族企业，社会资本低的事务所审计社会资本高的家族企业。为此，本书引入类别变量进行路径检验。将双方融资类/其他社会身份按照三分位数划分为低、中、高三组，那么事务所与家族企业社会资本两两组合会出现9种情况。表6-18展示了事务所与家族企业社会资本的联合分布情况。

表6-18　事务所与家族企业社会资本（融资类与其他社会身份）联合分布

		事务所融资类社会资本（分所）			
		低	中	高	总计
家族企业融资类社会资本	低	1243	1179	419	2841
	中	619	632	205	1456
	高	858	695	279	1832
	总计	2720	2506	903	6129
		事务所其他社会身份（分所）			
		低	中	高	总计
家族企业其他社会身份	低	1396	1103	342	2841
	中	678	607	171	1456
	高	929	674	229	1832
	总计	3003	2384	742	6129

引入类别变量 *JF_low*、*JF_Clow*、*JF_Alow*、*JF_high*，如果家族企业与事务所分所融资类社会资本均低，那么 *JF_low* 等于 1，否则为 0；如果家族企业融资类社会资本低，事务所的融资类社会资本高，那么 *JF_Clow* 等于 1，否则为 0；如果家族企业融资类社会资本高，事务所融资类社会资本低，那么 *JF_Alow* 等于 1，否则为 0；如果双方融资类社会资本均高则 *JF_high* 为 1，否则为 0。回归结果显示（见表 6-19），当因变量为财务报表重述、*Re_All*、*Re_fin*、*Re_Y*、*Y_Fin* 时，*JF_Alow* 的系数显著为正，表明融资类社会资本低的审计师审计融资类社会资本高的家族企业时，其财务报表更可能重述，财务报表质量更差。表明家族企业与事务所融资类社会资本越不匹配，财务报表质量越差。当因变量为 DD_1 时，*JF_low* 的系数显著为正，表明双方社会资本都低时，其比不匹配时财务报表质量更差然而 *JF_Alow* 的系数显著为正，且系数远大于 *JF_low* 的系数，因此，综上所述，双方社会资本匹配时财务报表质量更高。

表 6-19　分所层面融资类社会资本匹配类别变量与财报质量回归结果

变量	Re_All	Re_fin	Re_Y	Y_Fin	DD₁
	(1)	(2)	(3)	(4)	(5)
JF_low	0.035	0.035	-0.030	-0.005	0.004*
	(1.51)	(1.58)	(-0.29)	(-0.05)	(1.84)
JF_Clow	-0.043	-0.035	-0.286	-0.216	-0.003
	(-1.53)	(-1.29)	(-1.26)	(-0.86)	(-0.83)
JF_Alow	0.092***	0.105***	0.217**	0.368***	0.009*
	(2.93)	(3.43)	(1.99)	(3.26)	(1.95)
JF_high	-0.038	-0.031	-0.389	-0.426	-0.001
	(-0.95)	(-0.80)	(-1.49)	(-1.43)	(-0.30)
Size	0.001	-0.006	0.089	0.019	-0.003
	(0.09)	(-0.48)	(1.45)	(0.29)	(-1.61)
Ros	-0.078	-0.035	-0.737	-0.531	0.077***
	(-0.63)	(-0.29)	(-1.24)	(-0.83)	(3.05)
Lev	-0.003	0.027	-0.200	0.144	0.069***
	(-0.04)	(0.42)	(-0.65)	(0.44)	(9.08)
Mtb	0.007	0.007	-0.000	0.002	-0.000
	(1.07)	(1.09)	(-0.01)	(0.06)	(-0.37)
Loss	0.071	0.072	0.267	0.314	0.017***
	(1.19)	(1.24)	(1.18)	(1.32)	(2.63)

续表

变量	Re_All	Re_fin	Re_Y	Y_Fin	DD$_1$
	(1)	(2)	(3)	(4)	(5)
Neg_cash	0.033	0.041*	0.026	0.051	0.007**
	(1.49)	(1.89)	(0.25)	(0.47)	(2.21)
Big10	−0.017	0.004	−0.380**	−0.280	−0.006
	(−0.42)	(0.10)	(−2.15)	(−1.46)	(−1.22)
Indep	−0.122	−0.083	0.293	0.430	−0.037*
	(−0.59)	(−0.41)	(0.29)	(0.40)	(−1.90)
Board	−0.008	−0.023	0.029	−0.147	−0.002
	(−0.13)	(−0.37)	(0.10)	(−0.44)	(−0.38)
Tenure	−0.007***	−0.007***	−0.025*	−0.027**	−0.001**
	(−2.71)	(−2.74)	(−1.90)	(−1.96)	(−2.38)
Opinion	0.276**	0.288**	1.136***	1.283***	−0.003
	(2.36)	(2.51)	(4.05)	(4.53)	(−0.46)
Cons	0.055	0.204	−4.188**	−2.757	0.143***
	(0.17)	(0.67)	(−2.55)	(−1.57)	(3.01)
行业/年份	控制	控制	控制	控制	控制
adj. R^2	0.067	0.063	0.058	0.054	0.490
N	6129	6129	6129	6129	4024

注：列（3）、列（4）括号内为 z 值，其余为 t 值，*、**和***分别表示在 10%、5%和 1%的水平下显著。

引入总所层面类别变量匹配度 JZ_low、JZ_Clow、JZ_Alow、JZ_high，如果家族企业与事务所总所社会资本均低，那么 JZ_low 等于 1，否则为 0；如果家族企业融资类社会资本低，事务所总所的融资类社会资本高，那么 JZ_Clow 等于 1，否则为 0；如果家族企业融资类社会资本高，事务所融资类社会资本低则 JZ_Alow 等于 1，否则为 0；如果双方融资类社会资本均高则 JZ_high 为 1，否则为 0。回归结果显示（见表 6-20），当因变量为财务报表重述、Re_All、Re_fin、Re_Y、Y_Fin 时，JF_Alow 的系数显著为正，当融资类社会资本低的事务所审计融资类社会资本高的家族企业时，其财务报表更容易重述，财务报表质量更差。表明家族企业与事务所融资类社会资本越不匹配，财务报表质量越差。当因变量为 Re_All、Re_fin 以及 DD$_1$ 时，JZ_low 的系数为正，但系数和显著性水平均远小于 JZ_Alow。这导致就整体而言，双方社会资本不匹配会降低企业的财务报表质量。综上所述，双方融资类社会资本匹配时财务报表质量更高。

表 6-20　总所层面融资类社会资本匹配类别变量与财报质量回归结果

变量	Re_All	Re_fin	Re_Y	Y_Fin	DD₁
	(1)	(2)	(3)	(4)	(5)
JZ_low	0.047 *	0.042 *	0.048	0.070	0.004 *
	(1.95)	(1.81)	(0.46)	(0.62)	(1.84)
JZ_Clow	−0.001	0.004	−0.279	−0.199	−0.001
	(−0.03)	(0.15)	(−1.26)	(−0.82)	(−0.42)
JZ_Alow	0.107 ***	0.120 ***	0.276 **	0.431 ***	0.008 *
	(3.21)	(3.69)	(2.50)	(3.76)	(1.72)
JZ_high	−0.038	−0.030	−0.346	−0.344	−0.000
	(−1.08)	(−0.89)	(−1.39)	(−1.22)	(−0.09)
Size	0.001	−0.006	0.092	0.022	−0.003
	(0.10)	(−0.48)	(1.50)	(0.33)	(−1.62)
Ros	−0.078	−0.037	−0.733	−0.531	0.077 ***
	(−0.64)	(−0.31)	(−1.23)	(−0.83)	(3.06)
Lev	−0.002	0.026	−0.195	0.148	0.069 ***
	(−0.04)	(0.41)	(−0.63)	(0.45)	(9.03)
Mtb	0.007	0.007	0.001	0.002	−0.000
	(1.07)	(1.09)	(0.03)	(0.08)	(−0.42)
Loss	0.072	0.073	0.270	0.317	0.017 ***
	(1.19)	(1.25)	(1.20)	(1.34)	(2.65)
Neg_cash	0.034	0.042 *	0.027	0.053	0.007 **
	(1.53)	(1.94)	(0.26)	(0.48)	(2.21)
Big10	−0.018	0.003	−0.397 **	−0.296	−0.006
	(−0.45)	(0.07)	(−2.24)	(−1.54)	(−1.22)
Indep	−0.127	−0.084	0.234	0.380	−0.038 *
	(−0.62)	(−0.42)	(0.23)	(0.35)	(−1.92)
Board	−0.008	−0.022	0.029	−0.147	−0.002
	(−0.12)	(−0.36)	(0.09)	(−0.45)	(−0.40)
Tenure	−0.007 ***	−0.007 ***	−0.025 *	−0.027 **	−0.001 **
	(−2.75)	(−2.77)	(−1.89)	(−1.97)	(−2.41)
Opinion	0.277 **	0.289 **	1.135 ***	1.280 ***	−0.003
	(2.36)	(2.52)	(4.06)	(4.54)	(−0.43)
Cons	0.063	0.218	−4.255 ***	−2.798	0.114 ***
	(0.20)	(0.72)	(−2.60)	(−1.60)	(3.03)
行业/年份	控制	控制	控制	控制	控制

续表

变量	Re_All	Re_fin	Re_Y	Y_Fin	DD₁
	(1)	(2)	(3)	(4)	(5)
adj. R²	0.067	0.064	0.331	0.257	0.489
N	6129	6129	6129	6129	4024

注：列（3）、列（4）括号内为 z 值，其余括号内为 t 值，* 、* * 和 * * * 分别表示在 10%、5% 和 1% 的水平下显著。

引入分所层面双方其他社会身份匹配类别变量 PF_low、PF_Clow、PF_Alow、PF_high，如果家族企业与事务所分所社会资本均低，那么 PF_low 等于 1，否则为 0；如果家族企业的其他社会身份低，事务所分所的其他社会身份高，那么 PF_Clow 等于 1，否则为 0；如果家族企业的其他社会身份高，事务所分所的其他社会身份低则 PF_Alow 等于 1，否则为 0；如果双方的其他社会身份均高则 PF_high 为 1，否则为 0。回归结果显示（见表 6-21），当因变量为财务报表重述、Re_All 和 Re_fin 时，PF_Clow 的系数显著为正，这验证了推理逻辑，其他社会身份高的事务所审计其他社会身份低的家族企业时，财务报表的质量更差。当因变量为 Re_Y 时，PF_high 显著为负，说明双方高的其他社会身份抑制了财务报表的重述，提升了财务报表质量。当因变量为 DA₁ 时，PF_Clow 与 PF_Alow 的系数显著为正，这意味着在双方社会资本不匹配时，财务报表的质量更差。当因变量为 DD 时，PF_Clow 显著为正，PF_high 显著为负。这验证了我们的推理路径，即双方其他社会身份越匹配，财务报表质量越好。

引入总所层面其他社会身份类别变量 PZ_low、PZ_Clow、PZ_Alow、PZ_high，如果家族企业与事务所总所社会资本均低，那么 PZ_low 等于 1，否则为 0；如果家族企业其他社会身份低，事务所的其他社会身份高，那么 PZ_Clow 等于 1，否则为 0；如果家族企业的其他社会身份高，事务所其他社会身份低则 PZ_Alow 等于 1，否则为 0；如果双方其他社会身份均高则 PZ_high 为 1，否则为 0。回归结果显示（见表 6-22），当因变量为 Re_All、Re_fin、Re_Y、Y_Fin、DA₁、DD 时，PZ_Clow 的系数显著为正，这意味着其他社会身份越不匹配，财务报表质量越差。当因变量为 DD 时，PZ_Alow 显著为正。当因变量为 Y_Fin 时，PZ_high 显著为负，综上所述，再次验证了假设 H2，双方其他社会身份越匹配，财务报表质量越高。

表 6-21 分所其他社会身份匹配类别变量与财报质量回归结果

变量	Re_All	Re_fin	Re_Y	DA₁	DD
	(1)	(2)	(3)	(4)	(5)
PF_low	0.021	0.017	−0.094	0.003	0.001
	(0.93)	(0.76)	(−0.77)	(1.20)	(0.13)
PF_Clow	0.076**	0.072**	0.152	0.009**	0.004*
	(2.30)	(2.25)	(1.24)	(2.45)	(1.67)
PF_Alow	0.008	−0.011	−0.027	0.006**	−0.002
	(0.29)	(−0.43)	(−0.16)	(2.00)	(−0.64)
PF_high	−0.047	−0.053	−0.365*	0.005	−0.006**
	(−1.37)	(−1.62)	(−1.80)	(1.45)	(−2.26)
Size	0.004	−0.003	0.032	−0.001	−0.001
	(0.31)	(−0.25)	(0.49)	(−0.39)	(−1.24)
Ros	−0.108	−0.066	−0.573	0.075***	0.048***
	(−0.87)	(−0.55)	(−0.90)	(3.48)	(4.27)
Lev	−0.003	0.028	0.188	0.050***	0.059***
	(−0.04)	(0.43)	(0.57)	(4.88)	(9.94)
Mtb	0.008	0.007	0.003	0.003***	−0.000
	(1.08)	(1.11)	(0.11)	(3.38)	(−0.49)
Loss	0.069	0.071	0.325	0.023***	0.007*
	(1.16)	(1.21)	(1.37)	(3.68)	(1.86)
Neg_cash	0.037*	0.045**	0.062	0.051***	0.005***
	(1.68)	(2.09)	(0.57)	(18.55)	(2.59)
Big10	−0.018	0.003	−0.270	−0.001	−0.007**
	(−0.43)	(0.08)	(−1.38)	(−0.27)	(−2.35)
Indep	−0.118	−0.081	0.297	0.008	−0.015
	(−0.57)	(−0.40)	(0.27)	(0.35)	(−0.98)
Board	−0.010	−0.023	−0.152	−0.003	−0.005
	(−0.16)	(−0.37)	(−0.46)	(−0.36)	(−1.15)
Tenure	−0.008***	−0.008***	−0.033**	−0.000	−0.000**
	(−2.87)	(−2.90)	(−2.30)	(−1.51)	(−2.27)
Opinion	0.281**	0.295***	1.275***	0.010	0.005
	(2.43)	(2.60)	(4.46)	(0.97)	(0.90)
Cons	0.034	0.190	−2.830	0.031	0.097***
	(0.11)	(0.63)	(−1.62)	(0.81)	(3.82)
行业/年份	控制	控制	控制	控制	控制
adj. R²	0.066	0.062	0.531	0.167	0.265

续表

变量	Re_All	Re_fin	Re_Y	DA_1	DD
	(1)	(2)	(3)	(4)	(5)
N	6129	6129	6129	6129	4024

注：列（3）括号内为 z 值，其余括号内为 t 值，*、**和***分别表示在10%、5%和1%的水平下显著。

表6-22　总所其他社会身份匹配类别变量与财报质量回归结果

变量	Re_All	Re_fin	Re_Y	Y_Fin	DA_1	DD
	(1)	(2)	(3)	(4)	(5)	(6)
PZ_low	0.004	0.005	−0.098	−0.102	0.002	0.003
	(0.18)	(0.25)	(−0.85)	(−0.83)	(0.57)	(1.63)
PZ_Clow	0.115***	0.107***	0.257**	0.230**	0.007*	0.008**
	(3.80)	(3.64)	(2.34)	(1.98)	(1.75)	(2.53)
PZ_Alow	0.006	−0.002	0.127	0.130	0.003	0.006**
	(0.24)	(−0.10)	(0.88)	(0.84)	(1.12)	(2.16)
PZ_high	−0.015	−0.042	−0.074	−0.425**	0.002	0.004
	(−0.41)	(−1.19)	(−0.41)	(−1.99)	(0.59)	(1.05)
Size	0.004	−0.003	0.100	0.034	−0.003*	−0.001
	(0.30)	(−0.24)	(1.64)	(0.51)	(−1.67)	(−0.51)
Ros	−0.116	−0.073	−0.780	−0.543	0.075***	0.075***
	(−0.94)	(−0.61)	(−1.31)	(−0.85)	(2.98)	(3.44)
Lev	−0.015	0.017	−0.199	0.162	0.068***	0.049***
	(−0.22)	(0.26)	(−0.64)	(0.49)	(8.78)	(4.84)
Mtb	0.007	0.007	0.000	0.002	−0.000	0.003***
	(0.98)	(1.02)	(0.01)	(0.09)	(−0.58)	(3.19)
Loss	0.068	0.070	0.270	0.325	0.017***	0.022***
	(1.13)	(1.19)	(1.19)	(1.37)	(2.61)	(3.63)
Neg_cash	0.036	0.043**	0.036	0.060	0.007**	0.050***
	(1.60)	(1.99)	(0.35)	(0.55)	(2.24)	(18.60)
Big10	−0.028	−0.004	−0.405**	−0.268	−0.006	−0.001
	(−0.70)	(−0.11)	(−2.26)	(−1.38)	(−1.25)	(−0.16)
Indep	−0.101	−0.070	0.272	0.302	−0.035*	0.011
	(−0.49)	(−0.35)	(0.27)	(0.28)	(−1.77)	(0.45)
Board	−0.001	−0.015	0.035	−0.142	−0.002	−0.001
	(−0.02)	(−0.25)	(0.11)	(−0.43)	(−0.27)	(−0.19)

续表

变量	Re_All	Re_fin	Re_Y	Y_Fin	DA₁	DD
	(1)	(2)	(3)	(4)	(5)	(6)
Tenure	-0.007***	-0.007***	-0.030**	-0.034**	-0.001**	-0.000
	(-2.71)	(-2.76)	(-2.26)	(-2.41)	(-2.36)	(-1.15)
Opinion	0.287**	0.301***	1.132***	1.277***	-0.002	0.011
	(2.48)	(2.66)	(4.01)	(4.50)	(-0.26)	(1.08)
Cons	0.029	0.179	-4.348***	-2.905*	0.113***	0.031
	(0.09)	(0.59)	(-2.68)	(-1.68)	(3.08)	(0.80)
行业/年份	控制	控制	控制	控制	控制	控制
adj. R²	0.068	0.064	0.052	0.058	0.489	0.167
N	6129	6129	6129	6129	4909	4024

注：列（3）、列（4）括号内为 z 值，其余括号内为 t 值，*、**和***分别表示在 10%、5% 和 1% 水平下显著。

五、双边社会资本分组匹配与审计费用

在前文的逻辑推理中，我们认为，当社会资本高的审计师审计社会资本低的家族企业时，存在审计意见购买嫌疑，为此，我们探究社会资本高的审计师审计社会资本低的家族企业时的审计收费。使用审计收费（Fee），审计收费总额的自然对数，作为因变量。回归结果如表 6-23 所示。发现 JF_Clow、JZ_Clow 以及 PF_Clow 的系数显著为正。表明社会资本高的审计师在审计社会资本低的客户时，收到了更高的审计费用。这验证了逻辑推理链条。

表 6-23　社会资本高的事务所审计社会资本低的家族企业时审计收费回归结果

变量	Fee		
	(1)	(2)	(3)
JF_Clow	0.074***		
	(3.70)		
JZ_Clow		0.080***	
		(4.10)	
PF_Clow			0.022*
			(1.67)
Size	0.347***	0.347***	0.348***
	(42.49)	(42.49)	(42.81)

变量	Fee		
	(1)	(2)	(3)
Ros	-0.420***	-0.422***	-0.425***
	(-6.01)	(-6.04)	(-6.08)
Lev	0.052	0.053	0.050
	(1.38)	(1.39)	(1.33)
Mtb	0.024***	0.025***	0.025***
	(6.66)	(6.67)	(6.67)
Loss	0.035	0.034	0.034
	(1.17)	(1.14)	(1.16)
Neg_cash	-0.033***	-0.033***	-0.034***
	(-2.61)	(-2.64)	(-2.75)
Big10	0.173***	0.174***	0.160***
	(6.49)	(6.53)	(5.88)
Indep	-0.029	-0.028	-0.038
	(-0.24)	(-0.23)	(-0.31)
Board	0.057	0.058	0.053
	(1.46)	(1.47)	(1.35)
Tenure	0.008***	0.008***	0.008***
	(5.14)	(5.10)	(5.25)
Opinion	0.142**	0.143***	0.141**
	(2.56)	(2.58)	(2.55)
Cons	5.540***	5.540***	5.526***
	(28.86)	(28.85)	(28.86)
行业/年份	控制	控制	控制
adj. R^2	0.501	0.501	0.500
N	5480	5480	5480

注：括号中为 t 值，*、** 和 *** 分别表示在 10%、5% 和 1% 的水平下显著。

六、制造业细分检验

现有回归模型控制行业固定效应时，将制造业按照一级行业进行划分。然而，多数家族企业为制造业。为此，将制造业按照二级行业分类标准重新划分，即如果是制造业，那么按照二级行业分类标准划分，其他行业按照一级行业分类标准划分。以年报重述（Re_Y）和年报财务重述（Y_Fin）为因变量，分别重新回归模型（6-1）。结果显示（见表6-24）当将制造业按照二级行业分类标准划分后，MF_Nbf、MF_Nbz 和 MP_lz 系数显著为负，结果依然稳健。

表6-24　行业细分后：社会资本匹配度与财务重述回归结果

变量	Y_Fin			Re_Y		
	(1)	(2)	(3)	(4)	(5)	(6)
MF_Nbf	-0.026**			-0.120**		
	(-2.14)			(-2.22)		
MF_Nbz		-0.027**			-0.128**	
		(-2.22)			(-2.40)	
MP_lz			-0.028***			-0.086*
			(-2.95)			(-1.91)
Size	-0.021	-0.021	-0.005	0.013	0.013	0.020
	(-1.31)	(-1.30)	(-0.36)	(0.17)	(0.17)	(0.31)
Ros	0.002	-0.001	-0.035	-0.289	-0.293	-0.696
	(0.02)	(-0.00)	(-0.28)	(-0.39)	(-0.41)	(-1.06)
Lev	0.121	0.122	0.033	0.328	0.328	0.195
	(1.51)	(1.52)	(0.51)	(0.85)	(0.85)	(0.59)
Mtb	0.005	0.005	0.007	-0.006	-0.006	0.003
	(0.62)	(0.62)	(1.03)	(-0.17)	(-0.18)	(0.09)
Loss	0.092	0.093	0.074	0.571**	0.572**	0.322
	(1.30)	(1.32)	(1.25)	(2.13)	(2.16)	(1.33)
Neg_cash	0.029	0.029	0.046**	0.102	0.102	0.055
	(1.09)	(1.08)	(2.13)	(0.81)	(0.81)	(0.50)
Big10	0.045*	0.042*	0.027	0.119	0.111	0.071
	(1.92)	(1.83)	(1.49)	(1.08)	(1.00)	(0.73)
Indep	-0.178	-0.182	-0.040	0.453	0.440	0.592
	(-0.67)	(-0.68)	(-0.20)	(0.33)	(0.34)	(0.53)
Board	-0.049	-0.050	-0.012	0.120	0.117	-0.030
	(-0.62)	(-0.63)	(-0.19)	(0.29)	(0.30)	(-0.09)
Tenure	-0.007**	-0.007**	-0.009***	-0.037**	-0.037**	-0.039***
	(-2.13)	(-2.13)	(-3.21)	(-2.25)	(-2.20)	(-2.74)
Opinion	0.327**	0.327**	0.291**	1.251***	1.248***	1.254***
	(2.48)	(2.47)	(2.57)	(4.03)	(3.72)	(4.40)
Cons	0.679*	0.683*	0.149	-2.662	-2.643	-3.040*
	(1.76)	(1.77)	(0.48)	(-1.28)	(-1.32)	(-1.74)
行业/年份	控制	控制	控制	控制	控制	控制

续表

变量	Y_Fin			Re_Y		
	(1)	(2)	(3)	(4)	(5)	(6)
adj. R²	0.066	0.066	0.062	0.060	0.060	0.087
N	5317	5317	6129	5317	5317	6129

注：括号内为 z 值，＊、＊＊和＊＊＊分别表示在 10%、5%和 1%的水平下显著。

七、Heckman 二阶段检验

为检验可能的内生性，将第四章中 Heckman 第一阶段计算出的 IMR，分别为分所与家族企业融资类社会资本匹配度 IMR(Lambda_df)，总所与家族企业融资类社会资本匹配度 IMR(Lambda_dfz)，分所与家族企业其他社会身份匹配度 IMR(Lambda_lp)，以及总所与家族企业其他社会身份匹配度 IMR(Lambda_lpz)，分别放入回归模型（6-1）中，重新回归（见表 6-25）。回归结果显示，使用 Heckman 二阶段方法解决可能的内生性后，结果依然稳健。使用其他财务报表质量替代变量后，结果依然稳健（未列示）。

表 6-25　Heckman 二阶段：社会资本匹配度与财务报表重述回归结果

变量	Re_All			
	(1)	(2)	(3)	(4)
MF_Ncf	−0.027＊＊ (−2.16)			
Lambda_df	0.011 (0.80)			
MF_Ncz		−0.031＊＊ (−2.55)		
Lambda_dfz		0.017 (1.08)		
MP_xf			−0.039＊＊＊ (−3.37)	
Lambda_lp			0.012 (0.93)	
MP_xz				−0.044＊＊＊ (−2.64)

续表

变量	Re_All			
	(1)	(2)	(3)	(4)
Lambda_lpz				0.031**
				(2.09)
Size	−0.023	−0.021	−0.003	0.051***
	(−1.48)	(−1.35)	(−0.26)	(4.09)
Ros	0.010	0.012	−0.025	−0.222*
	(0.07)	(0.08)	(−0.20)	(−1.78)
Lev	0.097	0.127	0.034	0.033
	(1.23)	(1.59)	(0.53)	(0.51)
Mtb	0.004	0.005	0.007	0.034***
	(0.53)	(0.59)	(0.96)	(6.11)
Loss	0.100	0.096	0.074	0.047
	(1.44)	(1.35)	(1.25)	(0.77)
Neg_cash	0.030	0.028	0.048**	0.032
	(1.12)	(1.07)	(2.20)	(1.45)
Big10	0.037	0.043*	0.024	0.044**
	(1.62)	(1.90)	(1.33)	(2.40)
Indep	−0.237	−0.212	−0.041	−0.199
	(−0.91)	(−0.79)	(−0.20)	(−0.96)
Board	−0.057	−0.052	−0.014	−0.160**
	(−0.75)	(−0.65)	(−0.22)	(−2.52)
Tenure	−0.007**	−0.007**	−0.009***	0.003
	(−2.08)	(−2.18)	(−3.20)	(1.10)
Opinion	0.329**	0.328**	0.293***	0.338***
	(2.52)	(2.49)	(2.59)	(2.80)
Cons	0.772**	0.704*	0.117	−0.659**
	(2.03)	(1.82)	(0.38)	(−2.18)
行业/年份	控制	控制	控制	控制
adj. R²	0.065	0.066	0.062	0.021
N	5317	5317	6129	6129

注：括号中为 t 值，*、**和***分别表示在10%、5%和1%的水平下显著。

第六节　进一步检验

一、融资类与其他社会身份匹配度替代效应检验

融资类社会资本与其他社会身份都是家族企业最重视的资源，那么融资类社会资本与其他社会身份之间可能存在替代关系。家族企业与事务所融资类社会资本匹配度与其他社会身份匹配度之间是否存在替代关系，两者对财务报表质量的治理作用是否也存在替代效应？为验证此猜想，将融资类社会资本匹配度与其他社会身份匹配度同时放到模型中（见表 6-26）。因变量为 Re_All 时，在未同时加入模型中前，MF_Nbz 的系数为 0.032，MP_lz 的系数为 0.040。将这两者同时放到模型中后，MF_Nbz 的系数为 -0.022，MP_lz 的系数为 -0.033。两者均有所降低，这表明，双方具有部分替代作用。因变量为 Re_fin 时，未同时加入模型前，MF_Nbz 的系数为 0.035，MP_lz 的系数为 0.044。将这两者同时放进模型中后，MF_Nbz 的系数为 -0.026，MP_lz 的系数为 -0.030，两者均降低了。使用其他的变量后，结果依然稳健。

综上所述，回归结果显示见表 6-26，融资类社会资本匹配度与其他社会身份匹配度之间存在替代效应。

表 6-26　融资类与其他社会身份匹配度替代效应回归结果

变量	Re_All	Re_fin	Y_Fin	Re_Y
	（1）	（2）	（3）	（4）
MF_Nbz	-0.022*	-0.026**	-0.105**	-0.087*
	(-1.80)	(-2.17)	(-2.00)	(-1.78)
MP_lz	-0.033***	-0.030***	-0.101**	-0.086*
	(-2.91)	(-2.80)	(-2.10)	(-1.90)
$Size$	-0.016	-0.022	0.016	0.078
	(-0.99)	(-1.44)	(0.21)	(1.12)
Ros	-0.069	-0.001	-0.257	-0.685
	(-0.47)	(-0.00)	(-0.36)	(-1.01)
Lev	0.041	0.088	0.175	-0.280
	(0.50)	(1.11)	(0.46)	(-0.77)

续表

变量	Re_All	Re_fin	Y_Fin	Re_Y
	(1)	(2)	(3)	(4)
Mtb	0.004	0.005	-0.008	-0.012
	(0.51)	(0.60)	(-0.25)	(-0.39)
Loss	0.087	0.102	0.582**	0.443*
	(1.24)	(1.46)	(2.22)	(1.76)
Neg_cash	0.022	0.030	0.120	0.083
	(0.80)	(1.14)	(0.98)	(0.72)
Big10	0.030	0.025	0.023	0.065
	(1.30)	(1.11)	(0.21)	(0.62)
Indep	-0.282	-0.250	-0.219	-0.118
	(-1.06)	(-0.96)	(-0.16)	(-0.10)
Board	-0.061	-0.069	-0.112	0.055
	(-0.78)	(-0.90)	(-0.29)	(0.15)
Tenure	-0.008**	-0.008**	-0.035**	-0.033**
	(-2.36)	(-2.29)	(-2.16)	(-2.17)
Opinion	0.310**	0.323**	1.251***	1.106***
	(2.34)	(2.49)	(4.15)	(3.69)
Cons	0.666*	0.760**	-2.025	-3.258*
	(1.70)	(2.00)	(-1.00)	(-1.74)
行业/年份	控制	控制	控制	控制
adj. R²	0.072	0.067	0.050	0.047
N	5317	5317	5317	5317

注：列（1）、列（2）括号内为 t 值，其余列括号内为 z 值，*、**和***分别表示在10%、5%和1%水平下显著。

二、事务所与家族企业地理距离调节作用分析

审计师能否充分地发现应调整的金额取决于其与家族企业的信息不对称程度。信息不对称程度越低，审计师对家族企业的调整就越充分。家族企业与事务所的地理距离越远，信息不对称程度会加强（Choi 等，2012；刘文军，2014；罗进辉等，2016），地理距离远的审计师没有形成当地的客户网络以及私人关系，无法全面获取该客户的信息（Choi 等，2012；刘文军，2014）；距离越远的审计师在审计客户时，由于长途跋涉，因此，用来审计客户的时间有限，不方便审计师实施更多的审计程序（Choi 等，2012；裴红梅和杜兴强，2015）。综上所述，

事务所距离客户的位置越远，越不可能充分发现客户的全部错报。远距离的审计师判断出的审计应调金额 $A_{AUDITOR}$ 比近距离的审计师判断出的审计应调金额 $A_{AUDITOR}$ 更偏离真实的状态。因此，审计师与客户距离越近，融资类社会资本的匹配越能提升财务报表质量。于是，可以预测事务所与家族企业间地理距离负向调节双方融资类社会资本匹配度与财务报表质量关系。

表 6-27 的回归结果显示，当因变量为 Re_All 时，分所层面融资类社会资本匹配度 MF_Ncf 显著为负，这与前面预期一致。分所到家族企业的距离 Distance 系数并不显著，这意味着家族企业到事务所分所的距离本身并不会影响财务报告的重述。两者的交乘项 MF_Ncf_dis 系数显著为正，说明家族企业与事务所之间的距离抑制了双边融资类社会资本匹配对于财务报表质量的提升作用。当因变量为 Re_Fin 时，MF_Ncf 显著为负，MF_Ncf_dis 的系数显著为正。由表 6-27 列（1）和列（2）可知，在分所层面上，家族企业到事务所的距离降低了融资类社会资本匹配度对财务报表重述的抑制作用。在总所层面上，当因变量为 Re_All 时，MF_Ncz 的系数为 -0.085，在 1% 的水平下显著，MF_Ncz_dis 的系数为 0.021，在 5% 的水平下显著，家族企业到在审事务所的距离抑制了社会资本匹配对于家族企业财务报表质量提升作用。当因变量为 Re_Fin 时，结果类似。由表 6-27 列（3）和列（4）可知，事务所到家族企业的距离抑制了事务所与家族企业双边社会资本匹配度的治理效应。

表 6-27　地理距离对融资类社会资本匹配度治理效应调节作用

变量	Re_All	Re_Fin	Re_All	Re_Fin
	（1）	（2）	（3）	（4）
MF_Ncf	-0.077***	-0.079***		
	(-2.58)	(-2.71)		
MF_Ncz			-0.085***	-0.086***
			(-2.89)	(-2.96)
MF_Ncf_dis	0.018**	0.018**		
	(2.16)	(2.14)		
MF_Ncz_dis			0.021**	0.020**
			(2.43)	(2.36)
Distance	0.013	0.010	0.015	0.012
	(1.02)	(0.79)	(1.25)	(0.98)
Size	-0.015	-0.022	-0.015	-0.022
	(-0.94)	(-1.39)	(-0.96)	(-1.40)

续表

变量	Re_All	Re_Fin	Re_All	Re_Fin
	(1)	(2)	(3)	(4)
Ros	-0.083	-0.016	-0.093	-0.027
	(-0.56)	(-0.11)	(-0.63)	(-0.18)
Lev	0.040	0.086	0.037	0.083
	(0.49)	(1.09)	(0.45)	(1.05)
Mtb	0.004	0.005	0.004	0.005
	(0.51)	(0.60)	(0.49)	(0.58)
Loss	0.077	0.090	0.076	0.090
	(1.09)	(1.29)	(1.07)	(1.28)
Neg_cash	0.023	0.032	0.023	0.032
	(0.86)	(1.20)	(0.86)	(1.21)
Big10	0.042*	0.037	0.039*	0.033
	(1.77)	(1.59)	(1.67)	(1.46)
Indep	-0.243	-0.218	-0.243	-0.219
	(-0.91)	(-0.84)	(-0.91)	(-0.84)
Board	-0.033	-0.041	-0.033	-0.041
	(-0.42)	(-0.53)	(-0.42)	(-0.53)
Tenure	-0.007**	-0.007**	-0.007**	-0.007**
	(-2.15)	(-2.09)	(-2.15)	(-2.10)
Opinion	0.326**	0.339***	0.327**	0.340***
	(2.43)	(2.58)	(2.43)	(2.58)
Cons	0.600	0.705*	0.603	0.710*
	(1.53)	(1.86)	(1.54)	(1.87)
行业/年份	控制	控制	控制	控制
adj. R^2	0.071	0.067	0.072	0.067
N	4239	4239	4239	4239

注：括号中为 t 值，*、**和***分别表示在10%、5%和1%的水平下显著。

将地理距离重新使用五分位数划分为5组，从近到远分别赋值从1~5。定义为变量 $Distance1$，重新回归。结果如表6-28所示。由回归结果可知，当因变量为 Re_All 和 Re_Fin 时，MF_Ncf 和 MF_Ncz 的系数显著为负。MF_Ncf_dis1 和 MF_Ncz_dis1 的系数显著为正。综上所述，表6-28的结果证明前面的结果稳健。

表6-28 地理距离（替代变量）对融资类社会资本匹配度治理效应调节作用回归结果

变量	Re_All	Re_Fin	Re_All	Re_Fin
	（1）	（2）	（3）	（4）
MF_Ncf	−0.065**	−0.068**		
	（−2.41）	（−2.54）		
MF_Ncz			−0.072***	−0.073***
			（−2.70）	（−2.76）
MF_Ncf_dis1	0.008*	0.007*		
	（1.91）	（1.87）		
MF_Ncz_dis1			0.009**	0.008**
			（2.15）	（2.06）
Distance1	0.005	0.004	0.007	0.005
	（0.87）	（0.66）	（1.07）	（0.82）
Size	−0.015	−0.022	−0.015	−0.022
	（−0.94）	（−1.39）	（−0.94）	（−1.38）
Ros	−0.082	−0.014	−0.091	−0.024
	（−0.55）	（−0.10）	（−0.61）	（−0.16）
Lev	0.041	0.088	0.038	0.085
	（0.51）	（1.11）	（0.47）	（1.07）
Mtb	0.004	0.005	0.004	0.005
	（0.51）	（0.61）	（0.50）	（0.60）
Loss	0.078	0.091	0.077	0.091
	（1.10）	（1.31）	（1.09）	（1.30）
Neg_cash	0.023	0.031	0.023	0.032
	（0.85）	（1.19）	（0.85）	（1.19）
Big10	0.042*	0.037	0.039*	0.034
	（1.79）	（1.62）	（1.70）	（1.49）
Indep	−0.246	−0.220	−0.246	−0.222
	（−0.92）	（−0.84）	（−0.92）	（−0.85）
Board	−0.035	−0.043	−0.035	−0.043
	（−0.45）	（−0.57）	（−0.45）	（−0.57）
Tenure	−0.007**	−0.007**	−0.007**	−0.007**
	（−2.16）	（−2.10）	（−2.17）	（−2.11）
Opinion	0.323**	0.336**	0.324**	0.337**
	（2.41）	（2.56）	（2.42）	（2.57）
Cons	0.608	0.711*	0.608	0.713*
	（1.55）	（1.87）	（1.55）	（1.88）
行业/年份	控制	控制	控制	控制

续表

变量	Re_All	Re_Fin	Re_All	Re_Fin
	(1)	(2)	(3)	(4)
adj. R^2	0.071	0.066	0.071	0.067
N	4239	4239	4239	4239

注：括号中为 t 值，*、**和***分别表示在10%、5%和1%的水平下显著。

　　将距离按照平均值划分为距离近和距离远的两组样本，分别在两组样本中回归模型。表6-29展示了在近距离组以及远距离组中，家族企业与事务所社会资本匹配对年报财务重述（ Y_Fin ）的影响。在近距离组中 MF_Ncf 与 MF_Ncz 的系数均显著为负。然而，在远距离组中，两者的系数并不显著。综上所述，表6-29的回归结果进一步验证了在地缘距离相对较近的情况下，事务所与家族企业社会资本的匹配才会抑制财务报表的重述 Y_Fin ，从而提升财务报表质量。

表6-29　距离近与距离远的样本中：融资类社会资本匹配度与财报质量回归结果

因变量 Y_Fin	近距离组		远距离组	
	(1)	(2)	(3)	(4)
MF_Ncf	-0.179**		-0.038	
	(-2.43)		(-0.48)	
MF_Ncz		-0.200***		-0.032
		(-2.78)		(-0.42)
Size	0.237**	0.238**	-0.226**	-0.225**
	(2.14)	(2.15)	(-1.99)	(-1.98)
Ros	-0.200	-0.222	-0.240	-0.244
	(-0.21)	(-0.23)	(-0.21)	(-0.21)
Lev	0.062	0.043	0.396	0.398
	(0.11)	(0.08)	(0.73)	(0.73)
Mtb	0.013	0.012	-0.007	-0.006
	(0.28)	(0.27)	(-0.13)	(-0.13)
Loss	0.102	0.094	1.050***	1.053***
	(0.27)	(0.25)	(2.79)	(2.80)
Neg_cash	0.122	0.123	0.064	0.064
	(0.69)	(0.70)	(0.36)	(0.36)
Big10	-0.658**	-0.670**	0.103	0.103
	(-2.05)	(-2.09)	(0.34)	(0.34)

因变量 Y_Fin	近距离组		远距离组	
	(1)	(2)	(3)	(4)
Indep	0.420	0.425	0.128	0.124
	(0.26)	(0.27)	(0.05)	(0.05)
Board	-0.716	-0.713	1.618 **	1.617 **
	(-1.55)	(-1.55)	(2.24)	(2.24)
Tenure	-0.026	-0.025	-0.037	-0.037
	(-1.12)	(-1.10)	(-1.51)	(-1.52)
Opinion	1.748 ***	1.741 ***	0.779 *	0.779 *
	(3.74)	(3.71)	(1.84)	(1.84)
Cons	-5.825 *	-5.830 *	-0.785	-0.797
	(-1.94)	(-1.95)	(-0.26)	(-0.26)
行业/年份	控制	控制	控制	控制
adj. R^2	0.074	0.075	0.053	0.053
N	1729	1729	2510	2510

注：括号中为 z 值，*、** 和 *** 分别表示在 10%、5% 和 1% 的水平下显著。

三、事务所声誉调节作用分析

维护良好的声誉是会计师事务所提供高质量审计服务的内在动力（罗进辉等，2016）。事务所的声誉越高，其维持声誉的动机也会越强，从而向外发送高质量的审计信号，在大规模事务所的声誉更高（陈胜蓝和马慧，2013）。那么与小规模事务所相比，在大规模事务所中，事务所与家族企业双边社会资本匹配度对财务报表质量的提升作用更强。为此，可以预测事务所声誉强化事务所与家族企业双边其他社会身份匹配度与财务报表质量呈正相关关系。

表 6-30 展示了事务所声誉对双边其他社会身份匹配度与家族企业财务报表重述关系的调节作用。使用前六大事务所作为事务所声誉的代理变量，*Big6_ MP_lf* 为 *Big6* 和 *MP_lf* 的交互项，*Big6_MP_lz* 为 *Big6* 和 *MP_lz* 的交互项。当因变量为 *Re_All* 和 *Re_Fin* 时，*Big6_MP_lf* 和 *Big6_MP_lz* 系数均显著为负。这意味着事务所声誉强化了双边其他社会身份匹配对于财务报表重述的抑制作用。

表 6-30 事务所声誉对双边其他社会身份匹配度治理效应调节作用

变量	Re_All	Re_Fin	Re_All	Re_Fin
	(1)	(2)	(3)	(4)
MP_lf	0.012	0.018*		
	(1.14)	(1.78)		
MP_lz			0.008	0.004
			(0.72)	(0.35)
Big6_MP_lf	−0.061**	−0.064***		
	(−2.55)	(−2.75)		
Big6_MP_lz			−0.035*	−0.040**
			(−1.67)	(−1.99)
Size	−0.003	−0.009	−0.001	−0.007
	(−0.20)	(−0.70)	(−0.08)	(−0.58)
Ros	−0.096	−0.054	−0.095	−0.055
	(−0.78)	(−0.45)	(−0.77)	(−0.45)
Lev	−0.011	0.020	−0.012	0.019
	(−0.16)	(0.31)	(−0.18)	(0.30)
Mtb	0.006	0.006	0.006	0.006
	(0.86)	(0.88)	(0.93)	(0.96)
Loss	0.070	0.072	0.071	0.072
	(1.17)	(1.23)	(1.17)	(1.24)
Neg_cash	0.039*	0.047**	0.039*	0.047**
	(1.77)	(2.17)	(1.75)	(2.15)
Big10	−0.007	−0.005	0.002	0.001
	(−0.19)	(−0.15)	(0.06)	(0.02)
Indep	−0.088	−0.052	−0.110	−0.074
	(−0.43)	(−0.26)	(−0.53)	(−0.37)
Board	0.003	−0.009	−0.006	−0.020
	(0.04)	(−0.15)	(−0.10)	(−0.32)
Tenure	−0.007***	−0.007***	−0.008***	−0.007***
	(−2.63)	(−2.60)	(−2.81)	(−2.82)
Opinion	0.275**	0.290***	0.276**	0.291***
	(2.39)	(2.58)	(2.40)	(2.59)
Cons	0.163	0.295	0.139	0.274
	(0.52)	(0.97)	(0.44)	(0.90)
行业/年份	控制	控制	控制	控制
adj. R²	0.067	0.064	0.068	0.064

续表

变量	Re_All	Re_Fin	Re_All	Re_Fin
	(1)	(2)	(3)	(4)
N	6129	6129	6129	6129

注：括号中为 t 值，*、**和***分别表示在 10%、5%和 1%的水平下显著。

其他社会身份匹配度为 MP_xf 时［见表 6-31 列（1）和列（2）］，因变量为 Re_All 和 Re_Fin 时 $Big6\_MP\_xf$ 的系数显著为负。这意味着事务所与家族企业其他社会身份匹配度对财务重述的抑制作用被事务所声誉强化。使用前十大事务所作为事务所声誉的代理变量，其他社会身份匹配度为 MP_zf 时，$Big10\_MP\_xz$ 的系数显著在 10%的水平下显著为负［见表 6-31 列（3）和列（4）］。综上所述，表 6-31 结果再次验证了事务所声誉会强化事务所与家族企业双边社会资本匹配度对财务报表重述的治理作用。

表 6-31　事务所声誉对其他社会身份匹配度（替代变量）治理效应调节作用

变量	Re_All	Re_Fin	Re_All	Re_Fin
	(1)	(2)	(3)	(4)
MP_xf	0.020	0.023*		
	(1.58)	(1.89)		
MP_xz			0.011	0.012
			(0.79)	(0.89)
Big6_MP_xf	-0.112***	-0.112***		
	(-3.62)	(-3.78)		
Big10_MP_xz			-0.044*	-0.041*
			(-1.91)	(-1.86)
Size	-0.000	-0.007	0.001	-0.005
	(-0.00)	(-0.52)	(0.09)	(-0.39)
Ros	-0.109	-0.067	-0.088	-0.045
	(-0.88)	(-0.55)	(-0.71)	(-0.37)
Lev	-0.013	0.018	-0.011	0.021
	(-0.20)	(0.28)	(-0.17)	(0.33)
Mtb	0.006	0.006	0.006	0.006
	(0.93)	(0.97)	(0.91)	(0.97)
Loss	0.068	0.070	0.072	0.074
	(1.14)	(1.20)	(1.19)	(1.26)

续表

变量	Re_All	Re_Fin	Re_All	Re_Fin
	(1)	(2)	(3)	(4)
Neg_cash	0.038*	0.045**	0.039*	0.046**
	(1.70)	(2.10)	(1.74)	(2.14)
Big6	−0.052	−0.048		
	(−1.41)	(−1.36)		
Indep	−0.111	−0.074	−0.115	−0.080
	(−0.54)	(−0.37)	(−0.55)	(−0.40)
Board	−0.001	−0.014	−0.006	−0.020
	(−0.01)	(−0.23)	(−0.09)	(−0.33)
Tenure	−0.007***	−0.007***	−0.008***	−0.008***
	(−2.65)	(−2.66)	(−2.85)	(−2.92)
Opinion	0.278**	0.293***	0.281**	0.296***
	(2.41)	(2.60)	(2.44)	(2.62)
Big10			−0.016	−0.016
			(−0.58)	(−0.62)
Cons	0.135	0.269	0.090	0.217
	(0.43)	(0.89)	(0.29)	(0.72)
行业/年份	控制	控制	控制	控制
adj. R^2	0.069	0.065	0.067	0.063
N	6129	6129	6129	6129

注：括号中为 t 值，*、** 和 *** 分别表示在 10%、5% 和 1%的水平下显著。

小　结

　　本章探究了事务所与家族企业双方社会资本匹配度对家族企业财务报表质量的影响。发现事务所与家族企业融资类社会资本匹配度与报表重述的次数负相关，与财务重述的次数呈负相关，与应计盈余操纵呈负相关，与审计调整概率/幅度呈正相关。在考虑了双方社会资本存量，控制二级制造业行业固定效应，使用 Heckman 二阶段回归模型后，结果依然稳健。

　　事务所与家族企业其他社会身份匹配度与报表重述的次数负相关，与财务重述次数呈负相关，与审计调整概率/幅度正相关。在考虑了双方社会资本存量，控制二级制造业行业固定效应，使用 Heckman 二阶段回归模型后，结果依然稳健。进一步使用数据支撑逻辑推理链条。

进一步研究发现，融资类社会资本与其他社会身份匹配度对财务报表质量的治理作用存在替代效应。家族企业与事务所之间的距离负向调节融资类社会资本匹配度与财务报表质量呈正相关关系。事务所声誉正向调节其他社会身份匹配度与财务报表质量呈正相关关系。

综上所述，研究发现家族企业与事务所融资类社会资本以及其他社会身份匹配均会提升审计师对家族企业财务报表质量的治理作用。

第七章　结论与启示

家族企业在我国资本市场上占据重要的地位，对我国经济增长产生重要的推动作用。然而，家族大股东"一股独大"，家族企业同时具备家族与企业双重属性，企业中融入血缘和亲属关系，导致企业内部分化出不同的利益团体，家族企业中的代理问题复杂。多数家族企业逃不脱"不过三代"的魔咒。因此，提升家族企业治理是亟须解决的问题。传统的内部治理机制难以有效地改善家族企业治理，需要寻求外部的治理机制。审计是外部治理机制的重要一环。在现有正式制度下，审计的独立性较弱。非正式制度可以替代正式制度发挥一定的治理作用。为此，探究社会资本对家族企业的治理。现有研究仅单方面从客户或事务所社会资本的角度探究其对企业的治理作用。本书基于匹配理论，探究事务所与家族企业的双边社会资本匹配度的治理效应。融资是家族企业面临的最大难题，为此，从融资类与其他社会身份的角度，探究社会资本匹配度的治理作用。

一、研究结论

第一，事务所与家族企业的社会资本存在稳定的匹配。以双边匹配理论为基础，将一对多匹配模型拓展到事务所与家族企业社会资本匹配应用中。就匹配理论的适用范围、适用匹配规则以及 GS 延迟算法三个角度进行剖析，发现事务所与家族企业社会资本之间处于稳定的匹配状态。社会资本匹配通过影响双方对外部的资源依赖—对对方的资源依赖—审计师谈判力—对财务报表应调而未调金额，最终影响公司治理。

第二，事务所与家族企业社会资本匹配度会影响公司治理，其机理为：事务所与家族企业双边社会资本—外部资源依赖度—事务所与家族企业对对方的资源依赖度—事务所与家族大股东相对谈判能力—审计师对错报和漏报应调而未调金额—企业治理。事务所与家族企业社会资本决定了其对外界的资源依赖程度，从而影响事务所与家族企业对对方的资源依赖程度，进而改变审计师与家族大股东的相对谈判力，这决定了审计师对错报和漏报的应调而未调整的金额。应调而未调的金额越多，对家族企业的治理越差；相反，应调而未调的金额越趋于0，则审计对家族企业的治理作用越强。

第三，事务所与家族企业社会资本匹配度与家族企业关联交易负相关。家族企业重视融资类及其他社会身份的积累。为此，从这两类社会资本角度着手进行研究。发现双边融资类社会资本匹配度与关联交易金额/次数负相关，其他社会身份匹配度与关联交易金额/次数负相关。使用关联交易的其他代理变量，使用Heckman二阶段回归模型以及将制造业细分为二级行业进行控制后，结果依然稳健。

进一步探究了双边社会资本匹配度对家族关联交易的影响。发现融资类社会资本匹配度与家族关联交易的可能性/金额负相关。然而，其他社会身份匹配并没有抑制家族成员关联交易；双边融资类社会资本匹配度与异常关联交易负相关，其他社会身份匹配度与异常关联交易负相关；融资类社会资本匹配度与其他社会身份匹配度对家族企业的治理存在替代效应。

第四，事务所与家族企业社会资本匹配度与管理层绩效薪酬敏感度呈正相关与股票期权薪酬操纵呈负相关。双边融资类社会资本匹配度与家族企业薪酬绩效敏感度呈正相关，其他社会身份匹配度与薪酬绩效敏感度呈正相关。在使用市场绩效替换财务绩效，使用Heckman二阶段回归模型，控制二级行业分类的制造业，以及使用一阶差分模型后，结果依然稳健。进一步探究发现融资类/其他社会身份匹配度与管理层股票期权薪酬操纵呈负相关。在使用PSM解决可能的内生性后，结果依然稳健。推理路径得到了数据验证。

第五，事务所与家族企业社会资本匹配度与家族企业财务报表质量呈正相关。事务所与家族企业融资类社会资本匹配度与财务报表重述次数呈负相关，与财务报表财务重述的次数呈负相关，与应计盈余操纵呈负相关，与审计调整概率/幅度正相关。在考虑了双方社会资本存量，控制二级制造业行业固定效应，使用Heckman二阶段回归模型后，结果依然稳健。

事务所与家族企业其他社会身份匹配度与报表重述的次数呈负相关，与财务重述次数呈负相关，与审计调整概率/幅度呈正相关。在考虑了双方社会资本存量，控制二级制造业行业固定效应，使用Heckman二阶段回归模型后，结果依然稳健。进一步使用数据支撑逻辑推理链条。

进一步研究发现，融资类社会资本与其他社会身份对财务报表质量的治理作用存在替代效应。家族企业与事务所之间的距离负向调节融资类社会资本匹配度与财务报表质量的正相关关系。事务所声誉正向调节其他社会身份匹配度与财务报表质量的正相关关系。

二、研究启示

近年来，家族企业财务舞弊案件频发，例如，"万福生科""兆新股份"等，家族企业的治理存在较大的问题。审计师是企业重要的外部治理机制，其在构建透明资本市场中扮演着重要的角色，然而审计失败案件频发，如何提升审计师对企业的谈判力，提升审计师的独立性以及治理作用，也是资本市场中一直探索但仍难以解决的问题。基于此，本书就监管机构对家族企业与事务所监管，事务所客户选择以及中小投资者投资家族企业提出以下四条建议：

1. 在家族企业监管方面

（1）建议监管部门除了关注家族企业基本面信息之外，还应关注家族企业社会资本的积累情况，尤其是融资类与其他社会身份的积累。家族企业融资类与其他社会身份的积累决定了家族企业对外界的资源依赖程度，以及其财务舞弊动机的强弱。

（2）建议监管部门加强对事务所与家族企业融资类/其他社会身份匹配度低的家族企业的监管。双边融资类/其他社会身份匹配度极低的情况下，家族企业的代理问题更加严重。家族企业融资类/其他社会身份极强，但却选择融资类/其他社会身份非常弱的事务所，这可能是为方便自身利益攫取行为而特意选择独立性差的事务所。家族企业融资类/其他社会身份极弱，而选择融资类/其他社会身份极强的事务所，可能是家族企业为掩饰自身"掏空"行为，而支付超额审计费用聘请高社会资本事务所为其做声誉背书。

2. 在会计师事务所监管方面

（1）建议监管部门提升事务所在资本市场中的地位。例如，适当扩充审计师发审委中的席位，且尽量使担任发审委以及其他社会身份的审计师分布在不同的事务所，这有助于全面地提升事务所的治理作用。事务所融资类社会资本——发审委关联对于上市家族企业治理产生积极的影响，现有研究均认为事务所发审委社会资本关联在企业 IPO 过程中起负面作用（李敏才和刘峰，2012；Yang，2013；杜兴强，2013；陈运森等，2014），本书发现，事务所的发审委社会关联会提升已上市的家族企业的治理。

（2）加强对与客户社会资本匹配度极低的事务所的监管。因为，不匹配就会滋生"寻租"行为，审计独立性会受到侵蚀。

3. 在事务所客户选择方面

当选择客户时，关注客户的社会资本信息，尤其是融资类与其他社会身份情况。选择与自身社会资本相匹配的客户，如果自身社会资本弱，尽量不承接高社会资本家族企业的审计业务，以避免客户要求审计师妥协独立性，降低审计失败可能性。

4. 中小股东投资方面

（1）在做投资决策时，除了基本面分析外，还需关注家族企业的社会资本的积累，尤其是融资类与其他社会身份的积累。

（2）关注家族企业在审事务所的融资类与其他社会身份的情况。尽量选择与事务所社会资本相当的家族企业进行投资，谨慎投资与事务所社会资本地位悬殊的家族企业。

三、研究展望

本书探究了家族企业与事务所社会资本匹配度对家族企业治理的影响，从关联交易、薪酬治理以及财务报表质量的角度进行分析。本书仅局限于对家族企业的内部产生的经济后果，未涉及对公司外部的影响。未来研究可以着眼于对企业外部产生的经济后果。例如，分析师是否感知到审计师与事务所社会资本匹配度低的现象，其预测行为是否产生变化。中小投资者是否感知到了双方社会资本匹配度的差异，有什么样的市场反应？

使用家族企业的董监高曾任或者现任职的金融机构作为家族企业的融资类社会资本，并未区分这些金融机构是否投资家族企业。而投资家族企业的金融机构带来的融资类社会资本与单纯地通过董监高金融背景获得的融资类社会资本为企业带来的融资能力是不同的，未来研究还需要进一步区分研究。

家族企业实际控制人可能是"夫妻档""兄弟档""父子档"等，不同家族成员组合类型产生家族内部矛盾的可能性不同。在不同类型的组合下，事务所与家族企业双边社会资本匹配度的治理作用也存在差异，未来需要进一步分类探索。

参考文献

[1] Abernethy, M A., Kuang Y F, Qin B. The Relation between Strategy, CEO Selection, and Firm Performance [J]. Contemporary Accounting Research, 2019, 36 (3): 1575-1606.

[2] Addy N, Chu X, Yoder T. Voluntary Adoption of Clawback Provisions, Corporate Governance and Interlock Effects [J]. Journal of Accounting and Public Policy, 2014, 33 (2): 167-189.

[3] Adhikari A, Derashid C, Zhang H. Public Policy, Political Connections and Effective Tax Rates: Longitudinal Evidence from Malaysia [J]. Journal of Accounting and Public Policy, 2016, 25 (5): 574-595.

[4] Adler P S, Kwon S W. Social Capital: Prospects for a New Concept [J]. Academy of Management Review, 2002, 27 (1): 17-40.

[5] Agnihotri A, Bhattacharya, S. Internationalization, Related Party Transactions and Firm Ownership Structure: Empirical Evidence from an Emerging Market [J]. Research in International Business and Finance, 2019, 48 (4): 340-352.

[6] Ali A, Chen T, Radhakrishnan S. Corporate Disclosure by Family Firms [J]. Journal of Accounting and Economics, 2007, 44 (1/2): 238-286.

[7] Allen F, Qian J, Qian M. Law, Finance and Economic Growth in China [J]. Journal of Financial Economics, 2005, 77 (1): 57-116.

[8] Al-Okaily J, Naueihed S. Audit Committee Effectiveness and Family Firms: Impact on Performance [J]. Management Decision, 2020, 58 (6): 1021-1034.

[9] AL-Qadasi A A, Abidin S, Al-Jaifi H A. The Puzzle of Internal Audit Function Budget Toward Specialist Auditor Choice and Audit Fees [J]. Managerial Auditing Journal, 2019, 34 (2): 208-243.

[10] Amoako-Adu B, Baulkaran V, Smith B F. Executive Compensation in Firms With Concentrated Control: The Impact of Dual Class Structure and Family Management [J]. Journal of Corporate Finance, 2010, 17 (5): 1580-1594.

[11] Anderson R C, Reeb D M. Founding-Family Ownership and Firm Performance: Evidence from the S&P 500 [J]. Journal of Finance, 2003a, 58 (3): 1301-1328.

[12] Anderson R C, Reeb D M. Founding-Family Ownership, Corporate Diversification and Firm Leverage [J]. Journal of Law and Economics, 2003b, 46 (2): 653-680.

[13] Asthana S C, Boone J P. Abnormal Audit Fee and Audit Quality [J]. Auditing: A Journal of Practice and Theory, 2012, 31 (3): 1-22.

[14] Baek J S, Kang, J K, Suh Park K. Corporate Governance and Firm Value: Evidence from the Korean Financial Crisis [J]. Journal of Financial Economics, 2004, 71 (2): 265-313.

[15] Baker T, Collins D, Reitenga A. Stock Option Compensation and Earnings Management Incentives [J]. Journal of Accounting, Auditing and Finance, 2003, 18 (4): 557-582.

[16] Bardhan I, Lin S, Wu S L. The Quality of Internal Control over Financial Reporting in Family Firms [J]. Accounting Horizons, 2015, 29 (1): 41-60.

[17] Batjargal B, Liu M. Entrepreneurs' Access to Private Equity in China: The Role of Social Capital [J]. Organization Science, 2004, 15 (2): 159-172.

[18] Beaver W H, Ryan S G. Conditional and Unconditional Conservatism: Concepts and Modeling [J]. Review of Accounting Studies, 2005, 10 (2/3): 269-309.

[19] Bergstresser D, Philippon T. CEO Incentives and Earnings Management [J]. Journal of Financial Economics, 2006, 80 (3): 511-529.

[20] Bertrand M, Mehta P, Mullainathan S. Ferreting out Tunneling: An Application to Indian Business Groups [J]. Quarterly Journal of Economics, 2002, 117 (1): 121-148.

[21] Bhandari A, Mammadov B, Shelton A, Thevenot M. It Is Not Only What You Know, It Is also Who You Know: CEO Network Connections and Financial Reporting Quality, Auditing [J]. Auditing-A Journal of Practice and Theory, 2018, 37 (2): 27-50.

［22］ Blau P M. Exchange and Power in Social Life ［M］. Transaction Publishers,1964.

［23］ Bona-Sánchez C. Fernández-Senra C L, Pérez-Alemán J. Related-party Transactions, Dominant Owners and Firm Value ［J］. Business Research Quarterly, 2016, 20 (1): 4–17.

［24］ Boone J P, Khurana I K, Raman K K. Do The Big 4 and The Second-Tier Firms Provide Audits of Similar Quality ［J］. Journal of Accounting and Public Policy, 2010, 29 (4): 330–352.

［25］ Booth–Bell D. Social Capital as a New Board Diversity Rationale for Enhanced Corporate Governance ［J］. Corporate Governance: The International Journal of Business In Society, 2018, 18 (3): 425–439.

［26］ Borralho J M, Vazquez D G, Hernandez-Linares R. Earnings Management in Private Family Versus Non-Family Firms. The Moderating Effect of Family Business Generation ［J］. Spanish Journal of Finance and Accounting-Revista Espanola De Financiacion Y Contabilida, 2020, 49 (2): 210–233.

［27］ Bourdieu P. Le Capital Social: Notes Provissoires ［J］. Actes de la recherché en sciences sociales, 1980, 31 (1): 2–3.

［28］ Bourdieu P. The Forms of Capital'. In Richardson, J. G. (ed.), Handbook of Theory and Research for the Sociology of Education ［M］. New York: Greenwood Press, 1986.

［29］ Bruynseels L, Cardinaels E. The Audit Committee: Management Watchdog or Personal Friend of the CEO ［J］. The Accounting Review, 2014, 89 (1): 113–145.

［30］ Burns N, Kedia S. The Impact of Performance-Based Compensation On Misreporting ［J］. Journal of Financial and Economics, 2006, 79 (1): 35–67.

［31］ Burt R S. Structural Holes: The Social Structure of Competition ［M］. Boston: Harvard University Press, 1992.

［32］ Bushman R M, Smith A J. Financial Accounting Information and Corporate Governance ［J］. Journal of Accounting and Economics, 2001, 32 (1): 237–333.

［33］ Cai Y, Dhaliwal D S, Kim Y, Pan C. Board Interlocks and the Diffusion of Disclosure Policy ［J］. Review of Accounting Studies, 2014, 19 (3): 1086–1119.

［34］Cao Y, Myers J N, Myers L A, Omer, T C. Company Reputation and the Cost of Equity Capital ［J］. Review of Accounting Studies, 2015, 20 (1): 42-81.

［35］Cao Y, Myers L A, Omer T C. Does Company Reputation Matter for Financial Reporting Quality? Evidence from Restatements ［J］. Contemporary Accounting Research, 2012, 29 (3): 956-990.

［36］Casciaro T, Piskorski M J. Power Imbalance, Mutual Dependence, and Constraint Absorption: A Closer Look at Resource Dependence Theory ［J］. Administrative Science Quarterly, 2005, 50 (2): 167-199

［37］Cascino S, Pugliese A, Mussolino D, Sansone C. the Influence of Family Ownership on the Quality of Accounting Information ［J］. Family Business Review, 2010, 23 (3): 246-265.

［38］Chen C J, Hsu C Y, Chen Y L. The Impact of Family Control on the Top Management Compensation Mix and Incentive Orientation ［J］. International Review of Economics and Finance, 2014, 32 (1): 29-46.

［39］Chen S, Chen X, Cheng Q, Shevlin T. Are Family Firms More Tax Aggressive than Non-family Firms? ［J］. Journal of Financial Economics, 2010, 95 (1): 41-61.

［40］Chen X, Feng M, Li C. Family Entrenchment and Internal Control: Evidence from S&P 1500 Firms ［J］. Review of Accounting Studies, 2020, 25 (1): 246-278.

［41］Cheng M, Lin B, Wei M. Executive Compensation in Family Firms: The Effect of Multiple Family Members ［J］. Journal of Corporate Finance, 2015 (32): 238-257.

［42］Cheng Q, Warfield T D. Equity Incentives and Earnings Management ［J］. The Accounting Review, 2005, 80 (2): 441-476.

［43］Cheng Q. Family Firm Research-A Review ［J］. China Journal of Accounting Research, 2014, 7 (3): 149-163.

［44］Cheung Y L, Jing L, Lu T, Rau P R, Stouraitis A. Tunneling and Propping up: An Analysis of Related Party Transactions by Chinese Listed Companies ［J］. Pacific-Basin Finance Journal, 2009a, 17 (3): 372-393.

［45］Cheung Y L, Qi Y, Raghavendra Rau P, Stouraitis A. Buy High, Sell Low: How Listed Firms Price Asset Transfers in Related Party Transactions

[J]. Journal of Banking and Finance, 2009b, 33 (5): 914-924.

[46] Choi J H, Kim J B, Qiu A A. Geographic Proximity Between Auditor and Client: How Does It Impact Audit Quality? [J]. Auditing: A Journal of Practice and theory, 2012, 31 (2): 43-72.

[47] Choi J, Kim J, Liu X, Simunic D. Audit Pricing, Legal Liability Regimes and Big 4 Premiums: Theory and Cross-Country Evidence [J]. Contemporary Accounting Research, 2008, 25 (1): 55-99.

[48] Chung H, Sonu C H, Zang Y, Choi J H. Opinion Shopping to Avoid a Going Concern Audit Opinion and Subsequent Audit Quality [J]. Auditing: A Journal of Practice and Theory, 2019, 38 (2): 101-123.

[49] Churchill S A, Valenzuela M R. Determinants of Firm Performance: Does Ethnic Diversity Matter [J]. Empirical Economics, 2019, 57 (6): 2079-2105.

[50] Ciamarra E. Monitoring by Affiliated Bankers on Board of Directors: Evidence from Corporate Financing Outcomes [J]. Financial Management, 2012, 41 (3), 665-702.

[51] Claessens S, Djankov S, Fan J P H, Lang L H P. Disentangling the Incentive and Entrenchment Effects of Large Shareholdings [J]. Journal of Finance, 2002, 57 (6): 2741-2772.

[52] Coleman J S. Foundations of Social Theory [M] . Cambridge, MA: Harvard University Press, 1990.

[53] Coleman J S. Social Capital in the Creation of Human Capita [J]. American Journal of Sociolog, 1988 (93): 291-321.

[54] Coleman S, Robb A. Capital Structure Theory and New Technology Firms: Is There a Match [J]. Management Research Review, 2012, 35 (1-2): 106-120.

[55] Connelly B L, Certo S T, Ireland R D, Reutzel C R. Signaling Theory: A Review and Assessment [J]. Journal of Management, 2011, 37 (1): 39-67.

[56] Conyon M J, He L. Executive Compensation and Corporate Governance in China [J]. Journal of Corporate Finance, 2011, 17 (4): 1158-1175.

[57] Core J E, Holthausen R W, Larcker D F. Corporate Governance, Chief Executive officer Compensation, and Firm Performance [J]. Journal of Financial Economics, 1999, 51 (3): 371-406.

[58] Corten M, Steijvers T, Lybaert N. The Demand for Auditor Services in

Wholly Family-Owned Private Firms: The Moderating Role of Generation [J]. Accounting and Business Research, 2015, 45 (1): 1-26.

[59] Corten M, Steijvers T, Lybaert N. The Effect of Intrafamily Agency Conflicts on Audit Demand in Private Family Firms: The Moderating Role of the Board of Directors [J]. Journal of Family Business Strategy, 2017, 8 (1): 13-28.

[60] Craswell A T, Francis J R, Taylor S L. Auditor Brand Name Reputations and Industry Specializations [J]. Journal of Accounting and Economics, 1995, 20 (3): 297-322.

[61] Crespí-Cladera R, Pascual-Fuster B. Executive Directors' Pay, Networks and Operating Performance: The Influence of Ownership Structure [J]. Journal of Accounting and Public Policy, 2015, 34 (2): 175-203.

[62] Croci E, Gonenc H, Ozkan N. CEO Compensation, Family Control and Institutional Investors in Continental Europe [J]. Journal of Banking and Finance, 2012, 36 (12): 3318-3335.

[63] Deangelo L E. Auditor Independence, "Low Balling", and Disclosure Regulation [J]. Journal of Accounting and Economics, 1981, 3 (2): 113-127.

[64] Dechow P M, Dichev I D. The Quality of Accruals and Earnings: The Role of Accrual Estimation Errors [J]. The Accounting Review, 2002, 77 (4): 35.

[65] Dechow P M, Ge W, Schrand C. Understanding Earnings Quality: A Review of the Proxies, Their Determinants and Their Consequences [J]. Journal of Accounting and Economics, 2010, 50 (2/3): 344-401.

[66] Dechow P M, Sloan R G. Detecting Earnings Management [J]. The Accounting Review, 1995, 70 (2): 193-225.

[67] Defond M L, Raghunandan K, Subramanyam K R. Do Non-Audit Service Fees Impair Auditor Independence? Evidence from Going Concern Audit Opinions [J]. Journal of Accounting Research, 2002, 40 (4): 1247-1274.

[68] Denis D J, Hanouna P, Sarin A. Is There a Dark Side to Incentive Compensation [J]. Journal of Corporate Finance, 2006, 12 (3): 467-488.

[69] Ding S, Qu B, Zhuang Z. Accounting Properties of Chinese Family Firms [J]. Journal of Accounting, Auditing and Finance, 2011, 26 (4): 623-640.

[70] Ding Y, Zhang H, and Zhang J. Private vs State Ownership and Earnings Management: Evidence from Chinese Listed Companies [J]. Corporate Governance:

An International Review, 2007, 15 (12): 223-238.

[71] Dobler M. Auditor-Provided Non-audit Services in Listed and Private Family Firms [J]. Managerial Auditing Journal, 2014, 29 (5): 427-454.

[72] Dyck A, Volchkova N, Zingales L. the Corporate Governance Role of the Media: Evidence from Russia [J]. Journal of Finance, 2008, 63 (3): 1093-1135.

[73] Efendi J, Srivastava A, Swanson E P. Why Do Corporate Managers Misstate Financial Statements? The Role of Option Compensation and Other Factors [J]. Journal of Financial Economics, 2007, 85 (3): 667-708.

[74] Faccio M, Masulis R W, Mcconnell J J. Political Connections and Corporate Bailouts [J]. Journal of Finance, 2006, 61 (6): 2597-2635.

[75] Faccio M. Politically Connected Firms [J]. American Economic Review, 2006, 96 (1): 369-386.

[76] Fama E, Jensen M. Separation of Ownership and Control [J]. Journal of Law and Economics, 1983, 26 (3): 301-325.

[77] Fan J P H, Wong T J, Zhang T. Politically Connected CEOs, Corporate Governance, and Post-IPO Performance of China's Newly Partially Privatized Firms [J]. Journal of Financial Economics, 2007, 84 (2): 330-357.

[78] Fan J P H, Wong T J. Do External Auditors Perform a Corporate Governance Role in Emerging Markets? Evidence from East Asia [J]. Journal of Accounting Research, 2005, 43 (1): 35-72.

[79] Fang H, Nofsinger J R, Quan J. The Effects of Employee Stock Option Plans on Operating Performance in Chinese Firms [J]. Journal of Banking and Finance, 2015 (54): 141-159.

[80] Fang L, Peress J. Media Coverage and Thecross-section of Stock Returns [J]. Journal of Finance, 2009, 64 (5): 2023-2052.

[81] Fei K. Do Family Firms Purchase More Nonaudit Services than Non-Family Firms? [J]. International Journal of Auditing, 2017, 21 (2): 212-221.

[82] Firth M, Fung P M Y, Rui O M. How Ownership and Corporate Governance Influence Chief Executive Pay in China's Listed Firms [J]. Journal of Business Research, 2007, 60 (7): 776-785.

[83] Fracassi C. Corporate Finance Policies and Social Networks [J]. Management Science, 2017, 63 (8): 2420-2438.

［84］ Francis J R, Michas P N, Seavey S E. Does Audit Market Concentration Harm the Quality of Audited Earnings? Evidence from Audit Markets in 42 Countries ［J］. Contemporary Accounting Research, 2013, 30 (1): 325-355.

［85］ Gale D, Shapley L S. College Admissions and the Stability of Marriage ［J］. American Mathematical Monthly, 1962, 69 (1): 9-15.

［86］ Ghosh A, Tang C Y. Assessing Financial Reporting Quality of Family Firms: The Auditors Perspective ［J］. Journal of Accounting and Economics, 2015, 60 (1): 95-116.

［87］ Gillan S L. Recent Developments in Corporate Governance: An Overview ［J］. Journal of Corporate Finance, 2006, 12 (3): 381-402.

［88］ Gomez-Mejia L, Cruz C, Imperatore C. Financial Reporting and the Protection of Socioemotional Wealth in Family-Controlled Firms ［J］. European Accounting Review, 2014, 23 (3): 387-402.

［89］ Gomez-Mejia L R, Larraza-Kintana M, Makri M. The Determinants of Executive Compensation in Family-Controlled Public Corporations ［J］. Academy of Management Journal, 2003, 46 (2): 226-237.

［90］ Granovetter M. Economic Action and Social Structure: The Problem of Embeddedness ［J］. American Journal of Sociology, 1985, 91 (3): 481-510.

［91］ Greco G, Ferramosca S, Allegrini M. The Influence of Family Ownership on Long-Lived Asset Write-Offs ［J］. Family Business Review, 2015, 28 (4): 355-371.

［92］ Guay W R. The Sensitivity of CEO Wealth to Equity Risk: An Analysis of the Magnitude and Determinants ［J］. Journal of Financial Economics, 1999, 53 (1): 43-71.

［93］ Habib A. Non-Audit Service Fees and Financial Reporting Quality: A Meta-Analysis ［J］. Abacus, 2012, 48 (2): 214-248.

［94］ Hasan I, Hoi C K S, Wu Q, Zhang H. Does Social Capital Matter in Corporate Decisions? Evidence from Corporate Tax Avoidance ［J］. Journal of Accounting Research, 2017, 55 (3): 629-668.

［95］ Hashmi M A, Brahmana R K, Lau E. Political Connections, Family Firms and Earnings Quality ［J］. Management Research Review, 2018, 41 (4): 414-432.

［96］ He L. Do Founders Matter? A Study of Executive Compensation, Governance Structure and Firm Performance [J]. Journal of Business Venturing, 2008, 23 (5): 257-279

[97] He X, Pittman J A, Rui O M, Wu D. Do Social Ties Between External Auditors and Audit Committee Members Affect Audit Quality [J]. The Accounting Review, 2017, 92 (5): 61-87.

[98] Heninger W G. The Association between Auditor Litigation and Abnormal Accruals [J]. The Accounting Review, 2001, 76 (1): 111-126.

[99] Henk B, Cole R A, Fu L J. Political Connections and Minority-shareholder Protection: Evidence from Securities-market Regulation in China [J]. Journal of Financial and Quantitative Analysis, 2010, 45 (6): 1391-1417.

[100] Hitt M A, Lee H, Yucel E. The Importance of Social Capital to the Management of Multinational Enterprises: Relational Networks among Asian and Western Firms [J]. Asia Pacific Journal of Management, 2002, 19 (2/3): 353.

[101] Ho J L, Kang F. Auditor Choice and Audit Fees in Family Firms: Evidence from the Sandp 1500 [J]. Auditing A Journal of Practice and Theory, 2013, 32 (4): 71-93.

[102] Horton J, Millo Y, Serafeim G. Resources or Power? Implications of Social Networks On Compensation and Firm Performance [J]. Journal of Business Finance and Accounting, 2012, 39 (3/4): 399-426.

[103] Houston J F, Lee J, Suntheim F. Social Networks in the Global Banking Sector [J]. Journal of Accounting and Economics, 2018, 65 (2/3): 237-269.

[104] Huang Q, Jiang F, Lie E, Yang K. The Role of Investment Banker Directors in M&A [J]. Journal of Financial Economics, 2014, 112 (2): 269-286.

[105] Huang T C, Chang H, Chiou J R. Audit Market Concentration, Audit Fees and Audit Quality: Evidence from China [J]. Auditing: A Journal of Practice and Theory, 2016, 35 (2): 121-145.

[106] Hunter J E, Schmidt F L. Dichotomization of Continuous Variables: The Implications for Meta-Analysis [J]. Journal of Applied Psychology, 1990, 75 (3): 334-349.

[107] Hwang S, Kim W. When Heirs become Major Shareholders: Evidence on Pyramiding Financed by Related-Party Sales [J]. Journal of Corporate Finance, 2016 (41): 23-42.

[108] Irani R M, Oesch D. Analyst Coverage and Real Earnings Management: Quasi-Experimental Evidence [J]. Journal of Financial and Quantitative Analysis, 2016, 51 (2): 589-627.

[109] Jensen M, Meckling W. Theory of Firm: Managerial Behavior, Agency Costs and Ownership Structure [J]. Journal of Financial Economics, 1976, 3 (4): 305-360.

[110] Jha A, Chen Y. Audit Fees and Social Capital [J]. The Accounting Review, 2015, 90 (2): 611-639.

[111] Jia N. Tournament Incentives and Audit Fees [J]. Journal of Accounting and Public Policy, 2017, 36 (5): 358-378.

[112] Jian M, Wong T J. Propping Through Related Party Transactions [J]. Review of Accounting Studies, 2010, 15 (1): 70-105.

[113] Jiang C. The Nature of Political Connections and Firm Value [J]. International Finance Review, 2008, 9 (2): 461-494.

[114] Joe J R, Louis H, Robinson D. Managers' and Investors' Responses to Media Exposure of Board Ineffectiveness [J]. Journal of Financial and Quantitative Analysis, 2009, 44 (3): 579-605.

[115] Johnson S, Boone P, Breach A, Friedman E. Corporate Governance in the Asian Financial Crisis [J]. Journal of Financial Economics, 2000, 58 (1/2): 141-186.

[116] Joni J, Ahmed K, Hamilton J. Politically Connected Boards, Family and Business Group Affiliations and Cost of Capital: Evidence from Indonesia [J]. British Accounting Review, 2020, 52 (3) .

[117] Jung W O, Park S O. Do Controlling Shareholders Manage the Timing of Information Disclosure When Making a Stock Gift [J]. Asia Pacific Journal of Financial Studies, 2009, 38 (6): 831-861.

[118] Kadan O, Yang J. Executive Stock Options and Earnings Management: A Theoretical and Emprical Analysis [J]. Quarterly Journal of Finance, 2016, 6 (2): 1-39.

[119] Kashmiri S, Mahajan V. What's In a Name? An Analysis of the Strategic Behavior of Family Firms [J]. International Journal of Research in Marketing, 2010, 27 (3): 271-280.

［120］Kato H K, Lemmon M, Luo M, Schallheim J. An Empirical Examination of the Costs and Benefits of Executive Stock Options: Evidence from Japan ［J］. Journal of Financial Economics, 2005, 78（2）: 435-461.

［121］Keune M B, Johnstone K M. Materiality Judgments and the Resolution of Detected Misstatements: The Role of Managers, Auditors, and Audit Committees ［J］. The Accounting Review, 2012, 87（5）: 1641-1677.

［122］Khan A, Muttakin M B, Siddiqui J. Audit Fees, Auditor Choice and Stakeholder Influence: Evidence from A Family-Firm Dominated Economy ［J］. British Accounting Review, 2015, 47（3）: 304-320.

［123］Klein A. Audit Committee, Board of Director Characteristics and Earnings Management ［J］. Journal of Accounting and Economics, 2002, 33（3）: 375-400.

［124］Knight B. Are Policy Platforms Capitalized into Equity Prices? Evidence from the Bush/Gore 2000 Presidential Election ［J］. Journal of Public Economics, 2006, 90（4/5）: 751-773.

［125］Kohlbeck M, Mayhew B W. Are Related Party Transactions Red Flags ［J］. Contemporary Accounting Research, 2017, 34（2）: 900-928.

［126］Kothari S P, Leone A J, Wasley C E. Performance Matched Discretionary Accrual Measures ［J］. Journal of Accounting and Economics, 2005, 39（1）: 163-197.

［127］Krishnan G V, Raman K K, Yang K, Yu W. CFO/CEO-Board Social Ties, Sarbanes Oxley and Earnings Management ［J］. Accounting Horizons, 2011, 25（3）: 537-557.

［128］Krishnan G, Peytcheva M. The Risk of Fraud in Family Firms: Assessments of External Auditors ［J］. Journal of Business Ethics, 2019, 157（1）: 261-278.

［129］Kuo H C, Wang L H. Do Network Linkages Affect Financial Leverage? A Group Governance Perspective ［J］. Romanian Journal of Economic Forecasting, 2015, 18（4）: 50-69.

［130］Lee H S, Li X, Sami H. Conditional Conservatism and Audit Fees ［J］. Accounting Horizons, 2015, 29（1）: 83-113.

［131］Lee S J, Park S O, Jung W O. Earnings Management by Controlling Shareholders Who Plan for Stock Gifts: Korean Evidence ［J］. Asia Pacific Journal of

Accounting & Economics, 2017: 1-17.

[132] Lennox C S, Wu X, Zhang T. Does Mandatory Rotation of Audit Partners Improve Audit Quality [J]. The Accounting Review, 2014, 89 (5): 1775-1803.

[133] Lennox C, Wang Z T, Wu X. Earnings Management, Audit Adjustments, and the Financing of Corporate Acquisitions: Evidence from China [J]. Journal of Accounting and Economics, 2018, 65 (1): 21-40.

[134] Lennox C, Wu X, Zhang T. The Effect of Audit Adjustments on Earnings Quality: Evidence from China [J]. Journal of Accounting and Economics, 2016, 61 (2/3): 545-562.

[135] Li H, Meng L, Wang Q, Zhou L A. Political Connections, Financing and Firm Performance: Evidence from Chinese Private Firms [J]. Journal of Development Economics, 2008, 87 (2): 283-299.

[136] Liao P C, Radhakrishnan S. the Effects of the Auditor's Insurance Role on Reporting Conservatism and Audit Quality [J]. The Accounting Review, 2016, 91 (2): 587-602.

[137] Lin K Z, Fraser I A M. Auditors' Ability to Resist Client Pressure and Culture: Perceptions in China and the United Kingdom [J]. Journal of International Financial Management & Accounting, 2008, 19 (2): 161-183.

[138] Lin N. Social Capital: A Theory of Social Structure and Action [M]. Boston: Cambridge University Press, 1998.

[139] Liu Q, Tian G. Controlling Shareholder, Expropriations and Firm's Leverage Decision: Evidence from Chinese Non-Tradable Share Reform [J]. Journal of Corporate Finance, 2012, 18 (4): 782-803.

[140] Mazur M, Wu B H T. Founding Family Firms, CEO Incentive Pay and Dual Agency Problems [J]. Journal of Small Business Management, 2016, 54 (4): 1099-1125.

[141] Mcanally M L, Srivastava A, Weaver C D. Executive Stock Options, Missed Earnings Targets and Earnings Management [J]. The Accounting Review, 2008, 83 (1): 185-216.

[142] Michiels A, Voordeckers W, Lybaert N, Steijvers T. CEO Compensation in Private Family Firms: Pay-for-performance and the Moderating Role of Ownership and Management [J]. Family Business Review, 2013, 26 (2): 140-160.

［143］Michiels A. Formal Compensation Practices in Family Smes ［J］. Journal of Small Business and Enterprise Development, 2017, 24 (1): 88-104.

［144］Nahapiet J, Ghoshal S. Social Capital, Intellectual Capital, and the Organizational Advantage ［J］. Academy of Management Review, 1998, 23 (2): 242-266.

［145］Nam H J, An Y. The Effect of Interlocking Directors Network on Firm Value and Performance: Evidence from Korean-Listed Firms ［J］. Global Economic Review, 2018, 47 (2): 151-173.

［146］Nelson M W, Elliott J A, Tarpley R L. Evidence from Auditors about Managers "and Auditors" Earnings Management Decisions ［J］. The Accounting Review, 2002 (77): 175-202.

［147］Newman D P, Patterson E R, Smith J R. The Role of Auditing in Investor Protection ［J］. The Accounting Review, 2005, 80 (1): 289-313.

［148］Newton N J, Persellin J S, Dechun Wang, Wilkins, M. S. Internal Control Opinion Shopping and Audit Market Competition ［J］. The Accounting Review, 2016, 91 (2): 603-623.

［149］Newton N J, Persellin J S, Wang D, Wilkins M S. Internal Control Opinion Shopping and Audit Market Competition ［J］. The Accounting Review, 2016, 91 (2): 603-623.

［150］Niskanen M, Jukka K, Niskanen J. The Role of Auditing in Small, Private Family Firms: Is It About Quality and Credibility? ［J］. Family Business Review, 2010, 23 (3): 230-245.

［151］Osma B G, Noguer B G A. The Effect of The Board Composition and Its Monitoring Committees on Earnings Management: Evidence from Spain ［J］. Corporate Governance: An International Review, 2007, 15 (6): 1413-1428.

［152］Paiva I S, Lourenco I C, Branco M C. Earnings Management in Family Firms: Current State of Knowledge and Opportunities for Future Research ［J］. Review of Accounting and Finance, 2016, 15 (1): 85-100.

［153］Pazzaglia F, Mengoli S, Sapienza E. Earnings Quality in Acquired and Non-Acquired Family Firms: A Socioemotional Wealth Perspective ［J］. Family Business Review, 2013, 26 (4): 374-386.

［154］Peng Z, Sha H, Lan H, Chen X. Cross-Shareholding and Financing Constraints of Private Firms: Based on the Perspective of Social Network [J]. Physica A, 2019 (520): 381-389.

[155] Portes A. Social Capital: Its Origins and Applications in Modern Sociology [J]. Annual Review of Sociology, 1998 (24): 1-24

[156] Prencipe A, Bar-Yosef S, Dekker H C. Accounting Research in Family Firms: Theoretical and Empirical Challenges [J]. European Accounting Review, 2014, 23 (3): 361-385.

[157] Prencipe A, Markarian G, Pozza L. Earnings Management in Family Firms: Evidence from R&D Cost Capitalization in Italy [J]. Family Business Review, 2008, 21 (1): 71-88.

[158] Putnam R D. The Prosperous Community: Social Capital and Public Life [J]. American Prospect, 1993 (13): 35-42.

[159] Qiu B, Yu J, Chan K C. Does Social Trust Restrain Firm Financing Violations? Evidence from China [J]. Accounting and Finance, 2021, 61 (1) 543-560.

[160] Razzaque R M R, Ali M J, Mather P R. Real Earnings Management in Family Firms: Evidence from an Emerging Economy [J]. Pacific-Basin Finance Journal, 2016 (40): 237-250.

[161] Reitz H J. The External Control of Organizations: A Resource Dependence Perspective [J]. Academy of Management Review, 1979, 4 (2): 309-310.

[162] Rodriguez-Ariza L, Martínez-Ferrero J, Bermejo-Sánchez M. Consequences of Earnings Management for Corporate Reputation [J]. Accounting Research Journal, 2016, 29 (4): 457-474.

[163] Roth A E. Common and Conflicting Interests in Two-sided Matching Markets [J]. European Economic Review, 1985, 27 (1): 1-96.

[164] Salvato C, Moores K. Research on Accounting in Family Firms: Past Accomplishments and Future Challenges [J]. Family Business Review, 2010, 23 (3): 193-215.

[165] Shane S, Cable D. Network Ties, Reputation and the Financing of New Ventures [J]. Management Science, 2002, 48 (3): 364-381.

[166] Sherif K, Hoffman J, Thomas B. Can Technology Build Organizational Social Capital? The Case of a Global IT Consulting Firm [J]. Information and Management, 2006, 43 (7): 795-804.

［167］Souther M E. The Effects of Internal Board Networks：Evidence from Closed-end Funds ［J］. Journal of Accounting and Economics, 2018, 66 (1)：266-290.

［168］Spence M. Signaling in Retrospect and the Informational Structure of Markets ［J］. American Economic Review, 2002, 92 (3)：434-459.

［169］Srinivasan R, Wuyts S, Mallapragada G. Corporate Board Interlocks and New Product Introductions ［J］. Journal of Marketing, 2018, 82 (1)：132-150.

［170］Stockmans A, Lybaert N, Voordeckers W. Socioemotional Wealth and Earnings Management in Private Family Firms ［J］. Family Business Review, 2010, 23 (3)：280-294.

［171］Sue S, Chin C, Chan A L. Exploring the Causes of Accounting Restatements by Family Firms ［J］. Journal of Business Finance and Accounting, 2013, 40 (9/10)：1068-1094.

［172］Gonzalez J. S., García-Meca E. Does Corporate Governance Influence Earnings Management in Latin American Markets ［J］. Journal of Business Ethics, 2014, 121 (3)：419-440.

［173］Tee C M. Family Firms, Political Connections and Audit Fees：Evidence from Malaysian Firms ［J］. Managerial Auditing Journal, 2018, 33 (6/7)：613-632.

［174］Teh B H, Ong T S, Ying L Y. Earnings Management in Malaysian Public Listed Family Firms ［J］. Jurnal Pengurusan, 2017, (51)：183-193.

［175］Wang L, Yung K. Do State Enterprises Manage Earnings More than Privately Owned Firms? The Case of China ［J］. Journal of Business Finance and Accounting, 2011, 38 (7/8)：794-812.

［176］Wright A, Wright S. An Examination of Factors Affecting the Decision to Waive Audit Adjustments ［J］. Journal of Accounting, Auditing and Finance, 1997, 12 (1)：15-36.

［177］Wu M C, Liao S L, Huang Y T. Determinants of the Adoption of Executive Stock Options in China ［J］. Chinese Economy, 2013, 46 (4)：63-84.

［178］Xin K K, Pearce J L. Guanxi：Connections as Substitutes for Formal Institutional Support ［J］. Academy of Management Journal, 1996, 39 (6)：1641-1658.

［179］Yang Z. Do Political Connections Add Value to Audit Firms? Evidence from IPO Audits in China [J]. Contemporary Accounting Research, 2013, 30 (3): 891-921.

[180] Yli-Renko H, Autio E, Sapienza H J. Social Capital, Knowledge Acquisition, and Knowledge Exploitation in Young Technology-Based Firms [J]. Strategic Management Journal, 2001, 22 (6-7): 587-613.

[181] Yoo T, Koh Y. Agent or Structure for Principal-principal Conflicts? Audit Firms Versus Foreign Ownership in the Asian Context [J]. Asian Business and Management, 2014, 13 (4): 309-332.

[182] Zhang S, Ye K, Cui Y, Zang W. Large Shareholder Incentives and Auditor Choice [J]. Auditing: A Journal of Practice and Theory, 2019, 38 (3): 203-222.

[183] Zhou N, Delios A. Diversification and Diffusion: A Social Networks and Institutional Perspective [J]. Asia Pacific Journal of Management, 2012, 29 (3): 773-798.

[184] Zimmerman, J. L. Myth: External Financial Reporting Quality Has a First-Order Effect on Firm Value [J]. Accounting Horizons, 2013, 27 (4): 887-894.

[185] Zou H, Xie X, Meng X, Yang M. The Diffusion of Corporate Social Responsibility through Social Network Ties: From the Perspective of Strategic Imitation [J]. Corporate Social Responsibility and Environmental Management, 2019, 26 (1): 186-198.

[186] 埃尔文·E·罗斯,马里尔达·A·奥利维拉·索. 双边匹配:博弈论建模与分析研究 [M]. 北京: 姚东,王麒植译. 中国人民大学出版社, 2019.

[187] 边燕杰,丘海雄. 企业的社会资本及其功效 [J]. 中国社会科学, 2000 (2): 87-99+207.

[188] 边燕杰. 城市居民社会资本的来源及作用:网络观点与调查发现 [J]. 中国社会科学, 2004 (3): 136-146+208.

[189] 仓勇涛,储一昀,戚真. 外部约束机制监督与公司行为空间转换——由次贷危机引发的思考 [J]. 管理世界, 2011 (6): 91-104.

[190] 曹强,葛晓舰. 事务所任期、行业专门化与财务重述 [J]. 审计研究, 2009 (6): 59-68.

[191] 车宣呈. 独立审计师选择与公司治理特征研究——基于中国证券市场的经验证据 [J]. 审计研究, 2007 (2): 61-68.

[192] 陈德球，肖泽忠，董志勇．家族控制权结构与银行信贷合约：寻租还是效率？[J]．管理世界，2013（9）：130-143+188.

[193] 陈德球，叶陈刚，李楠．控制权配置、代理冲突与审计供求——来自中国家族上市公司的经验证据 [J]．审计研究，2011（5）：57-64.

[194] 陈辉发，蒋义宏，王芳．发审委身份公开、会计师事务所声誉与 IPO 公司盈余质量 [J]．审计研究，2012（1）：62-70.

[195] 陈家田．上市家族企业 CEO 薪酬激励实证研究——基于双重委托代理视角 [J]．管理评论，2014，26（11）：159-168.

[196] 陈胜蓝，马慧．会计师事务所行业专长、声誉与规模经济性的传递效应 [J]．审计研究，2013（6）：84-92.

[197] 陈宋生，曹圆圆．股权激励下的审计意见购买 [J]．审计研究，2018（1）：59-67.

[198] 陈晓，王琨．关联交易、公司治理与国有股改革——来自我国资本市场的实证证据 [J]．经济研究，2005（4）：77-86+128.

[199] 陈晓红，尹哲，吴旭雷．"金字塔结构"、家族控制与企业价值——基于沪深股市的实证分析 [J]．南开管理评论，2007（5）：47-54.

[200] 陈艳萍，杨淑娥．我国注册会计师审计市场集中度与竞争态势分析 [J]．审计与经济研究，2010，25（3）：39-45.

[201] 陈艳萍．我国审计市场竞争态势：完全竞争还是垄断竞争？[J]．会计研究，2011（6）：92-94.

[202] 陈运森，郑登津，李路．民营企业发审委社会关系、IPO 资格与上市后表现 [J]．会计研究，2014（2）：12-19+94.

[203] 邓建平，陈爱华．高管金融背景与企业现金持有——基于产业政策视角的实证研究 [J]．经济与管理研究，2017，38（3）：133-144.

[204] 邓建平，曾勇．金融生态环境、银行关联与债务融资——基于我国民营企业的实证研究 [J]．会计研究，2011（12）：33-40+96-97.

[205] 董沛武，程璐，乔凯．客户关系是否影响审计收费与审计质量 [J]．管理世界，2018，34（8）：143-153.

[206] 董志强，汤灿晴．审计市场竞争与审计合谋：历史与理论考察 [J]．审计与经济研究，2010，25（5）：27-32.

[207] 杜兴强，陈韫慧，杜颖洁．寻租、政治联系与"真实"业绩——基于民营上市公司的经验证据 [J]．金融研究，2010（10）：135-157.

［208］杜兴强，郭剑花，雷宇．政治联系方式与民营上市公司业绩："政府干预"抑或"关系"？［J］．金融研究，2009（11）：158-173.

［209］杜兴强，赖少娟，杜颖洁．"发审委"联系、潜规则与IPO市场的资源配置效率［J］．金融研究，2013（3）：143-156.

［210］杜兴强，曾泉，杜颖洁．政治联系、过度投资与公司价值——基于国有上市公司的经验证据［J］．金融研究，2011（8）：93-110.

［211］杜兴强．殷勤款待与审计独立性：天下有白吃的午餐吗？［J］．会计研究，2018（5）：83-89.

［212］杜勇，谢瑾，陈建英．金融背景与实体企业金融化［J］．中国工业经济，2019（5）：136-154.

［213］方军雄，洪剑峭．异常审计收费与审计质量的损害——来自中国审计市场的证据［J］．中国会计评论，2008，6（4）：425-442.

［214］傅瑜，申明浩．控制权配置形式对企业关联交易的影响分析——基于A股家族类上市公司的实证研究［J］．当代财经，2013（5）：59-71.

［215］高凤莲，王志强．独立董事社会资本与高管薪酬——绩效敏感度［J］．经济管理，2016，38（8）：82-97.

［216］宫元．区域社会资本对审计收费决策的影响［J］．财会月刊，2016（15）：110-114.

［217］巩娜．家族企业、控股股东与股权激励——以自利性假说和道德风险假说为基础［J］．山西财经大学学报，2013，35（5）：94-102.

［218］郭萍，陈凌．华人家族企业如何基业长青？——第五届"创业与家族企业成长"国际研讨会侧记［J］．管理世界，2010（1）：152-156.

［219］郭跃进，徐冰．家族企业外部审计需求的实证分析与思考［J］．经济管理，2004（4）：74-79.

［220］侯冰冰．跳出"富不过三代"的怪圈——我国家族企业管理模式的问题与对策［J］．企业导报，2016（14）：40.

［221］胡旭阳，吴一平．创始人政治身份与家族企业控制权的代际锁定［J］．中国工业经济，2017（5）：152-171.

［222］胡旭阳，吴一平．中国家族企业政治资本代际转移研究——基于民营企业家参政议政的实证分析［J］．中国工业经济，2016（1）：146-160.

［223］胡旭阳．民营企业家的政治身份与民营企业的融资便利——以浙江省民营百强企业为例［J］．管理世界，2006（5）：107-113+141.

［224］黄琼宇，程敏英，黎文靖，魏明海．上市方式、政治支持与盈余质量——来自中国家族企业的证据［J］．会计研究，2014（7）：43-49+96.

［225］简泽．银行债权治理、管理者偏好与国有企业的绩效［J］．金融研究，2013（1）：135-148.

［226］江伟，姚文韬．企业创新与高管薪酬—业绩敏感性——基于国有上市公司的经验研究［J］．经济管理，2015，37（5）：63-73.

［227］姜付秀，郑晓佳，蔡文婧．控股家族的"垂帘听政"与公司财务决策［J］．管理世界，2017（3）：125-145.

［228］姜卫涛．基于结构洞理论的企业家社会资本的影响机制研究［M］．南京：南京农业大学出版社，2012.

［229］孔东民，刘莎莎，应千伟．公司行为中的媒体角色：激浊扬清还是推波助澜？［J］．管理世界，2013（7）：145-162.

［230］孔亚平，李璐，院茜．会计师事务所政治关联影响审计意见吗［J］．财会月刊，2020（4）：93-100

［231］雷光勇，李书锋，王秀娟．政治关联、审计师选择与公司价值［J］．管理世界，2009（7）：145-155.

［232］李欢，郑杲娉，徐永新．家族企业"去家族化"与公司价值——来自我国上市公司的经验证据［J］．金融研究，2014（11）：127-141.

［233］李江涛，严文龙，曾铁兵．政治关联、制度环境与会计师事务所经营业绩［J］．审计与经济研究，2015，30（5）：32-43.

［234］李路路．私营企业主的个人背景与企业"成功"［J］．中国社会科学，1997（2）：133-145.

［235］李敏才，刘峰．社会资本、产权性质与上市资格——来自中小板IPO的实证证据［J］．管理世界，2012（11）：110-123.

［236］李明辉，刘笑霞．客户重要性与审计质量关系研究：公司治理的调节作用［J］．财经研究，2013，39（3）：64-74.

［237］李思飞，裘泱．家族企业传承意愿与社会资本投资［J］．金融评论，2018，10（2）：44-55，123-124.

［238］李眺．会计师事务所竞争策略选择［J］．山西财经大学学报，2008（7）：111-118.

［239］李维安，李晓琳．家族涉入、外部审计与信息披露违规［J］．系统工程，2017，35（9）：60-69.

[240] 李文颖，陈宋生，曹圆圆．相对资源权力视角下社会资本匹配与审计质量 [J]．审计与经济研究，2020，35（2）：40-53.

[241] 李文颖，陈宋生．事务所与客户社会资本匹配的审计效应研究：理论框架和影响机制 [J]．会计研究，2018（7）：86-93.

[242] 李增泉，孙铮，王志伟．"掏空"与所有权安排——来自我国上市公司大股东资金占用的经验证据 [J]．会计研究，2004（12）：3-13+97.

[243] 林南．社会资本：关于社会结构与行动的理论 [M]．上海：上海人民出版社，2005.

[244] 刘凤君，郭丽虹．发审委社会资本、产权性质与审计质量 [J]．山西财经大学学报，2020（7）：99-113.

[245] 刘军．整体网分析讲义：UCINET 软件实用指南 [M]．上海：上海人民出版社，2009.

[246] 刘涛，毛道维，宋海燕．高管变更机制效率与机构投资者治理角色——基于内生性视角的实证新发现 [J]．山西财经大学学报，2014，36（11）：74-86.

[247] 刘天旭，张星久．象征性治理：一种基层政府行为的信号理论分析 [J]．武汉大学学报（哲学社会科学版），2010，63（5）：673-678.

[248] 刘文军．审计师的地理位置是否影响审计质量？[J]．审计研究，2014（1）：79-87.

[249] 刘笑霞，李明辉．社会信任水平对审计定价的影响——基于 CGSS 数据的经验证据 [J]．经济管理，2019，41（10）：143-161.

[250] 刘颖斐，丁茜菡．社会资本与审计收费——基于中国 A 股上市公司的经验研究 [J]．商业研究，2017（4）：37-47.

[251] 刘玥，黄莉，杨丹．会计师胜任能力解构及其培养——基于国际会计教育准则的探索 [J]．会计研究，2014（5）：29-36+94.

[252] 吕长江，肖成民．民营上市公司所有权安排与掏空行为——基于阳光集团的案例研究 [J]．管理世界，2006（10）：128-138.

[253] 罗党论，刘晓龙．政治关系、进入壁垒与企业绩效——来自中国民营上市公司的经验证据 [J]．管理世界，2009（5）：97-106.

[254] 罗党论，甄丽明．民营控制、政治关系与企业融资约束——基于中国民营上市公司的经验证据 [J]．金融研究，2008（12）：164-178.

[255] 罗国民，章卫东，王珏玮．公司内部治理、审计师监督与定向增发公

司的盈余管理——来自我国 A 股市场的经验数据 [J]. 财贸研究, 2018, 29 (11): 99-110.

[256] 罗进辉, 李雪, 林芷如. 审计师—客户公司的地理邻近性与会计稳健性 [J]. 管理科学, 2016, 29 (6): 145-160.

[257] 梅琳. 民营上市公司政治联系与审计师选择、审计意见的相关性研究 [D]. 吉林大学, 2012.

[258] 倪小雅, 戴德明, 张东旭. 股权激励与审计收费——来自中国的经验证据 [J]. 审计研究, 2017 (1): 69-77.

[259] 聂霞. 国企高管控制权、审计监督与会计信息透明度研究 [J]. 中国商论, 2016 (18): 64-65.

[260] 潘克勤. 实际控制人政治身份降低债权人对会计信息的依赖吗——基于自我约束型治理视角的解释和实证检验 [J]. 南开管理评论, 2009, 12 (5): 38-46.

[261] 潘越, 翁若宇, 纪翔阁, 戴亦一. 宗族文化与家族企业治理的血缘情结 [J]. 管理世界, 2019, 35 (7): 116-135+203-204.

[262] 裴红梅, 杜兴强. 审计师—公司地理近邻性、监管强度与审计质量 [J]. 当代会计评论, 2015, 8 (2): 1-23.

[263] 漆江娜. 资本市场审计信任关系的建立与维护——一种社会学的理论解释 [J]. 审计研究, 2002 (5): 22-26.

[264] 钱丽娜. 三代已经站起, 问题还在原地 [J]. 商学院, 2013 (8): 49.

[265] 曲进, 高升好. 银行与企业关联提升抑或降低了企业投资效率? [J]. 数量经济技术经济研究, 2015, 32 (1): 36-51.

[266] 冉茂盛, 李文洲, 黄俊. 政治关系、企业超额贷款与大股东资金侵占——来自中国家族上市公司的证据 [J]. 山西财经大学学报, 2013, 35 (8): 76-85.

[267] 任珈萱, 耿慧敏. 国内上市公司审计合谋的发生因由和治理方案 [J]. 财经界 (学术版), 2017 (1): 309+311.

[268] 任颐, 邓鹏飞, 宋芳秀. 创业板上市企业发行审核有效性研究 [J]. 山西财经大学学报, 2011, 33 (12): 26-36.

[269] 申明浩. 家族企业治理模式与"隧道行为"的国际比较 [J]. 山西财经大学学报, 2009, 31 (12): 79-83.

［270］宋衍蘅，付皓．事务所审计任期会影响审计质量吗？——来自发布补充更正公告的上市公司的经验证据［J］．会计研究，2012（1）：75-80+97.

［271］唐跃军．审计收费、审计委员会与意见购买——来自2004—2005年中国上市公司的证据［J］．金融研究，2007（4）：114-128.

［272］田利辉，张伟．政治关联影响我国上市公司长期绩效的三大效应［J］．经济研究，2013，48（11）：71-86.

［273］田利军，张玉兰．审计市场结构：自由竞争抑或垄断竞争［J］．经济经纬，2009（3）：76-79.

［274］王克敏，王志超．高管控制权、报酬与盈余管理——基于中国上市公司的实证研究［J］．管理世界，2007（7）：111-119.

［275］王琨，徐艳萍．家族企业高管性质与薪酬研究［J］．南开管理评论，2015，18（4）：15-25.

［276］王瑜，唐雪松，孙芳城．审计师政治身份的价值：声誉昭示抑或寻租工具［J］．山西财经大学学报，2019，41（12）：107-122.

［277］王志明，顾海英．社会资本与家族企业关系治理［J］．科学管理研究，2004（4）：98-102.

［278］魏明海，黄琼宇，程敏英．家族企业关联大股东的治理角色——基于关联交易的视角［J］．管理世界，2013（3）：133-147+171+188.

［279］魏志华，李常青，曾爱民．家族控制、审计监督与公司治理——基于年报补充更正视角的经验证据［J］．审计研究，2009（6）：69-78.

［280］吴克平，黎来芳．审计师声誉影响股价崩盘风险吗——基于中国资本市场的经验证据［J］．山西财经大学学报，2016，38（9）：101-113.

［281］吴先聪，张健，胡志颖．机构投资者特征、终极控制人性质与大股东掏空——基于关联交易视角的研究［J］．外国经济与管理，2016，38（6）：3-20.

［282］吴益兵，廖义刚，林波．社会网络关系与公司审计行为——基于社会网络理论的研究［J］．厦门大学学报（哲学社会科学版），2018（5）：65-72.

［283］夏冬林，林震昃．我国审计市场的竞争状况分析［J］．会计研究，2003（3）：40-46.

［284］肖淑芳，付威．股权激励能保留人才吗？——基于再公告视角［J］．北京理工大学学报（社会科学版），2016（1）：73-81.

［285］肖淑芳，刘颖，刘洋．股票期权实施中经理人盈余管理行为研究——

行权业绩考核指标设置角度 [J]. 会计研究, 2013 (12): 40-46+96.

[286] 肖淑芳, 张晨宇, 张超, 轩然. 股权激励计划公告前的盈余管理——来自中国上市公司的经验证据 [J]. 南开管理评论, 2009, 12 (4): 113-119+127.

[287] 谢芳. 立足供需角度的审计合谋分析及治理 [J]. 财会通讯, 2005 (10): 57-59.

[288] 谢裕慧, 刘文军, 石德金. 股权激励与审计意见购买 [J]. 当代会计评论, 2018, 11 (3): 102-126.

[289] 徐宏峰. 审计服务市场失灵与审计合谋问题相关研究评述 [J]. 经济学动态, 2009 (10): 77-80.

[290] 徐业坤, 李维安. 社会资本影响民营企业债务来源吗? [J]. 经济管理, 2016, 38 (4): 46-59.

[291] 严若森, 钱向阳, 肖莎, 李浩. 家族涉入的异质性对企业研发投入的影响研究——市场化程度与政治关联的调节作用 [J]. 中国软科学, 2019 (11): 129-138.

[292] 叶康涛, 张然, 徐浩萍. 声誉、制度环境与债务融资——基于中国民营上市公司的证据 [J]. 金融研究, 2010 (8): 171-183.

[293] 因内斯·马可-斯达德勒、J. 大卫·佩雷斯-卡斯特里罗. 信息经济学引论 [M]. 管毅平译. 上海: 上海财经大学出版社, 2004.

[294] 游家兴, 邹雨菲. 社会资本、多元化战略与公司业绩——基于企业家嵌入性网络的分析视角 [J]. 南开管理评论, 2014, 17 (5): 91-101.

[295] 于忠泊, 叶琼燕, 田高良. 外部监督与盈余管理——针对媒体关注、机构投资者与分析师的考察 [J]. 山西财经大学学报, 2011, 33 (9): 90-99.

[296] 余明桂, 回雅甫, 潘红波. 政治联系、寻租与地方政府财政补贴有效性 [J]. 经济研究, 2010, 45 (3): 65-77.

[297] 余明桂, 潘红波. 政治关系、制度环境与民营企业银行贷款 [J]. 管理世界, 2008 (8): 9-21+39+187.

[298] 袁建国, 后青松, 程晨. 企业政治资源的诅咒效应——基于政治关联与企业技术创新的考察 [J]. 管理世界, 2015 (1): 139-155.

[299] 张兵, 刘丹, 李祎雯. 匹配经济学视角下农户借贷匹配决定因素的实证分析 [J]. 经济科学, 2014 (4): 93-105.

[300] 张娟, 黄志忠, 李明辉. 签字注册会计师强制轮换制度提高了审计质

量吗？——基于中国上市公司的实证研究 [J]. 审计研究，2011 (5)：82-89.

[301] 张利红，刘国常. 大股东控制与外部审计治理——股票全流通时代的经验证据 [J]. 山西财经大学学报，2014，36 (9)：113-124.

[302] 张鸣，田野，陈全. 制度环境、审计供求与审计治理——基于我国证券市场中审计师变更问题的实证分析 [J]. 会计研究，2012 (5)：77-85+94.

[303] 张文宏. 网络社群的组织特征及其社会影响 [J]. 江苏行政学院学报，2011 (4)：68-73.

[304] 赵国宇. 异常审计收费趋势与审计合谋行为 [J]. 山西财经大学学报，2010，32 (4)：100-105.

[305] 赵国宇. 盈余管理、关联交易与审计师特征 [J]. 审计与经济研究，2011，26 (4)：38-45.

[306] 赵宜一，吕长江. 家族成员在董事会中的角色研究——基于家族非执行董事的视角 [J]. 管理世界，2017 (9)：155-165.

[307] 赵宜一，吕长江. 亲缘还是利益？——家族企业亲缘关系对薪酬契约的影响 [J]. 会计研究，2015 (8)：32-40+96.

[308] 朱春艳，罗炜. 上市公司自愿信息披露与高管薪酬绩效敏感度 [J]. 会计研究，2019 (5)：51-58.

[309] 朱丽娜，何轩，邵任薇，马骏. 官员更替会影响企业的财政补贴吗？——基于中国家族企业的经验性研究 [J]. 财经研究，2018，44 (10)：138-152.

[310] 祝继高，韩非池，陆正飞. 产业政策、银行关联与企业债务融资——基于 A 股上市公司的实证研究 [J]. 金融研究，2015 (3)：176-191.

附　　录

附录一　元分析文章编码及列表

编码	文章	期刊	样本量	国家	因变量	自变量	系数	t/p
1	Abernethy 等（2019）	*CAR*	1150	US	Investment Preferences	CEO Social Connection	0.001	2.26
2	Souther（2018）	*JAE*	622	US	Firm's Governance Environment	Internally Connected Directors	0.004	2.25
3	Bhandari 等（2018）	*AJPT*	5611	US	Financial Reporting Quality	CEO Social Connection	-0.197	2.59
4	Houston 等（2018）	*JAE*	3228052	Countries	Global Systemic Risk	Social Ties among Bank Board	0.212	5.73
5	He 等（2017）	*TAR*	6998	China	Firm Value	External Auditors and Audit Committee Members	0.154	-3.16
6	Hasan 等（2017）	*JAR*	63807	US	Corporate Tax Avoidance	Social Capital in County Level	-0.005	-3.25
7	Qiu 等（2019）	*AF*	28262	China	Financial Violations	Social Trust Survey（2000）	-0.076	-4.15
8	Cladera，Fuster（2015）	*JAPP*	437	Spanish	Performance	Executives Social Network	74.090	1.70

续表

编码	文章	期刊	样本量	国家	因变量	自变量	系数	t/p
9	Cai 等，（2014）	*RAS*	893	US	Guidance Stoppers	Interlock Director	0.198	0.00
10	Addy 等，（2014）	*JAPP*	341	US	Voluntary Adoption of Clawback Provisions	Interlock Director	0.790	2.32
11	Bruynseels, Cardinaels（2014）	*TAR*	11963	US	Financial Reporting Quality	CEO Social Connection	0.023	2.72
12	Horton 等（2016）	*JBFA*	4278	UK	CEO Compensation	CEO Social Connection	1.110	4.19
13	Fracassi（2017）	*MS*	5341676	US	Investment Polcy	Interlock Director	−0.017	−3.46
14	Cao 等（2015）	*MS*	37382	US	Sales Transactions	Internal Ties	0.021	0.00
15	Shane 等（2012）	*MS*	202	US	Financing of New Ventures	Direct Tie for Third Party	0.390	1.98
16	Krishnan 等（2011）	*AH*	12430	US	Earnings Management	CFO/CEO – Board Social Ties	0.482	5.13

附录二　家族企业金融网络接近中心性年份分布

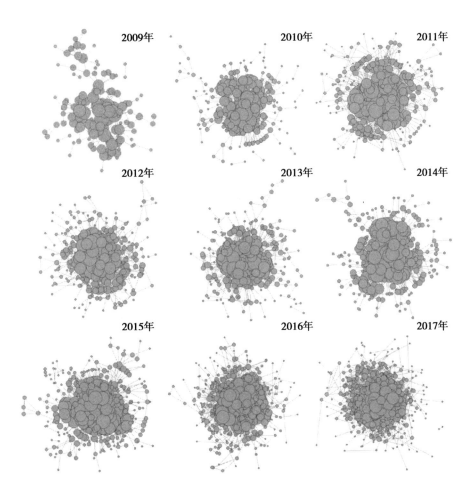

附录三　家族企业金融网络中间中心性年份分布

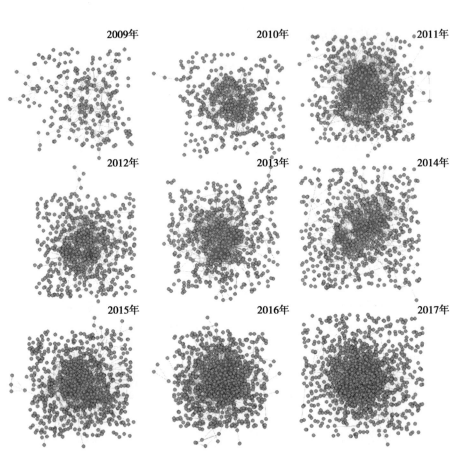

附录四　应计盈余质量计算详细步骤

（1）使用 DD 模型衡量应计盈余质量。DD 模型由 Dechow 和 Dichev（2002，TAR）提出，其基本思想是正常的应计利润，是过去、现在和未来现金流的函数，具体模型如下：

$$\frac{\Delta WC_{i,t}}{TA_{i,t-1}}=\alpha_1\frac{1}{TA_{i,t-1}}+\alpha_2\frac{CFO_{i,t-1}}{TA_{i,t-1}}+\alpha_3\frac{CFO_{i,t}}{TA_{i,t-1}}+\alpha_4\frac{CFO_{i,t+1}}{TAs_{i,t-1}}+\varepsilon_{i,t} \tag{E4-1}$$

其中，运营资本 $WC_{i,t}$ 为 i 公司第 t 年营运资金的变动，具体而言，为应收账款、存货和其他资产的变动之和，减去应付账款和应交所得税的变动；$\Delta WC_{i,t}$ 为 $WC_{i,t}$ 的变动；$CFO_{i,t-1}$ 是 $t-1$ 年经营活动现金流量的净额；$CFO_{i,t}$ 是 t 年经营活动现金流量的净额；$CFO_{i,t+1}$ 是 $t+1$ 年经营活动现金流量的净额；$TA_{i,t-1}$ 为 $t-1$ 年的资产总额。

$$DD_{i,t}=\frac{\Delta WC_{i,t}}{Assets_{i,t-1}}-\alpha_1\frac{1}{Assets_{i,t-1}}+\alpha_2\frac{CFO_{i,t-1}}{Assets_{i,t-1}}+\alpha_3\frac{CFO_{i,t}}{Assets_{i,t-1}}+\alpha_4\frac{CFO_{i,t+1}}{Assets_{i,t-1}}+\varepsilon_{i,t}$$

$$\tag{E4-2}$$

分行业与年份运用最小二乘法分别估计出模型的系数，将回归系数代入模型（E4-2），计算出年度公司样本的估计值，并使用对应年度的实际值减去估计值，从而得到异常的部分。根据第 t 年和之前 4 年的回归残差计算标准差，即得到企业第 t 年的应计质量指标 DD，该指标值越小则表示企业的应计盈余质量越好。

（2）根据调整的 Dechow 和 Dichev（2002）模型计算盈余质量指标（DD_1）。这一指标广泛应用于财务报告质量的研究文献之中（Francis 等，2005；Rajgopal 和 Venkatachalam，2011）。为计算该变量，首先分行业—与年度回归如下模型。

$$\frac{\Delta WC_{i,t}}{TA_{i,t-1}}=\alpha_1\frac{1}{TA_{i,t-1}}+\alpha_2\frac{CFO_{i,t-1}}{TA_{i,t-1}}+\alpha_3\frac{CFO_{i,t}}{TA_{i,t-1}}+\alpha_4\frac{CFO_{i,t+1}}{TAs_{i,t-1}}+\alpha_5\frac{\Delta REV_{i,t}}{TA_{i,t-1}}+\alpha_6\frac{PPE_{i,t}}{TA_{i,t-1}}+\varepsilon_{i,t}$$

$$\tag{E4-3}$$

在计算出残差后，根据第 t 年与前 4 年的回归残差模型计算标准差，则得到指标 DD_1。

（3）修正 Jones 模型（Dechow 等，1995）。通过 Dechow 等（1995）的横截面修正的 Jones 模型估计可操控应计利润指标。具体来说，首先使用模型（E4-

3) 分行业—年度回归：

$$\frac{TACC_{i,t}}{TA_{i,t-1}}=\alpha+\beta_1\frac{1}{TA_{i,t-1}}+\beta_2\frac{\Delta REV_{i,t}}{TA_{i,t-1}}+\beta_3\frac{PPE_{i,t}}{TA_{i,t-1}}+\varepsilon_{i,t} \qquad (\text{E4-4})$$

在模型（E4-4）中，$TACC_{i,t}$ 是公司 i 在 t 年的总应计利润。它是净利润减去经营活动现金流计算得到的；$TA_{i,t-1}$ 是公司 i 在 $t-1$ 年的期末总资产；$\Delta REV_{i,t}$ 是 i 公司在 t 年的主营业务收入的变动；$PPE_{i,t}$ 是 i 公司在第 t 年的固定资产总额。此外，该模型在传统估计方程中加入常数项，有利于消除异方差与缓和模型缺乏规模变量而引起的计量偏误。

将模型（E4-4）的估计系数，代入模型（E4-5）计算 i 公司第 t 年的可操控应计利润：

$$DA_{i,t}=\frac{TACC_{i,t}}{TA_{i,t-1}}-\left(\hat{\alpha}+\hat{\beta_1}\frac{1}{TA_{i,t-1}}+\hat{\beta_2}\frac{\Delta REV_{i,t}-\Delta REC_{i,t}}{TA_{i,t-1}}+\hat{\beta_3}\frac{PPE_{i,t}}{TA_{i,t-1}}\right) \qquad (\text{E4-5})$$

在模型（E4-5）中，$DA_{i,t}$ 是 i 公司第 t 年的可操控应计利润，$\Delta REC_{i,t}$ 是 i 公司在 t 年应收账款的变动，$\hat{\alpha}$、$\hat{\beta_1}$、$\hat{\beta_2}$、$\hat{\beta_3}$ 是模型（E4-4）的估计系数。一般而言，向下的盈余管理意味着较高盈余质量。因此，使用 DA_1 作为盈余质量的代理变量。

（4）修正的 Jones 模型的改进（Kothari 等，2005）。Dechow 等（1995）的研究发现，在 Jones 模型下企业的极端绩效会对计算结果产生显著的影响。为克服这种现象，同时增加盈余管理研究的可信度，Kothari 等（2005）将公司的绩效代入 Jones 模型的估计过程中，提出两个改进的模型，其中之一为业绩调整的修正 Jones 模型。

$$\frac{TACC_{i,t}}{TA_{i,t-1}}=\alpha+\beta_1\frac{1}{TA_{i,t-1}}+\beta_2\frac{\Delta REV_{i,t}-\Delta REC_{i,t}}{TA_{i,t-1}}+\beta_3\frac{PPE_{i,t}}{TA_{i,t-1}}+\beta_4 ROA+\varepsilon_{i,t} \qquad (\text{E4-6})$$

在模型（E4-4）的基础上，加入 $ROA_{i,t-1}$ 作为业绩的替代变量，同时在销售额变动的基础上扣除应收账款的变动，得到模型（E4-6）。其中，$ROA_{i,t-1}$ 是 i 公司在第 $t-1$ 年的总资产收益率。对模型（E4-6）分行业—年度回归的残差。得到盈余质量的第二个代理变量 DA_2。

附录五　双边社会资本匹配涉及变量注释表

变量名	变量说明
MF_Ncf	$-\lvert Central\_Ctri-Fsw\_F\rvert$，$Central\_Ctri$ 为家族企业金融社会网络接近中心性（标准化），按照三分位数从低到高赋值为0、1、2；Fsw_F 为分所其他社会身份
MF_Ncz	$-\lvert Central\_Ctri-Fsw\_Z\rvert$，$Central\_Ctri$ 为家族企业金融社会网络接近中心性（标准化），按照三分位数从低到高赋值为0、1、2；Fsw_Z 为总所其他社会身份
MF_lcf	$-\lvert Central\_C\_sd-Fsw\_F\_sd\rvert$，$Central\_C\_sd$ 为家族企业金融网络接近中心性（标准化）；Fsw_F_sd 为分所层面其他社会身份的数量（标准化）
MF_lcz	$-\lvert Central\_C\_sd-Fsw\_Z\_sd\rvert$，$Central\_C\_sd$ 为家族企业金融网络接近中心性（标准化）；Fsw_Z_sd 为总所层面其他社会身份的数量（标准化）
MF_Nbf	$-\lvert Central\_Btri-Fsw\_F\rvert$，$Central\_Btri$ 为家族企业金融网络中间中心性，按三分位数从低到高赋值为0、1、2；Fsw_F 为分所层面其他社会身份数量
MF_Nbz	$-\lvert Central\_Btri-Fsw\_Z\rvert$，$Central\_Btri$ 为家族企业金融网络中间中心性，按照三分位数从低到高赋值为0、1、2；Fsw_Z 为总所层面其他社会身份的数量
MF_lbf	$-\lvert Central\_B\_sd-Fsw\_F\_sd\rvert$，$Central\_B\_sd$ 为家族企业金融网络中间中心性（标准化）；Fsw_F_sd 为分所层面其他社会身份的数量（标准化）
MF_lbz	$-\lvert Central\_B\_sd-Fsw\_Z\_sd\rvert$，$Central\_B\_sd$ 为家族企业金融网络中间中心性（标准化）；Fsw_Z_sd 为总所层面其他社会身份的数量（标准化）
MF_ldf	$-\lvert Central\_D\_sd-Fsw\_F\_sd\rvert$，$Central\_D\_sd$ 为家族企业金融社会网络度中心性（标准化），Fsw_F_sd 为事务所分所融资类社会资本（标准化）
MF_ldz	$-\lvert Central\_D\_sd-Fsw\_Z\_sd\rvert$，$Central\_D\_sd$ 为家族企业金融社会网络度中心性（标准化），Fsw_Z_sd 为事务所总所融资类社会资本（标准化）
MF_lf	$-\lvert SCF\_Csd-Fsw\_F\_sd\rvert$，$SCF\_Csd$ 为家族企业董监高金融背景数量（标准化），Fsw_F_sd 为事务所分所融资类社会资本（标准化）
MF_lz	$-\lvert SCF\_Csd-Fsw\_Z\_sd\rvert$，$SCF\_Csd$ 为家族企业董监高金融背景数量（标准化），Fsw_Z_sd 为事务所总所融资类社会资本（标准化）
MF_xf	$-\lvert SCF\_Ctri-Fsw\_F\rvert$，$SCF\_Ctri$ 为家族企业董监高金融背景数量，按照三分位数从低到高赋值为0、1、2；Fsw_F 为分所层面其他社会身份

续表

变量名	变量说明
MF_xz	$-\left\|SCF\_Ctri\text{-}Fsw\_Z\right\|$，$SCF\_Ctri$ 为家族企业董监高金融背景数量，按照三分位数从低到高赋值为 0、1、2；Fsw_Z 为总所层面其他社会身份
MP_lf	$-\left\|Zxrd\_C\_sd\text{-}Zxrd\_F\_sd\right\|$，$Zxrd\_C\_sd$ 为家族企业其他社会身份（标准化），$Zxrd\_F\_sd$ 为分所其他社会身份（标准化）
MP_lz	$-\left\|Zxrd\_C\_sd\text{-}Zxrd\_Z\_sd\right\|$，$Zxrd\_C\_sd$ 为家族企业其他社会身份（标准化），$Zxrd\_Z\_sd$ 为总所其他社会身份（标准化）
MP_xf	$-\left\|Zxrd\_Ctri\text{-}Zxrd\_Ftri\right\|$，$Zxrd\_Ctri$ 为家族企业其他社会身份，按照三分位数从低到高赋值为 0、1、2；$Zxrd\_Ftri$ 为分所层面其他社会身份，按照三分位数从低到高赋值为 0、1、2
MP_xz	$-\left\|Zxrd\_Ctri\text{-}Zxrd\_Ztri\right\|$，$Zxrd\_Ctri$ 为家族企业其他社会身份，按照三分位数从低到高赋值为 0、1、2；$Zxrd\_Ztri$ 为总所层面其他社会身份，按照三分位数从低到高赋值为 0、1、2
MP_d	哑变量，如果双方均拥有或者没有其他社会身份（总所）等于 1；否则为 0

后　记

本书是国家自然科学基金青年项目（72102017）以及国家自然科学基金面上项目（71672009）的阶段性成果。立足我国独特的社会文化与制度环境，从审计师与客户双边社会资本的视角探究审计师对家族企业的治理，有助于甄别家族企业可能的违规行为，促进我国民营企业的高质量发展。

本书的成功出版得益于多方的助力。万千遇见，唯有陪伴最长情，也唯有陪伴能抵岁月漫长。感谢陪伴和帮助过我的每个人。

家人篇——谁言寸草心，报得三春晖。由于2020年新冠肺炎疫情的影响，寒假后我未能如期返京。该书大部分是在老家完成。由于在撰写过程中需全身心投入，因此我未能帮助家人分担任何事务，相反受到父母的默默支持。父母为初稿的完成提供了优质的撰写环境与后勤保障。一个画面，我至今记忆犹新：一个深夜，父母各自在台灯下，一人一台电脑，协助我查找资料，第二天我醒来时，父母又早坐在电脑前。他们不懂专业，却竭尽所能帮助我，虽只有一次，但永远定格在我脑海中。寥寥数笔，道不尽感激之情。

师门篇——经师易遇，人师难求。感谢我的导师陈宋生教授给我攻读博士的机会。他以身作则，言传身教，教会我们对待学术和人生的态度。对待学术，他拥有百分之百的热情，生怕浪费一点点时间；对待生活中遇到的问题，他始终精神饱满，积极应对，将正面的精神力量传递给师门中的每个人。感谢陈宋生教授对该书的整体框架提出的调整意见。感谢罗少东、李铮、李文颖、程璐、刘青青、严文龙、田至立、吕文岱、杜雨薇，以及我的博士生同学李睿、吴倩、邓婷友，王琦、李晨曦、郭桐羽等对书中细节的修订与完善。

职业篇——锐意进取，奋楫笃行。感谢北京石油化工学院各位领导给我机会就职于经济管理学院。感谢经济管理学院景永平院长对本书的资助决定。感谢景永平院长、冀学森书记、刘卫国副院长、王风云教授、刘广斌教授、张小红教授、彭珍教授、赵玉明副教授、孙卫民主席等对我们青年教师的培养，感谢李海萍教授为本书出版提供的大力支持，感谢刘践峰副院长、邱莹副院长对学生工作的统筹，为本书的顺利完成争取更多的时间，感谢王桦、叶江虹、马葵、师国敏、梁慧媛及其他会计系的年轻老师对本书的校正。经济管理学院团结进取、和谐融洽的氛围为我们年轻教师的职业发展提供了舒适的外部工作环境，这得益于经管学院各位领导的大力支持，再次表示感谢。

经济管理出版社最终支持了本书的出版。感谢任爱清老师，其认真细致的工作态度以及专业的审稿能力推动了本书的顺利出版。

曹圆圆

2022 年 4 月 26 日